HEIKE ABIDI schreibt Romane, erzählende Sach-, Kinder- und Jugendbücher. Sie wuchs mit zwei Brüdern auf und lebt ausschließlich mit männlichen Familienmitgliedern zusammen – nämlich Ehemann, Sohn und Hund. Mit *Ich dachte, älter werden dauert länger* landete sie einen großen Bestsellererfolg.

URSI BREIDENBACH stammt aus einem reinen Mädchenhaushalt. Sie ist verheiratet und Mutter zweier Söhne. Für einen Hauch Rosa sorgt sie mit ihren Romanen, unterhaltenden Sachbüchern und Kurzgeschichten.

Besuchen Sie uns auf www.penguin-verlag.de und Facebook.

Ursi Breidenbach
Heike Abidi

WETTEN,
ICH KANN LAUTER
FURZEN?

Wie man als
Mutter von
Jungs überlebt

PENGUIN VERLAG

Sollte diese Publikation Links auf Webseiten Dritter enthalten,
so übernehmen wir für deren Inhalte keine Haftung, da wir uns diese
nicht zu eigen machen, sondern lediglich auf deren Stand zum Zeitpunkt
der Erstveröffentlichung verweisen.

Verlagsgruppe Random House FSC® N001967

PENGUIN und das Penguin Logo sind Markenzeichen
von Penguin Books Limited und werden
hier unter Lizenz benutzt.

1. Auflage 2019
Copyright © 2019 Penguin Verlag, München,
in der Verlagsgruppe Random House GmbH,
Neumarkter Straße 28, 81673 München
Umschlag: Bürosüd
Umschlagmotiv: Bürosüd
Redaktion: Anne Nordmann
Satz: Greiner & Reichel, Köln
Druck und Bindung: GGP Media GmbH, Pößneck
Printed in Germany
ISBN 978-3-328-10305-9
www.penguin-verlag.de

Dieses Buch ist auch als E-Book erhältlich.

Inhalt

Vorwort – wie alles begann

Hallo Sohn!
Gute Neuigkeiten: Es klappt!

> Was klappt: Beamen?
> Unsichtbarmachen? Zeitreisen?

😎 Nein, das mit dem Busen 😊

> ???

Sorry, nicht mit dem Busen.
Ich meine: mit dem BUSEN!!!

> Mama?

Mit dem Buch! Verflixte
Rechtschreibkorrektur 🤦

> Ach so 😄 Und welches Buch
> meinst du?

Wie man als Mutter von Jungs überlebt

> Du meinst das, in dem ihr all
> unsere Geheimnisse ausplaudert?

😊 Aber wir plaudern doch keine
Geheimnisse … Wobei … Ja, genau das 😄

1. »Es ist ein …« – über den Moment, in dem mir klar wurde, dass ich eine Jungsmutter bin

»Hallo. Mein Name ist Heike und ich bin eine Jungsmutter.«

Vermutlich würde ich mich so in einer Selbsthilfegruppe vorstellen …

Nehmen wir mal an, dieses Buch wäre eine. Sind Sie dabei? Nehmen Sie sich einen Keks und setzen Sie sich.

Verstehen Sie mich bitte nicht falsch: Ich liebe meinen Sohn über alles! Und doch hat er mich vor so manche Herausforderung gestellt, mit der ich nicht im Entferntesten gerechnet hätte, bevor ich Mutter wurde. Ein bisschen Selbsthilfe kann also nicht schaden, oder? Ich meine: Der Austausch mit anderen Jungsmüttern – wie mit Ursi – tut einfach gut. Und er bringt mich zum Lachen, was bekanntlich nie verkehrt ist.

Willkommen also im Club derjenigen, die wissen – oder wissen wollen –, wie man als Mutter von Jungs überlebt!

Wann ist Ihnen eigentlich klar geworden, was für eine anspruchsvolle Aufgabe das ist?

Bei mir fiel der Groschen in einer verregneten Frühlingsnacht, als … Aber ich glaube, ich fange lieber ganz von vorne an. Genauer gesagt vor rund zwanzig Jahren. Ich war ziemlich schwanger und freute mich auf ein gesundes *Punkt-Punkt-Punkt.*

So stellte ich mir das mit der Geburt nämlich vor: Frau liegt ein paar Stunden in den Wehen, dann presst sie, ein kleines Wesen flutscht aus ihr heraus und quäkt, woraufhin die Hebamme begeistert ruft: »Herzlichen Glückwunsch, Sie haben ein …«

So viele Möglichkeiten gibt es da ja nicht. Im Normalfall entweder Junge oder Mädchen. Vorläufig sprach mein Mann noch von *er oder sie*. Und ich von *Punkt-Punkt-Punkt*.

»Weißt du denn schon, was es wird?«, wurde ich ständig gefragt.

»Na, ich hoffe doch, ein Homo sapiens«, gab ich gut gelaunt zurück.

Doch damit ließen sich meine Freundinnen, Kollegen und Bekannten nicht abspeisen.

»Neee, mal im Ernst: Beim Ultraschall kann man das Geschlecht doch sicher längst erkennen«, hieß es dann – meistens mit einem vielsagenden Blick auf meinen gigantischen Bauch, der schon im siebten Monat vermuten ließ, es wäre bald so weit.

»Ja, meine Gynäkologin sieht es«, gestand ich, »aber ich will es nicht wissen.«

Woraufhin man mich für gewöhnlich anschaute, als hielte man mich für meschugge.

»Aber du musst das doch wissen wollen!«

Musste ich gar nicht! »Warum sollte das wichtig sein?«

»Dann kannst du dich besser vorbereiten.«

Ähm – worauf genau? »Ein Säugling wird unseren Haushalt, unseren Alltag und unser gesamtes Leben ohnehin komplett auf den Kopf stellen. Und zwar ganz unabhängig davon, ob es ein Mädchen ist oder ein Junge.«

Ich fand das völlig logisch. Doch da war ich wohl die Einzige. Man kam mir sogar mit dem Argument, davon hinge ab, welche Farbe die Wände des Kinderzimmers und die Strampler haben sollten. Als ob ich mir so etwas vom Vorhandensein oder Nichtvorhandensein eines Y-Chromosoms vorschreiben lassen würde!

Auf Rosa stand ich ohnehin noch nie so besonders. Das Kinderzimmer hatte mein Mann längst in einem kräftigen Himmelblau gestrichen – einer meiner Lieblingsfarben. Und die Babykleidung, die wir gekauft hatten, musste vor allem zwei Kriterien erfüllen: schön bunt und natürlich maschinenwaschbar sein.

Wie gesagt, man hielt mich ganz offensichtlich für leicht hormonbenebelt. Aber ich blieb stur und bestand darauf, überrascht werden zu wollen. Quasi als Belohnung für die Qualen der Geburt. Ich liebe Überraschungen!

Mein Mann versuchte zum Glück nicht, mich zu überreden. Aber ich hörte ihm an, dass er vor Neugier schier platzte!

»Ob er oder sie mir wohl ähnlich sieht?«, mutmaßte er. (Um die Antwort vorwegzunehmen: Wie aus dem Gesicht geschnitten.)

»Ob das wohl klappt, ihn oder sie zweisprachig zu erziehen?« (Hätte es vielleicht, wenn ich diejenige mit der Fremdsprache gewesen wäre.)

»Ob er oder sie wohl blond ist, so wie du, oder schwarzhaarig, so wie ich?« (Tja – weder noch. Sein Haar ist braun. Übrigens niese ich immer zweimal nacheinander, mein Mann viermal, unser Sohn dreimal. Ein Phänomen!)

Seine eigentlichen, unausgesprochenen Fragen lauteten jedoch:

Wird es ein Junge oder ein Mädchen?
Und warum, warum, warum lässt du es dir nicht sagen?

Ich beschloss, ihm diese heiß ersehnte Information zum Geburtstag zu schenken. Ich könnte die Gynäkologin bitten, »Mädchen« oder »Junge« auf einen Zettel zu schreiben und diesen in einen Umschlag zu stecken. Den würde ich dem Gemahl feierlich überreichen – unter einer Bedingung: Er müsste mir schwören, sein Wissen für sich zu behalten. Denn ich bestand weiterhin auf der Überraschung.

Nun ja, der Gatte war ehrlich. Er gab zu, das wohl nicht durchhalten zu können. Er hätte sich vermutlich noch am ersten Tag verplappert. Und so gab es keinen Zettel im Umschlag. Stattdessen kaufte ich ihm ein niedliches Babyhandtuch mit Kapuze und einen Strampler mit Häschenmotiv. Sein ausdrücklicher Wunsch. (Hätte man mir so etwas zum Geburtstag geschenkt, wäre ich stinksauer gewesen!)

Natürlich spekulierte ich selbst, was es wohl werden würde, das Punkt-Punkt-Punkt in meinem Bauch, der immer gewaltiger wurde und mich langsam, aber sicher in ein Walross verwandelte. Inzwischen war ich unbeweglicher als eine durchschnittliche Achtzigjährige und brauchte Minuten, um mich im Bett von einer Seite auf die andere zu wuchten. Was akustisch von einem lästigen Knistern begleitet wurde, denn der Gatte hatte – zum Schutz der neu erworbenen Matratzen – einen gelben Sack unter dem Spannbetttuch ausgebreitet. Aus Angst, die Fruchtblase könnte nachts platzen.

Da lag ich nun also, knisterte vor mich hin und fragte mich, ob das Alien in mir drin wohl eine kleine Sophia oder ein kleiner Jonas sein würde.

Auf die Namen hatten wir uns längst geeinigt. Sie waren

als gutes Omen gedacht. Schließlich bedeutet Sophia im Altgriechischen »Weisheit« und Jonas auf Hebräisch »Taube«, das Friedenssymbol. Das war es, was ich mir für mein Kind wünschte: Wenn es ein Mädchen würde, sollte es bitte keine oberflächliche Tussi werden, und wenn es ein Junge würde, dann auf keinen Fall ein aggressiver Schlägertyp. Im Grunde brachte die Namenswahl meine Minimalwünsche für unser Punkt-Punkt-Punkt auf den Punkt – natürlich abgesehen von der wichtigsten Hoffnung, dass es gesund sein möge.

(Wie in aller Welt ich jemals auf die Idee gekommen bin, in unserem Haushalt könnte ein eitles Dummchen oder ein fieser Grobian heranwachsen, ist mir im Nachhinein ein Rätsel. Hormonelle Schwangerschaftsverwirrung, vermutlich.)

Und dann platzte sie wirklich, die Fruchtblase. Tagsüber, übrigens. Keine Sorge, ich werde jetzt nicht die komplette Geburt schildern. Schließlich gibt es nichts Verstörenderes als die ausführliche Geburtsbeschreibung anderer Frauen. Nur so viel: Im Prinzip bewahrheitete sich meine Vorstellung »Wehen, Pressen, Flutschen, Quäken«, auch wenn sich das Ganze ein paar Stunden länger hinzog als erwartet. Irgendwann währenddessen begann ich, daran zu zweifeln, dass dieses Konzept tatsächlich funktionierte. Vielleicht bei Milliarden von Müttern weltweit, aber nicht bei mir.

Würde ich jemals den Satz »Es ist ein …« zu hören kriegen? Ich glaubte schon nicht mehr daran. Und irgendwann war es mir auch völlig egal, ob *er oder sie* sich da den Weg hinaus ins Leben erkämpfte, Hauptsache, es war bald überstanden!

An die letzten Minuten, bevor ich meinen Sohn im Arm hielt, erinnere ich mich nicht so genau. Ich war im absoluten Ausnahmezustand. Doch irgendwann war es so weit. Flutsch, Quäk – und er war da.

»Sie haben einen Sohn«, sagte die Hebamme. Und das war der Moment, in dem ich von der werdenden Punkt-Punkt-Punkt-Mutter zur Jungsmutter wurde.

Natürlich hatte ich die tiefere Bedeutung dieser Tatsache da noch nicht erfasst. Denn wie erwartet hatte das Geschlecht des winzigen Wesens, das von nun an unser Leben beherrschte, zunächst keine große Bedeutung. Immerhin aber war die Namensfrage geklärt: Wir hatten also einen kleinen Jonas. Doch garantiert hätte uns eine kleine Sophia genauso auf Trab gehalten. Ich hätte mich beim ersten Baden ohne Hilfe der Hebamme ebenso unsicher gefühlt. Wir hätten dieselben schlaflosen Nächte durchlebt, vor allem wenn höllische Blähungen das Baby in ein Brüllmonster verwandelten. Und wir wären gleichermaßen auf Zehenspitzen ins Kinderzimmer geschlichen, um zu prüfen, ob es noch atmet, wenn das Geschrei einmal ausblieb …

Sofern sich zwischen Wickeln, Herumtragen und Füttern eine kleine Pause bot, nutzte ich die, um schnell zu duschen und mich in einen halbwegs menschenwürdigen Zustand zu bringen. Für viel mehr blieb keine Zeit. Schon gar nicht zum Grübeln.

Doch irgendwann war es so weit. Ich saß nachts im Sessel und stillte den Kleinen, als mir plötzlich klar wurde, dass wir nie zusammen ein Abschlussballkleid aussuchen würden. Oder uns gegenseitig die Nägel lackieren. Vermutlich würde ich eher am Rand eines Fußballfelds stehen, als im Publikum einer Ballettvorführung zu sitzen – wobei ich auch kein Problem damit gehabt hätte, wenn mein Sohn Ballett tanzen oder sich die Nägel lackieren würde. (Tatsächlich ging er im Alter von vier Jahren mal mit lackierten Fingernägeln in den Kindergarten. Und jedem, der ihn mit dem unausweichlichen »Der Jonas ist ein Mädchen«-Singsang bedachte, schmetterte er ein unmissverständliches »Nein, bin ich nicht« an den Kopf.)

Ich kannte mich aus mit männlichen Heranwachsenden – schließlich bin ich mit zwei Brüdern aufgewachsen. Das Leben mit Jungs war mir also nicht fremd. Ich wusste auch, wie unterschiedlich sie sein können. Manche sind Büchernarren, andere Sportskanonen, wieder andere lieben ihren Chemiebaukasten oder schreiben Gedichte.

Ich weiß nicht, warum, aber in dieser Nacht, mit dem Baby an der Brust, wurde mir urplötzlich bewusst, dass Fußball nicht die schlimmstmögliche Zukunftsvision war.

»Er ist ein Junge – bestimmt fährt er einmal Motorrad!«, schoss mir durch den Kopf. Und prompt brach ich in Tränen aus … Innerhalb einer Zehntelsekunde verstand ich plötzlich, dass es kein Misstrauen gewesen war, das meine Eltern damals wach gehalten hatte, bis wir alle zu Hause waren. Und ich begriff, dass mich die Angst, meinem Kind könnte etwas passieren, bis ans Lebensende nicht mehr verlassen würde. Zumal es ein Junge war, der womöglich die waghalsigsten, verrücktesten, testosterongesteuertsten Dummheiten machen würde!

Natürlich tun auch Mädchen waghalsige Dinge und begeben sich in Gefahren, die ihre Eltern nachts nicht schlafen lassen. Das weiß ich aus eigener Erfahrung. Aber daran dachte ich in dieser Nacht nicht. Denn ich bin ja keine Mädchenmutter. Ich bin eine Jungsmutter.

2. »Fahr ab mit dem Glitzer!« – über den Kampf der Jungsmütter um ihr Frausein

Mir geht es wie Heike: Ich bin glücklich als Jungsmutter. Aber wie sie glaube ich fest daran, dass unser Leben mit Mädchen ein wenig anders verlaufen würde. Ist es nicht erstaunlich, wie willig wir alle sind, dem Geschlecht unserer Kinder keine Bedeutung beizumessen, und wie sehr uns die Natur dann nach und nach einen Strich durch diese Milchmädchenrechnung macht? Ich erzähle diesbezüglich gern die Geschichte meiner Freundin Irene: Nach einem Jungen brachte sie ein Töchterchen zur Welt und vertrat lange Zeit die Meinung, es würde (außer anatomisch) keine großen Unterschiede zwischen den beiden geben. Gleiche Erziehung – gleiche Entwicklung, so dachte sie. Als ihr Mädchen dann im Kleinkindalter in Ermangelung einer Puppe begann, Autos zu wickeln, kamen ihr erste Zweifel an ihrer These.

Ich kann Irenes Beobachtung nur bestätigen. Die Puppe, die ich meinem Sohn Max zum ersten Geburtstag gekauft hatte, um ihn auf keinen Fall mit typischem Jungsspielzeug in eine Rolle zu drängen, erlebte das umgekehrte Schicksal: Festgeschnallt auf einen Rennwagen musste sie durch die Wohnung rasen, anstatt ihr Dasein gemütlich auf seinem Arm oder in einem Bettchen fristen zu dürfen.

Irgendwann stellst du also (manchmal mit einiger Verzögerung) fest, dass du eine Jungsmutter bist. Wie lange es braucht, um sich in dieser Rolle zurechtzufinden, ist individuell verschieden und hängt sowohl vom Charakter des Kindes als auch von der eigenen Lebensgeschichte ab. Anders als Heike habe ich selbst nur Schwestern und betrat mit der Geburt meines ersten Sohnes daher absolutes Neuland: die Männerwelt. Und zwar nicht die geschönte, die uns die Kerle präsentieren, wenn sie um uns werben oder eine Beziehung mit uns aufrechterhalten wollen, sondern die, in der gerülpst, gefurzt, zu wenig geduscht, massenhaft Fleisch verschlungen, mit Penissen geschlenkert, Dekoratives verachtet und aufgerüstet wird. (Entschuldigen Sie mein gnadenloses Abdriften ins Klischee, aber ich habe mit Max und Ben zwei Exemplare zu Hause, die mir all dies Tag für Tag vorführen. Mehr davon später.) Anfangs fand ich das nicht einfach zu ertragen, aber mittlerweile navigiere ich gekonnt auf diesem Terrain. Ich lebe nun schon so lang allein als Frau inmitten dreier Männer, dass ich mich manchmal daran erinnern muss, selbst keiner zu sein. Denn als Jungsmutter musst du täglich ums Frausein kämpfen.

Einmal war ich zum Brunchen bei Freunden und konnte dort ein neues Sofa bewundern. »Also mir persönlich sind da zu viele Kissen drauf!«, beschwerte sich der Gastgeber über die Dekorationswut seiner Frau. Schmunzelnd dachte ich an unser eigenes Wohnzimmer, in dem die Kissen grundsätzlich auf dem Boden herumkugeln, nachdem sie als Waffe oder als Rutschunterlage benutzt wurden. (Zwei besonders hübsche Exemplare tragen übrigens von einer

Designerin eigenhändig auf Samt übertragene Kinderzeichnungen meiner Söhne: Die eine zeigt den Plan eines Hochsicherheitsgefängnisses, die andere eine aus spitzen Zahnrädern bestehende Maschine.)

Insgesamt kenne ich die absolute Interesselosigkeit an Ästhetik in Wohnräumen nur zu gut. Dekogegenstände werden grundsätzlich aus ihrer kunstvollen Ordnung gerissen, um sie zweckzuentfremden oder um Platz zum Ablegen von Unrat zu schaffen. Max findet zusammengeknüllte Schmutzwäsche in seinem Zimmer ideal, um seinem Bereich das nötige Etwas zu verleihen. (Kein Scherz! Er meint ernsthaft, das unterstreiche sein lässiges Naturell.) Und maskuline Gestaltung (in dem Fall meine ich damit: minimalistisch und chaotisch) zieht sich bei uns bis in den Garten, in dem ich auf Wunsch meiner Familie keine Beete, Rabatten oder andere Zierbotanik anlege. Das alles stört nämlich nur beim Fußballspielen, Fahren mit ferngesteuerten Autos und Aufbau von Zelten.

Ich könnte ewig weiter aufzählen, in welchen Lebensbereichen meine Weiblichkeit zu kurz kommt. (Auswahl von Fernsehprogrammen! Menüpläne! Gesprächsthemen! – Die Liste lässt sich ins Unendliche fortsetzen!) Aber das würde sich dann anhören, als wäre ich total unglücklich in meiner Situation, und wie Sie in diesem Buch erfahren werden, bin ich das ganz und gar nicht!

Dennoch sollten wir Jungsmütter ganz bewusst für unsere Bedürfnisse kämpfen und die Frau in uns niemals komplett zurückdrängen. Denn sonst ist unser emotionales Gleichgewicht in Gefahr.

Eine besonders wichtige Rolle spielt für mich in diesem Zusammenhang die Firma Swarovski. Diese Läden (und alle anderen, in denen es einigermaßen preiswert glitzert) ziehen mich magisch an. Egal, in welcher Stadt ich mich gerade befinde und was meine eigentliche Mission dort ist – ich muss unbedingt rein und mir die Nase an den Vitrinen platt drücken. Natürlich hat das eine oder andere Stück auch schon seinen Weg in meinen Besitz gefunden. Überhaupt neige ich dazu, den Mangel an Weiblichem in unserem Haushalt durch Glitzer überzukompensieren. Ich liebe funkelnde Lüster, glänzende Applikationen an Kleidungsstücken, schimmernde Stifte für meine Notizen und Perlmuttnagellacke. Irgendwie bin ich da in meinem Reifeprozess ins Girliehafte zurückgefallen.

Dasselbe gilt für meine Vorlieben, was Bücher und Filme betrifft. Klar ziehe ich mir auch Hochliteratur und Indie-Kunstfilme rein – Herzklopfen bekomme ich aber eher bei Produktionen, deren Zielpublikum weiblich und sehr jung ist.

Früher habe ich tunlichst nicht darüber gesprochen, dass sich mein Geschmack diesbezüglich indirekt proportional zu meinem Alter zu entwickeln scheint. Ich schämte mich dafür, es offensichtlich nötig zu haben, die Stunden, die ich mit meinen Söhnen beim Beobachten von Baggern zugebracht hatte, durch überbetont Mädchenhaftes auszugleichen.

Eines Tages suchte ich dann wegen meiner Rückenschmerzen eine Orthopädin auf. Sie war Mitte vierzig und trug zu ihrer weißen Arzthose mit völliger Selbstverständlichkeit ein quietschrosa T-Shirt mit der verschnörkelten Aufschrift »Edward watches me sleep« (Reminiszenz an eine Vampir-Geschichte für weibliche Teenies. Sie wissen schon: *Biss* ...). Das imponierte mir nicht nur, sondern brachte mich auch zum Umdenken: Ich bin eine Frau und sollte ohne Scham dazu stehen. Umgekehrt ist es doch genauso: Kein Typ schämt sich für das Kind im Manne (googeln Sie mal »Erwachsenenspielplatz«!).

Seitdem lebe ich mein Frausein auf allen Ebenen frei aus. Das tut nicht nur mir gut, sondern auch meine Jungs scheinen davon zu profitieren. Sie verstehen besser, wie unser Geschlecht tickt.

Mein Sohn hat seit Kurzem seine erste Freundin (diese »Beziehung« beschränkt sich dem Alter entsprechend auf die große Pause in der Schule und per WhatsApp hin und her geschickte Herzchen am Nachmittag). Zwei Tage vor Weihnachten fragte er mich, ob ich eine Idee hätte, was er ihr schenken könne.

»Oh, wie nett! Habt ihr irgendetwas ausgemacht? Wie viel ihr ausgebt oder so?«, wollte ich wissen.

»Wir haben beschlossen, uns nichts zu schenken«, kam als Antwort.

»Ähm, und warum möchtest du trotzdem etwas kaufen?«, erkundigte ich mich verwundert.

»Es kann ja sein, dass sie doch ein Päckchen für mich hat. Dann will ich auf keinen Fall mit leeren Händen dastehen.«

Mein Mann murmelte so was wie »hat den Dreh raus« und klopfte ihm anerkennend auf die Schulter.

Was mir auch gut hilft, im Männerhaushalt gelassen zu leben, ist die intensive Pflege von Frauenfreundschaften. Zeit mit meinen Mädels ist mir extrem wichtig, denn dort werde ich ohne große Erklärungen verstanden. Sogar wenn ich einmal einen komplizierteren Gedankengang ausführe, wird genickt. Meine Glitzersachen werden positiv kommentiert. Die Filme und Bücher, die ich mag, kennt man. Das tüt schon gut, sich mal nicht so exotisch zu fühlen. Irgendwann ertappte ich mich mal bei dem Gedanken, wie schön und unkompliziert es wäre, auf Frauen zu stehen.

Aber zurück zum Thema! Unlängst habe ich in einer Zeitschrift gelesen, man könne das Geschlecht der Kinder am Kleidungsstil der Mutter erkennen: top gestylt = Töchter, sportlich = Söhne. Diese Beobachtung habe ich noch nicht gemacht. Im Gegenteil: Viele Jungsmütter in meinem Bekanntenkreis sind betont weibliche Frauen. Vermutlich ist das die beste Kombination von allen, denn unsere Söhne eröffnen uns Welten, die einer Mädchenmutter vielleicht für immer verborgen bleiben. Heike und ich haben uns letztens doch tatsächlich angeregt über Elfmeter unterhalten.

3. »Was heißt hier typisch Junge?« – über die Suche nach einem Mythos

Natürlich wollen Ursi und ich mit diesem Buch auch Vorurteile entkräften. Dumm nur, dass unsere Jungs irgendwie alle Klischees erfüllen.

Okay, das könnte natürlich Zufall sein. Und überhaupt – reicht meine Einzelkind-Erfahrung aus, um anderen zu erzählen, was Sache ist? Nun ja, hinzu kommt natürlich, dass ich

1. in einem reinen Männerhaushalt lebe,
2. gemeinsam mit zwei Brüdern aufgewachsen bin (und ohne Schwester) und
3. mit Ursi das perfekte Schreibduo bilde, denn zusammen haben wir je 1,5 Jungs. Damit übertreffen wir die durchschnittliche Söhnerate im deutschsprachigen Raum von 0,75 pro Frau bei Weitem.

Und dann sind da natürlich auch noch all die Freundinnen, Kolleginnen und Bekannten, die wir zu ihren Erfahrungen als Jungsmütter befragt haben und deren Erlebnisse und Erkenntnisse in unser Buch mit eingeflossen sind. Irgendwann war ich so auf Jungsmüttergeschichten fixiert, dass die Frage »Darf ich das verwenden?« quasi zur Standardreaktion wurde …

Nicht zuletzt aus diesem Grund war ich auch hocherfreut, als mich meine Freundin Dana in den Sommerferien zum Frühstück einlud. Wir sehen uns sonst nur beim

Sport, wo sie hin und wieder von ihren vielen Kindern erzählt, aber gesehen hatte ich die Bande schon länger nicht mehr. Ich war gespannt, ob ich sie alle überhaupt noch erkennen würde, und nahm mir vor, nebenbei Feldstudien zu betreiben. Wenn ich irgendwo Antwort auf die Frage finden würde, was eigentlich »typisch Junge« ist, dann hier!

Julian, der Älteste, hatte sich seit unserer letzten Begegnung zwar enorm verändert, was Größe, Figur und Bartwuchs betrifft, aber sein gebrummtes »Hallo, komm rein!« war unverkennbar.

Dana winkte mir mit dem Telefon am Ohr zu und signalisierte, dass ich schon mal auf der Terrasse Platz nehmen solle. Julian brachte mir einen Kaffee, was ich extrem aufmerksam fand, und verabschiedete sich dann mit den Worten, er müsse los zu einer Demo für Frauenrechte. Ich starrte ihm erstaunt hinterher. Dass sich Julian jemals für derartige Themen interessieren würde, hätte ich damals, als er gemeinsam mit Jonas im Sandkasten gespielt hatte, nie gedacht. Dieser käme wohl im Leben nicht auf die Idee, gegen irgendetwas zu demonstrieren – höchstens gegen die Einführung von Tempo 100 auf deutschen Autobahnen. Dann war garantiert die Hölle los. Julian dagegen interessierte sich nicht die Bohne für Autos, wie ich von Dana wusste. Sonst hätte er wohl auch längst einen Führerschein, immerhin ist er schon neunzehn.

Dana hatte ihr Telefonat inzwischen beendet und machte es sich in einem Gartenstuhl bequem. »Schön, dass du da bist«, begrüßte sie mich gut gelaunt. »Erst mal gemütlich frühstücken!«

Ich fragte mich, was genau sie frühstücken wollte, denn auf dem Tisch befanden sich bislang nur zwei Teller, Besteck, eine Kerze und unsere Kaffeetassen. Wenn das kein Tischlein-deck-dich war, würde sie wohl aufstehen müssen …

Musste sie aber nicht. Denn da tauchte schon ein zerstrubbeltes Wesen auf, das ein Tablett voller Leckereien brachte: Brötchen, Croissants, Marmelade, Saft, Käse, Früchte … alles, was das Herz und vor allem der Magen begehrte.

»Das ist lieb von dir, Nico«, sagte Dana und identifizierte damit das Heinzelmännchen als ihren Mittleren. Er strahlte stolz. Schließlich hatte er den Teller mit den Obstschnitzen selbst angerichtet, wie Dana betonte.

Ich staunte. Gab es in diesem Haushalt vielleicht gar keine typisch jungenhaften Anwandlungen? Doch als Nico sich ausgiebig am Kopf kratzte und fragte, ob er jetzt eine Runde »Need for Speed« spielen dürfe, löste sich dieser Gedanke in Luft auf. Beziehungsweise in virtuelle Autoabgase.

Irgendwann zwischen dem ersten Brötchen und der zweiten Tasse Kaffee erschien ein weiterer Sprössling auf der Terrasse. Groß, kräftig, reichlich übernächtigt und ganz eindeutig der sechzehnjährige Henry. Er blinzelte kurz in die Sonne und warf sich dann stöhnend bäuchlings auf die Liege, die im Schatten stand.

»War wohl spät gestern Abend bei der Jugendfeuerwehr«, meinte Dana. Sie kennt eben ihre Pappenheimer. Es hat ohnehin nicht viel Sinn, vor den Folgen übermäßigen Biergenusses zu warnen – wesentlich eindrucksvoller ist der Kater am nächsten Tag.

»Nö, ich war sogar ziemlich früh daheim«, widersprach Henry brummend, und in diesem Moment erkannte ich, dass er nicht einfach nur dalag, sondern – las! In einem Buch! Und es handelte sich weder um eine Pflichtlektüre (schließlich waren Schulferien) noch um eine Fachzeitschrift für Nutzfahrzeuge, sondern um einen Roman.

Ich war baff. Gab es denn in diesem Haushalt keinen einzigen Jungen, der die typischen Klischees erfüllte – und zwar ausnahmslos? Wenn sogar Henry Bücher las, statt, sagen wir, angeln zu gehen, existierten dann überhaupt so etwas wie »typische Jungs«?

Oh ja, zumindest einer! Er sauste gerade auf uns zu, dem Ball hinterher, den er über unsere Köpfe hinweggekickt hatte. Zum Glück hoch genug, sonst hätte das den so liebevoll von Nico gedeckten Frühstückstisch in einen marmeladeverklebten Scherbenhaufen verwandelt.

»Pass doch auf!«, rief Dana entsetzt.

»Bin schon weg«, gab der Knirps wenig schuldbewusst zurück. Er trug kurze Sporthosen, ein Ronaldo-Trikot, Turnschuhe und ein Basecap, unter dem ein paar störrische blonde Ponysträhnen hervorlugten.

»Wohin?« Dana passte sich dem Telegrammstil ihres Jüngsten an.

»Fußballspielen mit den Jungs«, rief er im Weggehen über die Schulter.

Danas Ermahnung, spätestens zum Mittagessen zurück zu sein, hörte er schon nicht mehr.

Zufrieden grinste ich in mich hinein. Wenn das kein typischer Junge war!

»Ich wusste gar nicht, dass Fabian so fußballverrückt ist«, sagte ich.

»Wie kommst du denn darauf?«, erwiderte Dana überrascht. »Fabian hasst Fußball.«

Jetzt verstand ich gar nichts mehr.

»Er ist übrigens gar nicht da, sondern mit dem Orchester unterwegs«, informierte mich meine Freundin. »Du weißt doch, er spielt leidenschaftlich gern Klarinette.«

Stimmt, das hatte sie mir ja neulich erst beim Joggen erzählt.

Dennoch war ich verwirrt.

»Aber – wer war denn der kleine Junge eben, wenn nicht Fabian?«

Da musste Dana fürchterlich lachen. Als sie sich wieder einigermaßen beruhigt und die Tränen aus den Augen gewischt hatte, sagte sie: »Das war Isabell.«

Männersache? Frauensache?
Hauptsache, es macht Spaß!
Jungs toben herum, lieben Computerspiele und Fußball?
Mädchen spielen mit Puppen, üben Klavier und häkeln?
Auch wenn die Medien und vor allem das Marketing Gender-Klischees stärker verbreiten denn je – weil man wohl hofft, mit rosafarbenen Einhörnern und Echte-Kerle-Ritterburgen besonders viel Umsatz zu machen –, diese Klischees sind purer Unsinn!
Ob bestimmte Vorlieben angeboren oder anerzo-

gen sind, sei mal dahingestellt. Wichtig ist, dass Kindern sämtliche Möglichkeiten offen bleiben, sodass sie – unabhängig von ihrem Geschlecht – ausprobieren können, was ihnen Spaß macht.

Warum sollten Mädchen nicht für Modellflugzeuge schwärmen? Oder Jungs nicht handarbeiten dürfen?

Zumal Letzteres sogar eine lange Tradition hätte …

Zünftige Strumpfstricker und bewaffnete Spinner

Selbst Ötzi, der Steinzeitmann, besaß eine Art Nähset, um seine Kleidung zu reparieren. Im alten Ägypten gingen die Frauen auf den Markt, während die Männer zu Hause webten. Und im Mittelalter, in der Epoche der Zünfte, waren textile Handwerke grundsätzlich Männersache. Die Herren der Schöpfung waren Tuchmacher, Schneider, Färber oder Sticker. Sogar im Preußen des 18. Jahrhunderts mussten die Soldaten Garn spinnen, und wenn sie Wache hielten, nutzten sie die Zeit oft zum Strümpfestricken.

Sittsam, fleißig, vornehm? Das war einmal!

Woher also kommt die Vorstellung, Handarbeiten seien typisch weibliche Beschäftigungen? Nun, sie entstammt wohl dem 19. Jahrhundert. Feine Nadelarbeiten galten als vornehm, weil das Bürgertum gern den Lebensstil des Adels imitierte, und dort schon seit dem Mittelalter kunstvolle Näh- und Stickarbeiten von den Damen des Hofes ausgeführt wurden. Daher lernten sittsame bürgerliche Mädchen fortan Sticken, Stricken und Häkeln – quasi als Statussymbol.

All das hat mit der Lebenswelt unserer heutigen Kinder nicht mehr das Geringste zu tun. Also weg mit den Vorurteilen aus unseren Köpfen, und lasst häkeln, wer häkeln will!

4. »Warum so langsam, Mama?« – über den Versuch, als Jungsmutter sportlich mitzuhalten

Klar, Sportskanonen müssen nicht immer männlich sein, das zeigt ja Heikes Geschichte von der fußballbegeisterten Isabell. Die wird ihre eigenen Kinder bestimmt einmal vom Platz fegen. Bei mir selbst ist die Sachlage ein bisschen anders, denn beim Familienurlaub wird mir stets überdeutlich bewusst: Ich bin eine Jungsmutter und sollte mich in Sachen Freizeitaktivitäten ein wenig anpassen, wenn ich nicht ununterbrochen alleine losziehen will. Das, was mir gut gefällt, ist meinen Söhnen Max und Ben meist zu langweilig, und worauf sie stehen, macht mir oft Angst (Canyoning, um nur ein Beispiel zu nennen).

Also heißt es, Kompromisse zu finden. Darum führte mich mein Weg unlängst zu einem Bogenschieß-Parcours. Dort läuft man mit geschultertem Köcher durch den Wald und feuert Pfeile auf Hartgummi-Wild ab. Mein Ehemann und unsere Söhne tobten begeistert von einer Station zur nächsten. Mich hat das Ganze weniger gepackt, denn ehrlich gesagt, ist es mir völlig egal, ob ich aus fünfzehn Metern Entfernung eine Auerhahn-Replik treffen kann oder nicht. Ich werde hoffentlich mein gesamtes Leben lang Putenfleisch im Supermarkt um die Ecke kaufen können, also erschloss sich mir nicht so richtig, warum ich an meinen Jagd-Skills arbeiten sollte. Aber wann immer die Jungs ihren Spaß haben, erfreut das natürlich mein Mutterherz. Vielleicht eigne ich mich einfach besser als Robin Hoods Maid Marian (zuschauen und anhimmeln) und weniger als Lara Croft (selber schießen und treffen).

Pilze- oder Beerensuchen hingegen finde ich großartig. Ich bin total scharf auf das Erfolgsgefühl, das sich in mir einstellt, wenn ich ein Stoffbeutelchen mit Essbarem aus dem Unterholz nach Hause trage. Das Gesammelte dann zu putzen und eine schmackhafte Mahlzeit daraus zuzubereiten, ist für mich ein unübertreffliches Erlebnis. Das hat so etwas Archaisches.

Eine ähnlich ursprüngliche Freude befällt mich übrigens beim Durchforsten des Dickichts von Kleiderständern im Schlussverkauf. Aus dem Dschungel der Ladenhüter das eine geniale Schnäppchen zu ziehen, ist wie den Steinpilz unter lauter Fliegenpilzen zu finden.

Aber ich bin abgeschweift.

Irgendwann in meiner Jungsmutterkarriere kam also der Tag, an dem ich feststellte, dass ich mich freizeittechnisch ein wenig umstellen musste. Spätestens auf dem Baumwipfelpfad, den ich akrophobisch zitternd überquerte, während Ben ihn als »lame« bezeichnete, wurde mir klar, dass sich meine Ansprüche an einen aufregenden Ausflug nicht exakt mit dem der restlichen Familie decken. Nun bin ich zugegebenermaßen das, was man früher als »echtes Mädchen« bezeichnet hätte: Ich neige zu Ängstlichkeit, entwickle wenig sportlichen Ehrgeiz und mag adrenalinarme Tätigkeiten (zum Beispiel Blumenpflücken).

Meine Freundin Manu ist im Vergleich zu mir eine taffe Sportskanone. Beim Langlaufen gleitet sie nicht gemütlich durchs Winterwunderland wie ich, sondern skatet im Spitzentempo die Loipe entlang. Jeder ihrer Muskeln ist gestählt. Sie kann mit ihren Söhnen also sicherlich besser mithalten. Umso überraschter war ich daher, als sie mir unlängst berichtete, dass ihre Jungs nach einem gemeinsamen Ausflug mit den Mountainbikes meinten: »Mama, was hältst du davon, dir ein E-Bike zu kaufen?«

Ich begann mich zu fragen, was es mit dem körperlichen Unterschied zwischen uns und unseren Männern tatsächlich auf sich hat. Vielleicht hätte ich mir die Frage längst stellen sollen – sie drängt sich im Hinblick auf meinen Partner förmlich auf, aber ihn habe ich schon so kraftstrotzend kennengelernt. Bei meinen Söhnen hingegen ist es noch gar nicht so lang her, dass ich sie im Tragetuch um meinen Bauch gebunden hatte. Ich erinnere mich noch sehr gut an die schlaffen Beinchen, die da heraushingen und keinerlei Hinweise darauf gaben, mit wie viel Schwung sie wenig später die Welt erobern würden.

Tatsächlich beginnt sich die Körperkraft von Mädchen und Jungs ab dem sechsten Lebensjahr unterschiedlich zu entwickeln. Bis zum Erwachsenenalter wird der Anteil der Muskulatur am Körpergewicht der Männer 42 Prozent ausmachen, wohingegen es Frauen nur auf 26 bis 32 Prozent bringen. Das sind natürlich durchschnittliche Werte, die bei Einzelbetrachtungen so nicht stimmen müssen (über eine Einzelbetrachtung meiner eigenen Person sehe ich hier großzügig hinweg). Die maßgeblichen Abweichungen zwischen den Geschlechtern präsentieren sich insgesamt so ausgeprägt, dass es mittlerweile Gender-Medizin als separaten Forschungs- und Lehrzweig an den Universitäten gibt. Dort beschäftigt man sich zum Beispiel damit, dass die Sauerstoffversorgung des Körpers und vor allem der Muskeln bei Männern und Frauen unterschiedlich funktioniert. Die Herren haben geräumigere Herzen, sodass bei ihnen pro Herzschlag mehr Blut durchgepumpt wird. Zusätzlich findet sich da mehr Hämoglobin, was wiederum für den Sauerstofftransport wichtig ist.

Abgesehen davon verfügen Männer auch über ein größeres Lungenvolumen. (Ich muss hier einhaken und darauf hinweisen, dass ich die Ausnahme von der Regel darstelle: Ich besitze ein wesentlich größeres Lungenvolumen als mein Liebster. Seit das bei einer Vorsorgeuntersuchung rauskam, scherzen wir darüber, welche wunderbaren Karrieren ihm wohl für immer verwehrt bleiben werden: Tubaspieler, Perlentaucher, Luftballonaufbläser, Mund-zu-Mund-Beatmer, Putzteufel in müffelnden Jungszimmern …)

Schließlich und endlich haben Männer auch noch mehr Knochenmasse aufzuweisen. Insgesamt scheint es so, als hätten sie im Gegensatz zu uns die komplette Sportausstattung abgesahnt.

Verantwortlich für diese Unterschiede ab der Pubertät ist übrigens der geschlechtsspezifische Hormonspiegel: Das bei Männern in wesentlich höherer Konzentration auftretende Testosteron hat unter anderem eine anabole Wirkung, fördert also den Muskelaufbau. Es hat aber auch psychische Effekte, die hier ins Gewicht fallen. Bei Tieren wurde nachgewiesen, dass es einen direkten Zusammenhang zwischen diesem Botenstoff und Imponiergehabe oder auch Kampfverhalten gibt.

Beim Menschen kommt natürlich ein wesentlich komplexeres Zusammenspiel von Hormonen, Genen, gesellschaftlichen und kulturellen Einflüssen zum Tragen. Insgesamt kann aber festgehalten werden, dass Männer im Durchschnitt risikofreudiger sind als Frauen, außerdem wettbewerbsorientierter und eher bereit, beim Sport an ihre Grenzen zu gehen. Quod erat demonstrandum. Dass ich meinen Jungs in der Freizeit mit hängender Zunge und einer gehörigen Portion Frust hinterherhechle, hat also biologische Gründe. Dieses Wissen beruhigt mich irgendwie und hilft mir, mich nicht mehr wie die letzte faule Memme zu fühlen.

Einmal saß ich mit meiner Freundin Gudrun beisammen. Sie hat vier Söhne, und ich kann von ihrer Gelassenheit stets lernen. Es gibt quasi nichts, was sie in ihrem Fünf-Männer-Haushalt nicht schon erlebt hätte, und sie meistert alles mit Bravour.

»Geht es dir auch so, dass du beim Familiensport dauernd etwas machen musst, was dir keinen Spaß macht, und dass du nicht hinterherkommst, obwohl du dich total anstrengst?«, fragte ich sie, weil ich mit dem Brainstorming für dieses Kapitel begonnen hatte. »Beim Skifahren zum Beispiel?« Ich stellte mir vor, wie ihr Mann und die Jungs den Hang hinunterbrausen und sie mutterseelenallein zurückbleibt.

»Nö«, antwortete sie. »Christoph konnte gar nicht Ski fahren und hat es gemeinsam mit den Söhnen von mir gelernt. Er ist noch ziemlich unsicher auf den Brettern unterwegs.«

Tja, so ist es mit den Klischees. Man freut sich sowohl, wenn man sie bestätigt findet, als auch, wenn man sie widerlegt. Und ist das nicht das Spannende an uns Menschen? Dass wir uns allen von der Wissenschaft aufgestellten Regeln entziehen und so komplex funktionieren, dass keiner einem anderen gleicht?

Ich glaube fest daran, dass wir irgendwann die eine gemeinsame Freizeitaktivität finden, bei der wir alle Rollenbilder und gender-medizinischen Forschungen Lügen strafen werden. Aber vorerst darf ich mich auf der in unzähligen Studien nachgewiesenen Wirkung von Testosteron ausruhen, wann immer meine Jungs zum Canyoning losziehen – mir fehlt einfach die hormonell bedingte Risikobereitschaft und die fürs Schluchtenklettern benötigte Hämoglobinkonzentration im Blut. Ich kann also getrost zu Hause bleiben oder mit meiner Nichte zum Bummeln gehen. Schlussverkauf, ich komme!

Der Gendergap:

Den Leistungsunterschied zwischen den Geschlechtern in fast jeder Sportart nennt man »Gendergap«. Eine französische Studie aus dem Jahr 2010 verglich die Leistungen von Olympioniken seit Beginn der Aufzeichnungen und stellte fest, dass Männer immer in allen Disziplinen, die Muskelmasse und die anderen oben beschriebenen konstitutionellen Eigenschaften erfordern, die besseren Ergebnisse erzielten. Durch perfekt abgestimmtes Training wurde dieser Gendergap in den letzten Jahrzehnten zwar verringert, beträgt im Durchschnitt aber nach wie vor zehn Prozent. Beim Hobbysport ist der Leistungsunterschied noch wesentlich größer, weil im Alltag zu den körperlichen auch mentale Faktoren wie traditionelle Rollenbilder hinzukommen.

Bei Sportarten, die eine höhere Beweglichkeit erfordern (Tanzen, Turnen, Yoga …), schneiden dafür Frauen besser ab – der Gendergap funktioniert hier in die andere Richtung.

5. »Der kleine Unterschied in unseren Köpfen« – über Mädchenmütter und wie sie sich das Leben mit Söhnen vorstellen

Wenn aus meinem Punkt-Punkt-Punkt damals doch eine kleine Sophia geworden wäre, würde sie dann Yoga und Ballett lieben? Keine Ahnung. Nach meiner Begegnung mit Dana und ihrem Nicht-Sohn Isabell ging mir die Frage, was einen typischen Sohn oder eine typische Tochter ausmacht, nicht mehr aus dem Kopf. Deshalb beschloss ich, die Mütter in meinem Umfeld zu einem Gedankenexperiment einzuladen. Zahlreiche Freundinnen und Kolleginnen ließen sich darauf ein. Sie lieferten mir so viele wertvolle Denkanstöße, dass ich schließlich zu der Erkenntnis kam, dass die eigentliche Frage eine ganz andere ist.

Aber der Reihe nach …

Mein Gedankenexperiment ging so: Ich wollte wissen, wie sich eine (reine) Mädchenmutter das Leben als Jungsmutter vorstellt und umgekehrt. Wäre es wirklich so anders? Und, falls ja: inwiefern?

Claudia zum Beispiel ist davon überzeugt, dass sich die innerfamiliären Beziehungen mit einem Sohn stark von ihren jetzigen unterscheiden würden: Die einzige Tochter ist für den Vater die Prinzessin, der er am liebsten alles abnehmen würde, mit der er aber wenig über schwierige Pubertätsthemen redet. Das übernimmt Claudia, die von einer sehr engen Mutter-Tochter-Beziehung schwärmt und sich nicht vorstellen kann, mit einem Sohn solche intimen Gespräche zu führen – allein schon deshalb, weil sie sich weniger in seine Lage einfühlen könnte.

Aber dafür könnte sie sich doch, was zum Beispiel Beziehungskram anbelangt, in die Rolle seiner Freundin versetzen, denke ich. In deren Situation war sie schließlich selbst einmal. Mir geht's jedenfalls so.

Auch Jana ist eine leidenschaftliche Mädchenmutter, die überzeugt ist, sie wäre ohne ihre drei Töchter heute nicht die, die sie ist. Sie tauschen sich aus über Mode und Schminken, über Toleranz und Feminismus, über das Leben und was man davon erwartet. Manchmal reden sie nächtelang. »Dass sich Söhne diese Nähe so gefallen lassen würden, bezweifle ich«, mutmaßt sie.

Okay. Mütter und Töchter können also ganz eng sein. Wie Freundinnen. Oder zumindest Vertraute. Mit Jungs, vermuten die befragten Mädchenmütter, wäre das irgendwie anders. Aber was wäre das konkret für ein Unterschied?

Louise hat ziemlich genaue Vorstellungen davon. Auch ihre Mutter-Tochter-Beziehung ist sehr freundschaftlich: »Ich kann mit ihr lachen und auf eine Art reden, die es so bestimmt nicht gäbe, wenn ich einen Jungen bekommen hätte. Ich gehe mit ihr shoppen oder ins Café, sie berät mich in Sachen Mode, macht mir Komplimente über meine Frisur … Ich kann mit ihr weinen und kuscheln und Quatsch machen. Wir mögen ähnliche Filme und Fernsehsendungen. Ich mag ihre Musik und sie meine. Wir singen zusammen im Auto.«

Harmonie pur, also!

Das Leben mit einem Sohn stellt sie sich dagegen folgendermaßen vor: Er würde ständig den Kühlschrank leer futtern, allerhöchstens Ein-Wort-Antworten geben, auf Videospiele stehen, Matsch und Dreck ins Haus bringen und sein Zimmer in eine stinkende Räuberhöhle verwandeln. Außerdem würde sie seltener mit ihm kuscheln und reden, und je älter er würde, desto weniger Berührungspunkte gäbe es zwischen ihnen.

Sie gibt zu, dass diese Annahmen auf reinstem Klischeedenken basieren. Aber sagt man nicht, an Klischees sei immer etwas Wahres dran?

Ich habe natürlich auch die Gegenprobe gemacht. Wie stellen sich Jungsmütter ein Leben mit Mädchen vor?

Katja vermutet, die Heftführung einer Tochter wäre deutlich sorgfältiger und ordentlicher als die ihres Herrn Sohnes. »Dafür würde ich mir mehr Sorgen machen, wenn sie abends im Dunkeln unterwegs wäre«, sagt sie. Und hält es außerdem für denkbar, dass ihr fiktives Mädchen Pferde, Rosa und Glitzer lieben würde, obwohl sie selbst früher nie auf so etwas stand. »Alles andere – Freunde, Hobbys, Berufswünsche – wäre eine Frage der Persönlichkeit, nicht des Geschlechts«, glaubt sie. Ach ja, und mit einer Tochter müsste sie wohl Gespräche über Binden, Tampons und BHs führen. Oder dürfte.

Daniela, die Mutter zweier Söhne, orientiert sich bei unserem Gedankenexperiment an den Mädchen in ihrem Umfeld. Und vermutet, dass sie von Töchtern möglicherweise nicht dazu genötigt worden wäre, *Game of Thrones, Star Wars, Herr der Ringe* und Co. anzuschauen, sondern *Twilight* oder *Downton Abbey*. Die Klamotten auf ihrer Wäscheleine wären vielleicht bunter, und sie bekäme eventuell mehr WhatsApp-Nachrichten von ihrem Nachwuchs, denn Mädchen sollen ja kommunikativer sein. Außerdem hätte sie wohl nicht so viel auf dem Fußballplatz herumstehen müssen, sondern ihre Töchter zu anderen Sportarten gefahren.

Natascha, die ebenfalls zwei Söhne hat, denkt bei meiner Frage sofort an den etwas anderen Humor, den Jungs an den Tag legen. »Hätte ich Töchter statt Söhne, würde vermutlich niemand grinsend die Menge meiner Schuhe taxieren und die stattliche Zahl bei jeder möglichen und unmöglichen Gelegenheit in die Welt hinausposaunen.« Und ihr würde, so meint sie, möglicherweise auch mehr Verständnis entgegengebracht, wenn sie sich mal schnell die Nägel in familiärer Gesellschaft lackiert, statt dabei in stirnrunzelnde und naserümpfende Teenie-Gesichter zu schauen und sich Kommentare wie »Das stinkt, Mama« anhören zu dürfen. Außerdem müsste sie vermutlich nicht allmorgendlich daran erinnern, sich das Gesicht zu waschen und die Haare trocken zu föhnen.

Andererseits glaubt sie auch, dass sie dann viel verpassen würde: »In einem reinen Mädchenhaushalt hätte ich wohl nie Einblick in das Phänomen Jungsfreundschaften bekommen. Und ich hätte bestimmt weniger Verständnis und Empathie für Männer entwickelt. Die haben es nämlich auch nicht leicht.«

Dagmar glaubt, sie hätte ohne Söhne wohl eine noch rigorosere Einstellung zu Ballerspielen behalten. »Ich würde mich garantiert seltener balgen – jedenfalls nicht bis zur völligen Erschöpfung.« Dafür hätte sie für eine Tochter sicher mehr niedliche Klamotten gekauft und irgendwann damit leben müssen, dass Sachen aus ihrem Kleiderschrank entwendet werden. »Und dann müsste ich mich auch eines

Tages mit der Frage auseinandersetzen, ob und ab wann Schminke nötig ist.«

Ich bin etwas erstaunt. Alle Befragten haben betont, wie individuell jedes Kind ist und dass, wenn es um den Charakter, die Entwicklung und die Vorlieben geht, andere Faktoren viel wichtiger sind als das Geschlecht. Trotzdem scheinen wir von den typischen Rollenbildern noch immer nicht frei zu sein.

Wissen wir nicht ganz genau, dass es auch wilde, Kampfsport treibende Mädchen gibt, die ein Werkzeugköfferchen jedem Schminktäschchen vorziehen, sehr gut in Mathe sind und eine Sauklaue haben? Und auf der anderen Seite sensible Jungs, die lieber tanzen als kämpfen, reden wie ein Wasserfall und in angeschmutzter Kleidung nicht mal den Müll rausbringen würden?

Mein Sohn weist einerseits typische Jungsmerkmale auf (zum Beispiel liebt er Autos, lacht über Flachwitze und verfügt über einen Orientierungssinn, als hätte er ein eingebautes Navi im Hirn), und andererseits kann man mit ihm prima shoppen gehen, er kocht richtig gut, mag ähnliche Fernsehserien wie ich und weiß eine Waschmaschine zu benutzen. All das könnte bei einer Tochter exakt genauso sein. Oder bei einem weiteren Sohn völlig anders.

Hat mich das Gedankenexperiment also kein Stück weitergebracht?

Die Antwort von Christine, die ein Zwillingspärchen hat, ließ mich erst recht grübeln: »Ich habe zwei klassische Erfahrungen mit Nur-Jungs-Müttern gemacht«, schreibt sie. »Erstens gibt es den Neid auf Mädchenmütter, meist in Verbindung mit einem völlig verklärten Bild der Wunschtochter. Und zweitens das genaue Gegenteil, nämlich die taffe Jungsmutter, die stolz auf ihre wilden Kerle zu Hause ist und Mädchen grundsätzlich für Zicken hält.«

Sie selbst führt die Unterschiede bei ihren beiden Kindern auf den Charakter zurück, nicht auf ihr Geschlecht. Ihre Umgebung allerdings tut das nicht, da wird immer schnell »typisch Junge« oder »typisch Mädchen« gerufen.

Plötzlich wurde mir klar: Es geht gar nicht darum, ob mein Leben anders wäre, wenn ich statt eines Sohnes eine Tochter hätte, sondern ob *ich selbst* anders wäre. Und ich bin sicher, das wäre ich. Definitiv! Der kleine Unterschied existiert nämlich vor allen Dingen in unseren eigenen Köpfen …

Wider besseres Wissen sähe ich vermutlich in einem Mädchen immer die jüngere Ausgabe meiner selbst. Ich würde erwarten, dass sie mir ähnlich ist. Eine Tochter, die ungern liest? Unvorstellbar. Ein Sohn, der freiwillig kein Buch anrührt? Nun ja, er ist eben so. Anders als ich. Hat ganz eigene Stärken, Begabungen, Interessen.

Ich gestehe ihm viel mehr Individualität zu, als ich es bei einer Tochter schaffen würde. Und ich bin offener für Dinge, die ich früher abgelehnt habe. Zum Beispiel Motorsport. »Was für ein Unsinn, einfach so stupide im Kreis herumzufahren und dabei auch noch wertvolle Energie zu verschwenden«, habe ich immer gesagt. Jetzt nerve ich ihn beim Formel-1-Gucken mit dämlichen Fragen. Denn ich will natürlich wissen, was ihn daran so fasziniert.

Ich glaube, mir geht es da wie Natascha: Eine Jungsmutter zu sein, hat mich toleranter und verständnisvoller Männern gegenüber gemacht. Und überhaupt meinen Horizont erweitert. Eine Tochter war ich schließlich selbst mal. Das wäre nichts Neues gewesen.

6. »Wie ist die denn drauf?« –
die Top Five der typischen Jungsmütter

1. Die Löwenmutter

Diese Frau ist vor allem eines: nämlich wahnsinnig stolz auf ihren Prachtjungen! Und sie hört nicht auf, seine Vorzüge anzupreisen – leider. Zumal diese Vorzüge ganz normale Verhaltensweisen sind, die auch jeder andere an den Tag legt. Nicht jedoch in ihren Augen: Vom Töpfchentraining bis zum Führerschein, vom ersten Wort bis zum letzten Schultag bringt der Löwenjunge seine Mutter zum Strahlen (»Ist er nicht wunderbar?«) oder zum Fauchen, sollte ihrem Goldjungen Konkurrenz drohen. Beziehungsweise ihr! Seine Partnerin wird es nicht leicht haben mit ihr, denn nicht selten mutiert die Löwenmutter zum Schwiegertiger …

2. Die Bienenmami

Als hätte die fleißige Biene nicht schon genug Arbeit mit ihrem Haushalt, ihrem Job, ihrem perfekten Äußeren und ihrer Vorzeigeehe, wird sie auch noch Mutter, und das mit Leib und Seele. Sie liebt ihren Jungen abgöttisch, und diese Liebe bringt sie zum Ausdruck, indem sie ihn grenzenlos umsorgt. »Brauchst du was, mein Schatz?« wird zu ihrem Schlachtruf. Sie bereitet ihm sogar in der Oberstufe noch sein Schulbrot zu, macht dem Herrn Studenten klaglos die Wäsche und backt jeden Sonntag seinen Lieblingskuchen –

ganz gleich, ob er sie besucht oder nicht. Selbstverständlich erwartet sie keinen Dank und wäre eher verdutzt als erfreut, wenn er im Haushalt einen Finger krummmachte. Mit anderen Worten: Potenzielle Schwiegertöchter werden die Bienenmami hassen!

3. Die Straußen-Mutti

Sie ist eine ganz liebe, zweifellos – aber leider völlig blind für die Schwächen ihres Sprösslings, und die gibt es in rauen Mengen: Er macht seit Wochen keine Hausaufgaben? »Ach, der Junge hat ja so viel um die Ohren!« Er hat geklaut? »Das war bestimmt nur ein Versehen.« Er wurde mit Drogen erwischt? »Die muss ihm jemand untergeschoben haben …«

Frau Strauß hat für jeden seiner Fehler eine Ausrede parat, und wenn ihr mal nichts einfällt, steckt sie einfach in bewährter Manier den Kopf in den Sand.

4. Die Taubenmama

Vermutlich hätte sie gern eine Tochter gehabt. Eine, die lieber mit Puppen spielt, hübsche Kleidchen trägt und ihre Bücher nach Farben sortiert, als sich draußen schmutzig zu machen.

Was die Taube dabei vergisst: Echte Kinder sind nicht so, weder Mädchen noch Jungs! Stattdessen toben sie durch Haus und Garten, brüllen herum, veranstalten Kissenschlachten und wälzen sich im Gras …

Mit dem Motto »Alles ist gut, solange du wild bist« kann die friedliebende Taube leider gar nichts anfangen. Ihres lautet: »Alles ist gut, solange nichts kaputtgeht und keiner verletzt wird.« Fußball findet sie viel zu brutal. Warum begeistert sich ihr Filius nicht wenigstens fürs Fechten? Oder Feldenkrais!

5. Die Bulldoggen-Mum

»Der Junge soll es mal besser haben«, verkündet die Bulldogge mit heiligem Ernst. Und das schon im dritten Schwangerschaftsmonat! Wie dieses bessere Leben konkret aussehen wird, hat sie sich schon genau ausgemalt. Mit anderen Worten: Ihr Sohn bekommt keine Chance, seinen eigenen Weg zu gehen, denn sie hat das Navi seines Lebens schon programmiert, bevor er das Licht der Welt erblickt. Pech für ihn, falls er gerne Mountainbike fahren oder Elektriker werden möchte, denn sie hat längst eine Weltkarriere als Tennisprofi für ihn geplant. Und wenn das nicht klappt, wird er eben Arzt.

7. »Ich lade gerade die Akkus auf« – über Jungs und ihre Technikbegeisterung

Ich sollte auch einmal Heikes Gedankenexperiment machen: Hätte ich Töchter, befände sich in meiner Küche wahrscheinlich kein ausgewaschenes Cornichon-Glas, das ich mit der Aufschrift *weird things* (engl. für »eigenartiges Zeug«) versehen habe. Darin sammle ich Miniteile, die zu Hause auftauchen, bei denen ich mir aber beim besten Willen nicht vorstellen kann, wofür sie gedacht sein könnten.

Ich wage zu behaupten, dass Derartiges mit Mädchen seltener passiert, denn in der Welt ihrer merkwürdigen Kleinodien kenne ich mich etwas besser aus. Mittlerweile leisten sich in dem Gurkenglas nämlich Zahnräder, Unterlegscheiben, Federn, Ventile und Klammern Gesellschaft. Es gibt auch jede Menge metallene Gegenstände, für die ich keinen Namen weiß. Und eigentümlichen Plastikkram. Das meiste davon ist mit wahnsinnig wichtig aussehenden Gewinden versehen oder lässt durch eine Nut darauf schließen, dass es dazu dient, etwas Großartiges zu vervollständigen. Nur was?

Ich hoffe noch immer, dass jemand aus meinem Haushalt eines Tages nach irgendetwas von diesem eigenartigen Zeug sucht und mich dann dafür auf Händen trägt, es aufgehoben zu haben. Doch obwohl ich schon lange Zeit sammle und bald ein zweites Gurkenglas beginnen muss, wurde bisher seltsamerweise nie einer dieser Gegenstände tatsächlich vermisst. Das beschwört bei mir Fantasien herauf: Die technischen Geräte, von denen die Teile zweifellos abgefallen sind, werden so gebaut, dass sie auch nach Absprengung eines gewissen Materialprozentsatzes noch funktionieren. Die Bestückermannschaft in taiwanesischen Firmen wird also dazu angehalten, tiefer in den Bauteilevorrat zu greifen als nötig.

»Nicht geizen, Leute!«, ruft ihnen der Vorarbeiter zu. »Schraubt so viel an, wie nur irgendwie geht!«

Genug geträumt!

Ich sehe ja am Aufgebot des kaputten Technikspielzeugs in den Zimmern meiner Jungs, in der Werkstatt meines Mannes und in der Garage, dass diese Produkte nicht wirklich für den Gebrauch, sondern eher für den Besitz gebaut wurden – zur Lagerfüllung quasi. Jeder weiß, dass sie bei der zweiten Inbetriebnahme den Geist aufgeben.

Daher frage ich mich, warum mein Rat, dass man das vierte ferngesteuerte Auto eigentlich im Laden lassen sollte, nicht auf fruchtbaren Boden fällt. Wird weiter auf das eine unzerstörbare Gerät gehofft, das einen für den Rest seiner Tage begleitet?

Gerade versuche ich mich zurückzuerinnern, wie das ablief, als meine Kinder noch klein waren. Mein Handy haben sie jedem Beiß- oder Greifring vorgezogen (ich bin überzeugt, das iPhone wurde in Wahrheit nur deshalb irgendwann wasserdicht, weil ein/e Chefentwickler/in Erfahrung mit Kleinkindern hatte). Wann immer etwas nach echter Technik aussah, war es interessant; was hingegen in der optischen Verpackung eines Kinderspielzeugs daherkam, wurde kaum beachtet. Mit spätestens drei Jahren konnten meine Söhne alles zerlegen. Ab und zu (eher selten) bauten sie die Gerätschaften auch wieder zusammen. Ben steckte sich gern ein winziges Bauteil in die Nase, was dem Spiel für mich als Mutter ebenfalls eine gewisse Spannung verlieh.

Wenn Spielsachen ausgesucht wurden, dann war es besonders wichtig, dass diese irgendwas »konnten«. Eine Actionfigur zum Beispiel auf Knopfdruck ein Teil ausfahren oder ein Matchbox-Auto im Gefrierfach die Farbe wechseln. Mein Mann nennt diese Dinge verächtlich »One Trick Pony«, denn sie sind tatsächlich stets nur zu einem »Kunststück« imstande und werden deshalb schnell langweilig. Aber natürlich gab es bei uns auch jede Menge Lego, das man auf die unterschiedlichsten Arten zusammensetzen kann. Wobei da ebenfalls wichtig blieb, dass sich beim Endprodukt etwas bewegen ließ.

Als meine Jungs kleiner waren, brachte ich sie gelegentlich zu einem Indoorspielplatz, wenn ein Termin anstand, den ich nur ohne Kinder wahrnehmen konnte. Doch irgendwann waren das Alter und die Taschengeldhöhe erreicht, dass elektronisches Spielzeug ins Blickfeld unserer Söhne rückte. Und so baten sie mich eines Tages, die halbe Stunde stattdessen im Mediamarkt verbringen zu dürfen. Die Vorliebe für diesen Ort ist bis heute bestehen geblieben.

Bei der Vorbereitung auf dieses Buch führte ich eine Vielzahl an Gesprächen mit Jungsmüttern. Wie auch in anderen Kapiteln erwähnt, kann man gewisse Übereinstimmungen finden. Doch für fast keine Behauptung, was man als Mama von ausschließlich Söhnen ertragen muss oder genießen darf, findet sich hundertprozentige Bestätigung. Nur eine einzige Sache löste bei wirklich allen Befragten einhelliges Nicken aus: Mediamarkt (diese Firma steht als Beispiel für alle, die ähnliche Waren anbieten). Offensichtlich sind Technikmärkte der kleinste gemeinsame Nenner unter dem Bruchstrich aller unterschiedlichen Jungsinteressen. Wo es diese Läden gibt, werden sie von Jungs auch gern besucht. Nicht immer bedeutet diese Vorliebe, dass dort viel gekauft wird oder dass sie eine besondere Neigung widerspiegelt. Aber ganz allgemein scheint die Menge an ausgestellter Elektronik einen gewissen Reiz auf das männliche Geschlecht auszuüben.

Wenn ich Max und Ben dort abhole, weiß ich, dass ich Geduld mitbringen muss, denn so schnell können sie sich meist nicht loseisen. Es gibt einfach zu viel zu bestaunen. Ab und zu sehe ich mir in der Zwischenzeit die Kaffeemaschinen oder die Sportkopfhörer an. Oder ich stöbere ein wenig in der DVD-Abteilung. Fast immer habe ich aber rasch das Gefühl, alles gesehen zu haben. Ich beobachte dann lieber meine Söhne und freue mich über ihre Begeisterung.

Das Zauberwort, das heutzutage die Augen meiner drei männlichen Familienmitglieder zum Glänzen bringt, lautet: Fernsteuerung. Was sich aus einem gewissen Abstand bedienen lässt, setzt automatisch Glückshormone frei. Mein Mann hat eine ferngesteuerte Ente in unsere Ehe mitgebracht – das hätte mir zu denken geben sollen! Mittlerweile haben sich Boote in allen möglichen Größen, verschieden schnell fahrende Autos, erstaunlich wenig könnende Roboter, Plastikinsekten, herumrollende Kugeln und Zylinder sowie diverse Flugapparate hinzugesellt. Letztere sind vermutlich tatsächlich die Geräte der Zukunft, denn in den letzten Jahren habe ich eine regelrechte Drohneninvasion miterleben müssen. Zuerst handelte es sich um eher kleine, zum Glück relativ rasch »weird things«-abwerfende Jahrmarkt-Exemplare. Inzwischen brummt richtig teure Markenware ums Haus und filmt mich von oben, wie ich in unvorteilhafter Pose Gartenarbeit verrichte. Auch hier reicht natürlich nicht ein Gerät, denn die Hersteller bringen in erschreckend kurzen Abständen neue Versionen heraus, die dann eine Verbesserung aufweisen, zu der Mann nicht Nein sagen kann.

Das zweite magische Wort, das in testosterongespülten Ohren offensichtlich besser klingt als in meinen, ist: Akku. Für mich sind das unzählig viele, meist schwarze Kästchen, die alle Steckdosen im Haus belegen. Mittlerweile habe ich von meinen Söhnen gelernt, dass man deren Ladevorgang nicht nach Lust und Laune unterbrechen darf. Das verkürzt nämlich die Lebenszeit. Neulich musste ich daher ewig nach frei zugänglicher Stromversorgung suchen, bis ich meine Haare föhnen konnte. Im Keller hatte ich Glück: Der 3-D-Drucker meines Gemahls war gerade ausgestöpselt.

Eben lese ich auf Wikipedia, was das lateinische Wort *accumulator* bedeutet. Es heißt passenderweise »Sammler« (*accumulare* = anhäufen). Erst wenn ein Mann eine schier unermessliche große Anzahl von (geladenen!) Akkus angehäuft hat, stellt sich in ihm eine gewisse Ruhe ein. Nun kann ihm nichts mehr passieren. Er ist für alle Eventualitäten gerüstet. Falls seine Mutter (oder Ehefrau) ihn bittet, eine Bananenschale zum Komposthaufen zu bringen, ist er in der Lage, eine ferngesteuerte Müllabfuhr aus seinem Fuhrpark zu holen und den biologischen Abfall fachgerecht zu entsorgen. Es ist möglich, dass er unterwegs einige mit Nut oder Gewinde versehene Bauteile verliert, was aber kein großes Problem darstellt. Die Akkus für ein Ersatzfahrzeug sind ja geladen.

Ich kann vermutlich nicht verbergen, dass es mir in Bezug auf Technik-Gimmicks meist schwerfällt, eine positive Kosten-Nutzen-Rechnung zu erstellen. Zugegeben, der Staubsauger-Roboter hat mich mittlerweile überzeugt und ich habe mich schon dabei erwischt, ihn weiterzuempfehlen. Den Fensterputz-Roboter hingegen, der nur dann streifenfreie Ergebnisse liefert, wenn man vor- und nachputzt, halte ich noch nicht für ganz ausgereift. (Wir hatten ihn probehalber von einem Freund geliehen. Dieses Produkt bedeutete unterm Strich allein deshalb keine großartige Zeitersparnis für die Familie, weil meine drei Männer stundenlang danebensaßen und den Roboter beim Hin- und Herfahren auf den Scheiben beobachteten.)

8. Sein allererstes Wort: »Auto« – über die absurde Vorliebe für Fahrzeuge

In diesem Kapitel müsste ich eigentlich einen Klischee-Rotstift ansetzen. Wenn nicht alles, was ich über meinen Sohn und Autos zu berichten habe, der Wahrheit entspräche …

Ich weiß, es gibt Jungs, die interessieren sich kaum bis gar nicht für Fahrzeuge. Aber das betrifft wenige. Die meisten sind regelrechte Autofreaks. Wie gesagt, Jonas hat es zu hundert Prozent erwischt! Wenn Sie wissen wollen, wie stark Ihr Nachwuchs betroffen ist, dann machen Sie doch einfach diesen Fahrzeugliebe-Check: Je mehr dieser Punkte auf Ihren Sohn zutreffen, desto autoverrückter ist er.

1. Der Mobilitätswortschatz:
Was redet er da?
Es fing im zarten Alter von höchstens einem Jahr an. Ich schwöre, das erste Wort meines Sohnes war »Auto«. Na ja, vielleicht ungefähr zeitgleich mit »Mama« und »Papa«. Kurz darauf folgten »Bagger«, »Flugzeug«, »Bulldog«, »Kran« …

Da war also bereits ganz früh eine tiefe Begeisterung zu spüren, die ich nicht nachvollziehen konnte. Für mich ist ein Auto einfach nur … eine Kutsche ohne Pferd, die mich von A nach B bringt. Mehr wollte ich dazu nie wissen. Schon als Kind habe ich nur ungern mit meinen Brüdern Autoquartett gespielt. All diese Zahlenangaben zu Hubraum (was in aller Welt ist das eigentlich?), Zylindern, Höchstgeschwindigkeiten und PS waren mir völlig schnuppe.

Doch inzwischen bin ich es gewohnt, dass mir ständig irgendwelche Fachbegriffe um die Ohren fliegen – das gehört in unserem Haushalt zum Alltag. Von »Steuergerät« und »Radlager« bis hin zu »Schaltwippen« und »Xenonlicht«. Ich weiß zwar immer noch nicht genau, was ein »Luftfahrwerk« sein soll, aber immerhin, dass es so was gibt ...

2. Das ultimative Lieblingsspielzeug: Räder muss es haben!

Natürlich besaß Jonas, wie fast jedes andere Kind, zahllose Plüschtiere. Vor allem Teddys, aber auch eine Giraffe, einen Uhu und sogar einen Wal. Doch hat er sie zum Kuscheln mit ins Bett genommen? Mitnichten. Stattdessen musste immer mindestens ein bunter Plastikbagger mit! Oder zwei. Oder ...

Von Anfang an spielte er am liebsten mit allem, was mindestens vier oder mehr Räder hatte: Feuerwehrauto, Krankenwagen, Hot Wheels, Playmobil-Eisenbahn, Lego-Raumstation ... Und irgendwann kamen dann auch die unvermeidlichen PC- oder Konsolenspiele wie »Need for Speed« dazu.

Während ich als Kind auf der Kirmes oder im Freizeitpark mein ganzes Taschengeld in Lose investierte, gab es mein Sohn ausschließlich für Fahrten aus. Zunächst auf dem Karussell (natürlich im coolsten Rennwagen), dann im Autoscooter oder in der Achterbahn.

Und als wir einmal – Jonas war damals gerade sechs – in Disneyland waren, ließ er Micky, Goofy und Co. links liegen, weil die Auto-Stunt-Show so viel interessanter war. Wir sahen sie übrigens nicht nur einmal.

3. Die Motorsport-Manie: allerhöchste Konzentration

Autorennen fand ich immer blöd. Langweiliges Im-Kreis-Herumgefahre, kombiniert mit Benzinverschwendung, Lärmbelästigung und Umweltverschmutzung. Das ist doch kein Sport! Schon gar kein spannender.

Ganz anders mein Sohn, den Motorsport bereits als kleiner Junge faszinierte. Ich erinnere mich an ein Formel-1-Rennen, das er in einem selbst gebauten Rennwagen verfolgte. Aus Umzugskartons, Wolldecken und einem Eierkarton als Motor. Dass er sich darin überhaupt bewegen konnte und nicht ohnmächtig wurde vom Hitzestau, ist ein wahres Wunder. Aber so ähnlich geht es den Formel-1-Piloten wohl auch …

Er schwärmte mir vor, wie irre die Reaktionsschnelligkeit der Fahrer sein muss und welche g-Kräfte in den Kurven auf ihren durchtrainierten Nacken lasten.

Inzwischen zeige ich durchaus etwas Interesse an diesem Sport (ja, es scheint wirklich einer zu sein). Allerdings sollte man als mitschauende Mutter bei entscheidenden Rennszenen nicht dazwischenquatschen. Schon gar nicht blöde Sachen fragen wie zum Beispiel, was ein DRS-Fenster ist.

4. Die Fahrstil-Analyse:
Frau kann ja so viel falsch machen ...

Einmal, als ich meinen Filius zum Kindergarten kutschierte, lobte er mich im Kreisel dafür, dass ich »Ideallinie« fuhr. Da saß er neben mir im Kindersitz und verwendete ein Wort, das ich noch nie im Leben gehört hatte. Und schon gar nicht benutzt. Wo hatte er das nur her?

Für meine Ideallinie wurde ich danach übrigens nie wieder gelobt. Meistens werde ich vielmehr kritisiert, weil ich sie eben nicht erwische. Oder zu langsam fahre. Beim Lkw-Überholen das Lenkrad zu fest umfasse. Den rechten Außenspiegel nicht benutze. Das Auto nicht rechtzeitig zur Inspektion bringe ... Und das nach jahrelangem Mutter-Taxidienst! Aber ich will mich nicht beklagen, denn inzwischen tauschen wir hin und wieder die Rollen und ich lasse mich von ihm chauffieren. Vielleicht doch nicht so schlecht, so ein autobegeisterter Sohn.

PS: Falls Sie auch nicht wissen, was eine Ideallinie ist: Das ist eine gedachte Linie, auf der man eine Rennstrecke am schnellsten fahren kann. Also mit geschnittenen Kurven und so – allerdings ist es nicht immer die kürzeste Strecke, denn die ist nicht zwangsläufig die rasanteste. Da spielen viele Faktoren eine Rolle – von Wetter über Fahrzeug und Reifen bis hin zum individuellen Fahrstil ... Alles klar?

5. Die Fahr-Faszination:
je früher, desto besser

Mitfahren ist gut, selbst fahren ist besser – jedenfalls für meinen autobegeisterten Sohn. Nie werde ich sein seliges Strahlen vergessen, als er zum ersten Mal auf dem Fahrersitz eines Cabrios saß. Er war drei und der MG Rover meiner Freundin Gisela stand auf dem Parkplatz. Man sah ihm an, dass er es kaum abwarten konnte, eines Tages den Führerschein zu machen.

Deutlich verstörender war für mich, als er mich einmal während einer Autobahnfahrt fragte, ob Menschen theoretisch hinterm Steuer plötzlich sterben könnten, und ob er, sollte dieser unwahrscheinliche Fall eintreten, die Handbremse betätigen müsse, oder ob ich noch rechtzeitig rechts ranfahren würde. Puh!

Später entdeckte er, dass es im Nachbarort eine Kartbahn gibt. Das eröffnete ungeahnte neue Möglichkeiten! Immer wenn das gesparte Taschengeld für eine halbe Stunde Kartfahren reichte, war er nicht mehr zu halten. Und ich musste mit, ich war ja schließlich die Chauffeurin. Meistens hatte ich ein Buch dabei. Die Karthalle ist übrigens im Winter eiskalt, und es stinkt fürchterlich. Jonas sah das erwartungsgemäß etwas anders: »Hach, es riecht so toll nach Abgasen!«

Zum Glück hat mein Sohn das Kartfahren nicht als Auftakt zu einer Rennfahrerkarriere betrachtet. Vielmehr hat er damit nur die lange Wartezeit überbrückt, bis er endlich den Führerschein machen durfte.

Übrigens wünschte er sich schon mit dreizehn eine Übungs-CD für die Theorieprüfung – freiwilliges Lernen, der Wahnsinn!

6. Die Modell-Identifikation:
in Sekundenschnelle

Was ich überhaupt nicht kann: Automarken oder gar -modelle erkennen. Manchmal erkenne ich ja nicht mal meinen eigenen Wagen! Einmal war ich auf dem Parkplatz der Sparkasse und wunderte mich, dass das Auto nicht aufging.

War etwa die Zentralverriegelung kaputt? Oder die Schlüsselbatterie leer? Nein, ich stand einfach nur vor der verkehrten Karre. Auch weiß, auch groß, aber eben ein Ford, kein Volvo.

Mein Sohn hat nur verständnislos den Kopf geschüttelt. Wie kann man bloß so was verwechseln? Das ist ja, als würde ich Plusquamperfekt mit Futur II verwechseln! (Übrigens ein absolut passender Vergleich, denn immer, wenn es mir mit seinem Autogerede zu viel wird, fange ich an, über das Plusquamperfekt zu referieren …)

Jonas dagegen erkannte schon als relativ kleiner Junge fast alle Autos, und das aus einem Kilometer Entfernung. Heute wundert mich gar nix mehr. Auch nicht, dass er manchmal während der Mahlzeit plötzlich aufspringt, ans Fenster rennt und ruft: »Wusst' ich's doch, dass das ein Dodge Challenger GT All-Wheel-Drive ist!« Ja, wirklich: Er identifiziert so was tatsächlich am Motorgeräusch.

7. Das Kfz-Insiderwissen:
Ja, es gibt sogar Auto-Gags!

Einmal, als mein Auto nicht sofort anspringen wollte, meinte Jonas grinsend, die Zündkerzen seien bestimmt kaputt – und lachte sich dann schlapp über diesen Scherz. Ich verstand überhaupt nicht, was daran lustig sein sollte. Nun ja, mein Auto ist ein Diesel. Und Dieselfahrzeuge haben, wie er mir erklärte, gar keine Zündkerzen. Nur Glühkerzen. Sie sind nämlich Selbstzünder. Haha, wie witzig!

Ich habe zwar ein gepflegtes Halbwissen, und meine Männer würden mich am liebsten bei *Wer wird Millionär?* anmelden, aber sobald es um Autofragen geht, gehe ich mit Pauken und Trompeten unter. Es sei denn, sie betreffen Informationen der Kategorie »Wer weiß denn so was?«, die ich immer hochspannend finde und sofort abspeichere. So wie die Frage, woran man am Steuer sitzend erkennen kann, auf welcher Seite der Tank ist. Vermutlich bin ich nicht die Einzige, die das zuweilen vergisst und daher mit der falschen Seite an die Zapfsäule ranfährt. »Das wird mir jetzt nie wieder passieren!«, dachte ich, als ich im Internet darauf stieß, und: »Endlich habe ich eine Information über Autos, die mein Sohn nicht kennt.« Doch als ich ihn triumphierend danach fragte, antwortete er wie aus der Pistole geschossen: »Das sieht man doch an dem kleinen Pfeil auf der Tankanzeige.« Natürlich wusste er das längst. Und Sie wissen's nun auch.

8. Die Helden-Verehrung:
Autofreak als Berufung

Was für mich die Buchmesse ist, ist für meinen Sohn die Internationale Automobil-Ausstellung (IAA) oder die Essen Motor Show. Da begeistert man sich dann für tolle Auspuffanlagen, Bremsen, Felgen und dergleichen. Und trifft lauter andere Leute, die genauso verrückt nach Autos sind wie man selbst. Oder die ihre Leidenschaft sogar zum Beruf gemacht haben. Das sind dann die wahren Helden.

Bestes Beispiel: JP. Jungs mit autobegeistertem Hintergrund brauchen keine weitere Erklärung, und selbst ich weiß längst, wer sich hinter diesem Kürzel verbirgt: nämlich Jean Pierre Kraemer, ein gelernter Automobilkaufmann, der heute als Moderator, Unternehmer, Comedian und Webvideoproduzent erfolgreich ist. Also ein echter Hansdampf in allen Gassen, wenn es um Autos und Autotuning geht.

Jonas kennt ihn aus der Dokusoap *Die PS-Profis — Mehr Power aus dem Pott*. Seit die Sendung nicht mehr läuft, verfolgen Fans seinen YouTube-Kanal »JP Performance« und schauen begeistert zu, wie JP Autos vorstellt, Probe fährt oder aufmotzt.

Natürlich kann mein Sohn die besten JP-Videos fast auswendig mitsprechen, schließlich hat er sie schon unzählige Male angeschaut. Selbstverständlich besitzt er sowohl JP-Hoodies als auch eine JP-Kappe. Und bei seinem nächsten Trip nach Dortmund wird er definitiv einen Big Boost Burger in JPs neuem Restaurant verzehren!

9. Der unvermeidliche Berufswunsch: irgendwas mit Autos

Als kleiner Junge äußerte mein Sohn einmal den Wunsch, Krankenwagenfahrer zu werden. O wie süß, dachte ich, er hat eine soziale Ader und möchte Gutes tun! Hat er vielleicht auch, aber das war nicht seine eigentliche Motivation, wie ich im Nachsatz erfuhr: »Dann kann ich nämlich so schnell, wie ich will, durch die Stadt rasen mit Blaulicht und Sirene!« Okay.

Auch beim Berufsziel Polizist spielte wohl der Gedanke an Verfolgungsjagden mit PS-starken Autos eine Rolle. *Alarm für Cobra 11* lässt grüßen. (Für alle, die es nicht wissen: Bei dieser Actionserie geht es um eine fiktive Abteilung der Autobahnpolizei. Meist gipfeln die Fälle in rasanten Verfolgungsfahrten, und am Ende explodiert in der Regel irgendwas.)

Was Jonas nun tatsächlich beruflich so macht? Nun ja — erst mal eine Ausbildung als Kfz-Mechatroniker. Und dann schauen wir weiter. Nach der Gesellenprüfung gibt es viele

Weiterbildungs- und Spezialisierungsmöglichkeiten. Und sogar in der Formel-1-Boxengasse werden immer geschickte Techniker gebraucht …

Nebenbei dreht er Carporns und verschönert sein Auto mit diversen Extras. Und die führen uns schon zum letzten Punkt:

10. Das Sauberkeits-Paradoxon: Für sein Auto nur das Beste!

»Wieder Post für Sie, gute Frau«, sagt der DHL-Bote regelmäßig, wenn er mir ein Päckchen überreicht. Als wäre ich die Einzige, die in diesem Haushalt etwas bestellt. In Wahrheit sind die meisten Sendungen an meinen Sohn adressiert und enthalten in der Regel irgendwelche speziellen Autoglühbirnen, Polierschwämme oder Reinigungsmittelchen für sein Gefährt. Neulich rollte der Paketbote sogar Autoreifen zur Haustür rein (die Jonas, als er sie erblickte, verzückt umarmte – es gibt Beweisfotos)!

Aber apropos reinigen. Neuerdings werde ich von dem jungen Mann, dessen Zimmer zuweilen aussieht, als sei der Kleiderschrank detoniert, dafür kritisiert, dass ich mein Auto nicht angemessen pflege. Ich könne es ruhig mal öfter waschen, heißt es. Und innen saugen. Und polieren. Und überhaupt, wie die Scheiben aussähen.

»Ist doch egal, wie es aussieht, Hauptsache, ich fühle mich darin wohl«, sage ich dann trotzig. Und ja: Ich weiß, dass sich das genauso anhört wie seine Antwort auf mein ständiges »Wie sieht's denn hier aus?«. Und ein klein wenig komme ich mir vor, als hätte ich selbst mein Zimmer nicht aufgeräumt …

Auswertung

0 Übereinstimmungen:
absolute Immunität
Ihr Nachwuchs hat's nicht so mit Autos. Sie werden wohl noch länger Mama-Taxi spielen dürfen.

1 bis 3 Übereinstimmungen:
latentes Interesse
Den Führerschein wird er vielleicht machen, aber welche Karosse ihn von A nach B bringt, spielt keine große Rolle.

4 bis 6 Übereinstimmungen:
akute Ansteckungsgefahr
Kartfahren ist cool. JP auch. Und der Führerschein ein Muss! Zum Glück gibt's das begleitete Fahren ab 17 …

7 bis 9 Übereinstimmungen:
chronisches Auto-Fieber
Es vergeht kein Tag, an dem nicht über Autos geredet wird? Ich versteh' Sie ja so gut. Das ist ein schwerer Fall.

10 Übereinstimmungen:
unheilbare Fahrzeug-Verrücktheit
Sehen wir's positiv: Ist es nicht wunderbar, wenn es etwas gibt, wofür man so richtig brennt?!

Liebe Heike,

meine Mutter erzählt, dass sie mit dreizehn (das war 1952) alle Automarken von Weitem erkannt hat – sehr oft sogar am Motorengeräusch. Also bietet sich an, wieder einmal zu betonen, wie unterschiedlich die Menschen sind. Allgemeingültige Aussagen über Jungs und Mädchen gibt es nicht. Was wir hier in diesem Buch beschreiben, sind Tendenzen, die sich abzeichnen. Aber auch alles andere ist »normal« ☺

Deine Ursi

9. »Bis an die Zähne bewaffnet« – über den Hang der Jungs zum Aufrüsten jeder Art

Dass meine Söhne mich mit der bei Heike so präsenten Causa »Auto« (noch?) weitgehend verschonen, kommt mir sehr entgegen. Fahrbare Untersätze bringen mein Blut maximal dann zum Kochen, wenn irgendetwas an ihnen nicht so funktioniert, wie ich es gewöhnt bin. Und meinen Jungs sind sie eher egal. Heikes Auto-Liebe-Test im vorigen Kapitel bescheinigt beiden bloß »latentes Interesse«. Sie rechnen höchstens mal aus, wie viel Zeit noch bis zu ihrem Führerschein vergehen muss. Auch wenn dieser Tag für mich (als Mama-Taxi) ein ersehntes Stück Freiheit bedeuten wird, sehne ich ihn nicht gerade herbei. Ein Blick auf die Unfallstatistik zeigt ja, dass Autos, gesteuert von jungen Männern, zum Geschoss werden können. Womit ich auch schon beim Thema bin.

An der Tür meines Arbeitszimmers hängt das Piktogramm einer rot durchgestrichenen Pistole. Was hier mit zwinkerndem Auge aufgehängt wurde, hat einen ernsten Hintergrund: Meine Jungs lieben Waffen genauso leidenschaftlich, wie ich sie hasse. Wann immer in den Nachrichten ein Panzer zu sehen ist, kommentieren meine Söhne das mit »Geil!«, während es mir das Herz zusammenzieht – ein Gefühl, das sich stets wiederholt, wenn ich mitbekomme, was Max und Ben mitunter (virtuell oder real) spielen.

In zahlreichen Familienkonferenzen haben wir versucht, einen für alle gangbaren Mittelweg zu finden: Nerfs (orangefarbige Plastik-MGs, die blaue Schaumstoffmunition verschießen): ja; Softairs: nein. Kampfspiele mit Gleichaltrigen: ja, aber nicht im Wohnzimmer, rund um meinen Arbeitsplatz oder in meinem Bett. Diverse Vereine, die gemeinsame Kriegsspiele als Zielsetzung definieren: nein. Actionfilme und Ego-Shooter: jein – nur bei peinlich genauer Einhaltung der FSK-Bestimmungen.

Trotz der geschlossenen Kompromisse bleibt doch ein komisches Gefühl zurück. Was ist los mit meinen Kindern? Warum finden sie alles, was mit Waffen, Kampf und Krieg zu tun hat, so dermaßen faszinierend? Mache ich etwas falsch?

In meiner eigenen Kindheit war das ganz anders: Ich habe nur Schwestern. Unsere Mutter bastelte sogar eines Tages Pfeil und Bogen mit uns, doch ich kann mich nicht daran erinnern, dass sich irgendwer länger als drei Schuss dafür interessiert hätte. Unsere Lieblingsfolge von *Star Trek* war »Kennen Sie Tribbles?«, in der die Enterprise von niedlichen Pelztierchen überflutet wird. Und wir haben eine Pistole besessen, ja. Aber aus der konnte man sich lediglich kleine Bonbons direkt in den Mund schießen.

Mir ist das fanatische Aufrüsten also fremd und ich finde es auch jetzt, nach dreizehn Jahren Jungsmutterschaft, noch immer ausgesprochen verstörend. Es steht jeden Tag aufs Neue mit meinem Bedürfnis nach Friede und Harmonie in Konflikt.

Im Zuge der Vorbereitung für dieses Buch hielt ich es daher für angebracht, zu recherchieren, wie es diesbezüglich in anderen Haushalten zugeht. Die oft erzählte Geschichte meiner Schwiegermutter, dass in den Siebzigern Waffenspielzeug verpönt gewesen sei und sie es konsequent verboten habe, hilft mir nicht recht weiter. Irgendwie scheinen sich die Zeiten ja geändert zu haben, wie das entsprechende Angebot im Spielwarenhandel zeigt. Und die anno dazumal wegen ihrer Brutalität abgelehnten Grimms Märchen werden heute immerhin auch wieder vorgelesen. Die Gesellschaft hat sich offenbar in durchaus reaktionärer Weise darauf geeinigt, dass Jungs eben Jungs sind und ein gewisses Maß an Kriegsspiel brauchen. Vielleicht ist der zeitliche Abstand zum letzten Weltkrieg eine Erklärung für die aktuelle Gelassenheit bezüglich Spielzeugwaffen?

Auf der Suche nach Antworten befragte ich meine Bekannte Sandra nach ihren Erfahrungen dazu. Sie hat vier Söhne. Bei ihr zu Hause seien Gerätschaften dieser Art verboten, sagt sie, aber eine diesbezügliche Begeisterung ihrer »Männer« könne sie nicht abstreiten. Tim zum Beispiel wollte zu Fasching unbedingt als James Bond gehen, weshalb natürlich eine billige Plastiknachbildung einer Walther PPK/S gekauft werden musste, die dann gemeinsam mit dem Kommunionsanzug das Kostüm bildete.

Im Geiste vollzog ich daraufhin eine kleine Waffenbilanz der letzten Faschingskostümierungen meiner eigenen Söhne: Dementor – unbewaffnet, Clone Trooper – bewaffnet, Steve von Minecraft – unbewaffnet, Zombie – unbewaffnet, Harry Potter – (bis auf einen Zauberstab) unbewaffnet. Nun, im Grunde gar nicht so schlimm.

Ähnlich rigoros bei der Verbannung jeglichen Kampfgerätes verhält sich übrigens auch Mehrfachjungsmutter

Yvonne. Stolz berichtete sie mir, dass es ihr immer gelungen sei, ihren Nachkommen diesen Unsinn auszureden und deren Interesse auf etwas anderes umzulenken.

Deprimiert, wie sehr ich in diesem Punkt offensichtlich versage, kehrte ich an meinen Schreibtisch zurück. Was für Männer werden sich aus meinen Jungs entwickeln? Kommt der Tag, an dem ich mir vorwerfen muss, das Kampfspielzeug nicht konsequenter verboten zu haben?

Yvonnes Nachwuchs ist mittlerweile erwachsen, also begann ich mich dafür zu interessieren, ob und welche Spuren eine waffenfreie Jugend hinterlässt. Der Reihe nach gab ich die Namen ihrer Söhne bei Facebook und Instagram ein und besah mir die frei zugänglichen Fotos. Dabei wurde mein Grinsen immer breiter: Von allen fand ich umfassendes Bildmaterial vom Paintball- oder Lasertag-Spielen. Stolz präsentieren sich die jungen Herren darauf in Camouflage-Militär-Anzügen mit schwerem Kriegsgerät in den Händen. Da hatte wohl jemand Nachholbedarf.

Daraufhin erkundigte ich mich auch noch bei meinem Mann, wie gut er das absolute Waffenverbot in seiner Kindheit und Jugend durchgehalten habe. »Mein Bruder und ich haben uns in der Badewanne aus der Seife kleine Revolver geschnitzt«, gab er mir schulterzuckend Auskunft.

Im Verlauf meiner Recherchen begegneten mir natürlich ebenso Jungs, die an Spielzeugwaffen keinerlei Interesse zeigen, genauso wie Mädchen, die welche besitzen und auch gerne damit spielen. Trotzdem ließ sich die Tendenz ausmachen, dass Jungs sich eher dafür begeistern und Mädchen nur bedingt oder aus sozialer Motivation (gemeinsame Unternehmung mit Brüdern zum Beispiel).

Um diesem Umstand noch weiter auf den Grund zu gehen, holte ich Hintergrundwissen bei einem Psychiater ein:

Testosteron und Aggression stehen in enger Verbindung, deshalb verwundert es nicht, dass Jungs spätestens ab der Pubertät dementsprechende Verhaltensnuancen häufiger an den Tag legen als Mädchen. Kampfspiele hält der Facharzt für durchaus wichtig, weil sie die Chance bieten, diese starken Gefühle ohne negative Konsequenzen auszuleben. Wenn man bedenkt, dass Depressionen auch als nach innen geleitete Aggressionen interpretiert werden können, scheint es essenziell zu sein, Jugendliche nicht gänzlich der Möglichkeiten zu berauben, sich durch das von ihnen selbst gewählte Spiel auszutoben.

Selbstverständlich haben Spielzeugwaffen und das vorwiegend männliche Interesse daran auch einen kulturell-gesellschaftlichen Hintergrund. Ritter auf Kreuzzügen, Soldaten beim Katastrophenschutz und Agenten mit Hightech-Ausrüstung werden als Helden idealisiert, was die Identifikationslust natürlich steigert. Eine Waffe mitzuführen, wurde in Geschichte, Film und Literatur immer mit Macht und Maskulinität gleichgesetzt. In den verschiedenen Kulturen ist diese Verankerung unterschiedlich stark ausgeprägt. Auch heute noch gilt es vielerorts als ein Zeichen für den Eintritt ins Erwachsenenalter (Initiation), wenn ein junger Mann eine Waffe geschenkt bekommt. In Amerika zum Beispiel, wo Waffenbesitz als Bürgerrecht in der Verfassung verankert ist, verhält man sich in dieser Hinsicht weitaus weniger zurückhaltend als hier in Europa. Der Schauspieler Brad Pitt erzählte dem britischen Magazin *Radio Times*, er habe das Jagdgewehr seines Großvaters bereits im Kindergartenalter bekommen und mit acht Jahren zum ersten Mal eine Waffe abgefeuert. Und er sähe das durchaus positiv, denn sein Vater habe ihm von Beginn an einen tiefen Respekt davor anerzogen.

In Europa sind die entsprechenden Gesetze zum Glück wesentlich strenger und wurden nach den Anschlägen in Paris noch weiter verschärft. Man ist allgemein vom »Weapons Effect« überzeugt, die Verfügbarkeit von Waffen soll demzufolge zu einer Steigerung der Gewaltbereitschaft in der Gesellschaft führen. Dazu gab es bereits mehrere Studien, die aber nicht ganz unumstritten sind.

Auch wenn ich mittlerweile weiß, dass es vollkommen schlüssige (und harmlose) Gründe für die Waffenbegeisterung meiner Söhne gibt und dass ich mich eigentlich ein wenig entspannen sollte, wird es mir immer einen kleinen Stich versetzen, sie mit Spielzeugwaffen zu sehen. Es gelingt mir einfach nicht, den ernsten Hintergrund von Gewalt, Leid und Tod auszublenden.

»Was schreibst du? Du guckst so angestrengt«, fragt mich Max gerade.

»Über Jungs und Waffen«, antworte ich ihm. »Ich muss daran denken, dass du in fünf Jahren vielleicht zum Militär gehen wirst.« (In Österreich ist noch immer Wehrpflicht.)

»Sicher nicht!«, erwidert er resolut.

»Willst du Zivildienst machen?«

»Ja. Oder ich nehme die deutsche Staatsbürgerschaft an. (Anm.: Meine Kinder haben einen Münchner Vater.) Militärdienst kommt wirklich nicht infrage – passt nicht zu meiner Weltanschauung!«

Sind meine Söhne eventuell besser in der Lage, Spiel und Realität auseinanderzuhalten als ich selbst?

Waffen und Initiation

Durch fast alle Kulturen und Zeitalter findet man Waffen im direkten Zusammenhang mit der offiziellen Aufnahme eines Jünglings in den Kreis der Erwachsenen. Das Initiationsschild Ndome zum Beispiel wird von jungen Kenianern am Oberarm festgebunden und symbolisiert den von ihnen neu erworbenen Status als Mann.

Das afrikanische Zeremonialmesser Mugusu soll daran erinnern, dass es nur mittels gemeinsamer Anstrengung der Gruppe möglich ist, einen Weg durch den Busch freizuschlagen. Es wird ab einem gewissen Alter getragen und zeigt dann auch die Zuordnung zu einer Sozialstufe.

Im Jemen ist das Tragen des reich verzierten Krummdolchs Jambia ein Beweis für Männlichkeit. Jungs bekommen diese Waffen dort als sichtbares Zeichen der beendeten Kindheit, und der Dolch gehört noch heute zur traditionellen Kleidung des Mannes.

Bei Mädchen gibt es ebenfalls Initiationsriten. Sie haben aber eher mit der beginnenden Fruchtbarkeit zu tun. Im alten Japan glaubte man zum Beispiel, dass junge Frauen bei ihrer ersten Menstruationsblutung Heilkräfte besäßen, und baute ihnen dafür eine besondere Schilfhütte wie für eine Gottheit.

Auch in der westlichen Welt existieren heute Meilensteine im Leben junger Menschen, die direkt mit dem Eintritt ins Erwachsenenalter in Verbindung gebracht werden: der Führerschein, das Abitur (bezeichnenderweise »Reifeprüfung« genannt) oder der Militärdienst.

10. »Das war doch nie im Leben Abseits!« – über die Begeisterung für Sport, von Fußball bis Motocross

Manche Leute behaupten ja, sportliche Wettkämpfe seien nichts weiter als waffenlose Schlachten – quasi eine Art Kriegsersatz. Mag sein, dass da was dran ist. Vielleicht erklärt das auch, warum sich so viele Jungs für Sport, vor allem für Mannschaftssport begeistern – und auch selbst sportlich sehr aktiv sind.

Zugegeben: Ich selbst war in meiner Kindheit (und Jugend – und offen gestanden auch darüber hinaus) ein extremer Bewegungsmuffel. Vom Ballettunterricht habe ich mich nach ein paar Monaten mit meinem Taschengeld freigekauft – ich erstattete meinen Eltern die bereits bezahlten Stunden und musste fortan nicht mehr hin. Das war es mir wert! Für Basketball wäre ich zwar wegen meiner Größe prädestiniert gewesen, aber diese Rennerei fand ich einfach lästig. Und beim Hochsprung schaffte ich nie mehr als 1,20 Meter.

Wozu ich mich allenfalls durchringen konnte, war ein bisschen Ergometertraining – allerdings mit Buch in der Hand. Ja, wenn Lesen als Leistungssport zählen würde, hätte ich es weit gebracht. Und gäbe es »Jugend liest für Olympia«, hätte ich dabei gewiss neue Rekorde aufgestellt.

Dennoch war mir selbstverständlich klar, dass Sport wichtig ist. Darum wollte ich es bei meinem Sohn besser

machen. Ich tat alles, um seinen natürlichen Bewegungsdrang nicht zu bremsen. Mein mütterliches Engagement
war vorbildlich – und brachte mich zuweilen selbst ganz
schön ins Schwitzen …

Am Anfang war: das Kinderturnen

Von mir aus wäre ich nie auf die Idee gekommen, meinen
Sohn ausgerechnet zum Turnen zu schicken, aber irgendwie gingen all seine Freunde zum wöchentlichen Treffen
in die örtliche Sporthalle, also meldete ich uns ebenfalls an.
Schließlich hatte ich gelesen, dass dabei nicht nur Muskulatur, Gelenkigkeit, Koordination, Motorik und Ausdauer
gestärkt würden, sondern auch Sozialverhalten, Konzen-
trationsfähigkeit und Selbstbewusstsein. In der Theorie
also perfekt!

Dem guten alten Turnvater Jahn sei Dank, gibt es in so
gut wie jedem Dorf einen Sportverein, in dem meist auch
Eltern-Kind-Turnen auf dem Programm steht. Anfangs
fürchtete ich, mein Dreijähriger müsste Felgaufschwünge
oder Ähnliches üben, aber zum Glück ging es in diesem
Kurs weniger um klassische Leibesübungen als um Spaß an
der Bewegung. Und den hatte mein Knabe! Er raste durch
die Turnhalle wie ein Irrer und zeigte so gar keine Lust, sich
zu Begrüßung und Abschied in den Kreis einzureihen und
ein albernes Liedchen zu singen. Okay, das hätte vermutlich selbst Turnvater Jahn dämlich gefunden, aber der wollte ja auch nicht spielerisch zur Freude am Sport ermutigen,
sondern preußische Soldaten ertüchtigen. Ich selbst hatte
meine liebe Mühe, meinen Dreijährigen zum Mitmachen
zu motivieren.

Am meisten mochte er Spiele wie Völkerball, bei denen

man ausscheiden konnte. Dann ließ er sich mit Absicht treffen, um anschließend tun zu können, was er wollte.

Okay, dachte ich. Übertrieben ehrgeizig ist mein Sohn offenbar nicht. Um nicht zu sagen: überhaupt nicht ehrgeizig. Eine Prognose, die sich während seiner Schullaufbahn bewahrheiten sollte. Doch natürlich hat das, wie alles, auch etwas Positives: Er ist die Gelassenheit in Person. Davon wird er vielleicht eines Tages profitieren, wenn er mit seinem eigenen Nachwuchs zum Eltern-Kind-Turnen geht ...

Kleinkind-TV Contra Passivfußball

Während ich vom aktiven Sporttreiben bis vor einigen Jahren relativ wenig gehalten habe, war ich schon von Kindheit an eine interessierte Sportzuschauerin. Es blieb mir auch gar nichts anderes übrig, schließlich habe ich zwei Brüder, und selbstverständlich wurde bei uns samstags (zwischen Autowäsche und Badewanne) *Sportschau* geguckt. Noch heute sehe ich mir gern Fußballübertragungen an – Bundesliga, Champions League und nicht zu vergessen die großen internationalen Turniere ...

So auch im Sommer des Jahres 2000. Im Fernsehen lief die Fußball-EM, und natürlich war ich scharf darauf, die Spiele zu verfolgen. Mein Sohn, damals drei Jahre alt, wollte ebenfalls fernsehen – allerdings nicht Fußball, sondern die *Teletubbies*, die zeitgleich im Kinderkanal ihr Unwesen trieben. Er liebte Tinky Winky, Dipsy, Laa-Laa und Po (vor allem Dipsy) heiß und innig, für mich dagegen waren sie reinste Folter. Diese infantile Sprache (»Ah-Oh!«), dieses gruselige Babygesicht in der Sonne, die ständigen Wiederholungen (»noch mal, noch mal«) machten mich regelrecht aggressiv.

Zunächst erschien es mir aussichtslos, meinen Sohn zu überzeugen, dass das, was sich auf dem belgischen Fußballrasen abspielte, so viel spannender war als die belgischen Riesenkaninchen, die auf dem Grün des Teletubby-Landes herumhoppelten, doch dann wurde mir klar, warum das so war: Wie sollte er sich für etwas interessieren, was er nicht verstand?

Und so lieferte ich ihm unter Aufbietung all meiner mütterlichen Geduld eine kindgerechte Erklärung des Regelwerks: »Wenn der Mann mit dem schwarzen Anzug pfeift, müssen alle stehen bleiben und tun, was er sagt« oder »Die Spieler mit den grünen Trikots versuchen, den Ball in dieses Tor zu schießen, aber die mit den roten Trikots wollen das unbedingt verhindern, allerdings ohne die anderen zu schubsen.«

Ja, es gelang mir sogar einigermaßen, die Abseitsregel zu vermitteln, und siehe da – auf einmal waren die Teletubbies vergessen. Um das Halbfinale zwischen Portugal und Frankreich mit ansehen zu dürfen, machte Jonas ein paar Tage später sogar freiwillig einen XXL-Mittagsschlaf, doch als das Spiel in die Verlängerung ging, nickte der kleine Mann ein und ich brachte ihn ins Bett. Bevor ich mich selbst ins Schlafzimmer zurückzog, schaute ich noch einmal kurz nach ihm. Da wurde er für einen Moment wach, blickte mich verschlafen an und fragte: »Poddugaal?« Ich schüttelte den Kopf und sagte: »Nö, Frankreich«, woraufhin er wieder einschlummerte.

Keine Frage, die Saat war gelegt.

Mit Phönix auf Asche

… und sie ging auf! Was zur Folge hatte, dass ich in den kommenden Jahren jede Menge Live-Fußball zu sehen bekam. Allerdings weniger im Fernsehen, als vielmehr auf den buckeligen Rasen- oder matschigen Hartplätzen der Nordwestpfalz.

Die ersten Versuche in der Bambini-Klasse waren geradezu entzückend. Von Taktik konnte noch nicht die Rede sein – alle rannten einfach nur dem Ball hinterher (abgesehen von denjenigen, die lieber Gänseblümchen pflückten, ein Rad schlugen oder sich mit dem Gegner unterhielten). Wirklich drollig. Und wie süß sie aussahen in ihren grünen Trikots des Vereins mit dem Phönix im Namen, ihren winzigen Stollenschuhen und den Schienbeinschonern.

Anfangs war so ein Spiel ja ruckzuck vorbei, in dieser Altersklasse dauerte es nur zweimal zwanzig Minuten. Doch einmal Spielermutter, immer Spielermutter: Die Spiele wurden härter, die Dauer mit jeder Altersklasse länger und die Austragungsorte lagen immer weiter entfernt. Eine halbe Stunde Fahrt zum Auswärtsspiel kam nicht selten vor, und irgendwie hatte es sich eingebürgert, dass ich als Fahrerin fest mit eingeplant wurde. Andere Eltern bekam man nur hin und wieder zu Gesicht, manche tauchten niemals auf, aber für mich war es selbstverständlich, dass ich kein Match verpasste. Meist war mein Auto voll bis zum letzten Platz, und je älter die Jungs wurden, desto lauter ging es zu – und desto umwerfender war das Aroma, das vor allem auf dem Rückweg in der Luft lag. Eine einzigartige Mischung aus Schweiß, Testosteron, Gras und Grillwürstchen. Zum Glück wurde irgendwann die »Wer nicht duscht, darf nicht mitfahren«-Regel eingeführt, was zumindest in dieser Hinsicht Erleichterung brachte. Von nun an atmete ich diese Duftkomposition nur noch ein, wenn wir mit der Trikotwäsche an der Reihe waren …

Die definitiv größte Herausforderung war jedoch das Herumstehen. Weil die Mannschaft meist bereits eine Stunde vor Anpfiff vor Ort sein musste, um sich umzuziehen und aufzuwärmen, standen wir Eltern uns die Beine in den Bauch und waren – je nach Jahreszeit und Wetterlage – schon völlig durchnässt, überhitzt oder halb erfroren, bevor es überhaupt losging. So etwas schweißt natürlich zusammen, und demzufolge entstanden nicht nur unter den Spielern, sondern auch unter so einigen Eltern Freundschaften, die teilweise länger hielten als die Fußballkarriere ihrer Jungs …

Apropos Freundschaft: Nach der Grundschulzeit, als die ehemaligen Klassenkameraden auf unterschiedliche Schulen wechselten und sich vor allem die Mädchen rasch aus den Augen verloren, blieben die Jungs auch darüber hinaus miteinander verbunden – zumindest diejenigen, die in der Mannschaft waren. Gute Sache!

Obwohl es sich aufwendig und anstrengend anhört, was es zuweilen tatsächlich war: Die Zeit am Spielfeldrand, in der wir unsere Söhne anfeuerten und Fehlentscheidungen des Schiedsrichters mit empörtem »Das war doch nie im Leben Abseits!« kommentierten, möchte ich nicht missen.

Zumal das Fußballspielen den Jungs nicht nur Spaß macht, sondern auch viel beibringt – über Zusammenhalt, Toleranz, Fairness, Teamgeist. Wo könnte man das besser lernen?

Drehschwindel dank Aikido-Rolle

Als mein Sohn ungefähr acht Jahre alt war, brachte ein Klassenkamerad ihn auf die Idee, es einmal mit Aikido zu probieren. Ein Kampfsport? Ausgerechnet! Das war mir nicht gerade sympathisch. Doch dann erfuhr ich, dass Aikido als extrem friedfertig gilt und betont defensiv ist, und mein anfänglicher Widerstand bröckelte.

Tatsächlich meldete ich mich bald sogar selbst dafür an – mit Aikido kann man nämlich in jedem Alter beginnen. Die Gruppe war bunt gemischt, und ich befand mich ja ohnehin vor Ort, denn anders als Fußball und Kinderturnen wird Aikido nicht in jedem Dorf angeboten, sodass es sich nicht lohnte, zwischendurch nach Hause zu fahren.

Der Trainer lobte meine Gelenkigkeit, und so kam es, dass ich mich im hohen Alter von vierzig Jahren dazu überreden ließ, einen Purzelbaum zu schlagen. Eigentlich geht die Aikido-Rolle ja über die Schulter, aber es hieß, mit einer Bahn Rolle vorwärts quer durch die Halle könnten wir uns wunderbar darauf einstimmen. Ich hätte auf meinen Instinkt hören und mich weigern sollen … Der Drehschwindel war fürchterlich, die Kopfschmerzen ließen erst nach einer Viertelstunde nach, und das flaue Gefühl hielt noch bis zum Abend an.

Damit war das Thema Aikido für mich erledigt, und als Jonas wenig später das Interesse daran ebenfalls verlor, war ich nicht allzu traurig – wenngleich ich das Konzept, die Kraft eines Angreifers umzulenken und gegen ihn selbst zu richten, nach wie vor ziemlich genial finde. Ist übrigens auch auf verbale Angriffe anwendbar.

Von Tiefschutz und Superbowl

Was für meine Freundinnen und mich die Oscar-Nacht ist, das ist für meinen Sohn und seine Kumpels der Superbowl. Da bleibt man durchaus mal bis zum Morgengrauen wach, um das Spektakel nicht zu verpassen.

Die Halbzeitshow könnte mich auch interessieren, der Rest fesselt mich leider so gar nicht. Aus demselben Grund, der meinen Sohn damals nach den Teletubbies krähen ließ: Ich kapiere die Regeln nicht. Ob American Football, Rugby oder Baseball, ich begreife einfach nicht, wer was warum wann tut. Doch als Jonas einmal für eine Weile Baseball spielte, investierte ich gerne in den dafür benötigten Tiefschutz. Schließlich will ich ja mal Oma werden ...

Ja, man lernt in der Kategorie Sport dazu, wenn man Söhne hat. Ich wüsste sonst weder, dass so etwas wie ein Tiefschutz überhaupt existiert, noch wer Valentino Rossi ist oder was die blaue Flagge beim Rennsport bedeutet. Was mir beim Quizduell schon so einige Punkte eingebracht hat ...

Doch das Wichtigste ist: Meine Mission ist erfüllt – mein Sohn ist viel sportlicher, als ich es je war. Ob Skaten, Radfahren, Klettern, Schwimmen oder Krafttraining, er interessiert sich für alles Mögliche – leider nicht für den eingangs erwähnten Lesesport. Aber man kann schließlich nicht alles haben.

Welche ist die richtige Sportart für Ihren Sohn?

Darauf gibt es keine Antwort außer: Das muss er selbst herausfinden. Was Sie tun können, ist, ihm Angebote zu machen. Lassen Sie ihn verschiedene Sportarten ausprobieren, am besten ohne große Anfangs-Investitionen. Was ihm Spaß macht, wird er weiterbetreiben wollen.

Laut Statistik gehören Fußball, Turnen, Schwimmen, Tennis, Kampfsport, Handball, Leichtathletik, Tischtennis und Basketball zu den Lieblingssportarten von Jungs. Bei Mädchen sind es übrigens Turnen, Fußball, Schwimmen, Reiten, Leichtathletik, Tennis, Handball, Kampfsport und Volleyball. (Jeweils in absteigender Reihenfolge)

Die Sache mit der Muckibude

Nicht nur Mädchen stehen heutzutage unter enormem Druck, attraktiv auszusehen. Ob Film, Fernsehen, Werbung oder Social Media: Überall sieht man perfekt definierte Körper ohne eine einzige Problemzone. Auch Jungs vergleichen sich mit der schönen Scheinwelt, die ihnen die Medien vorgaukeln – und schneiden dabei mit ihren Kinderkörpern zunächst einmal schlecht ab. Selbst in der Pubertät stellen sich die heiß ersehnten maskulinen Muskelpakete nicht gleich ein, und schon gar nicht von selbst.

Das motiviert nicht wenige junge Männer dazu,

sich regelmäßig im Fitnessstudio an Geräten zu quälen. Nun ja, solange sie es dabei nicht übertreiben (vor allem, bevor die Wachstumsfugen geschlossen sind) und sich verletzen, ist das im Grunde auch okay. Besser als herumzusitzen und sich gar nicht zu bewegen.

Höchst bedenklich dagegen ist die leichtfertige Bereitschaft vieler Heranwachsender, das Bizepswachstum nicht nur durch Training, sondern auch mithilfe von muskelaufbauenden Substanzen zu beschleunigen. Nicht bloß in der klassischen Bodybuilderszene sind solche Präparate gang und gäbe. Hier sind wir als Eltern gefragt, die Augen offen zu halten, unsere Jungs vor den Gefahren zu warnen, die Anabolika (anabole Steroide = Hormone!) mit sich bringen, und sie zu informieren, dass sie im Grunde auch keine Proteinpulver einnehmen müssen, weil sie gesunde Eiweiße auch ganz einfach am Küchentisch bekommen: nämlich in Form von fettarmen Milchprodukten, Fisch, magerem Fleisch und − was viele nicht wissen − roten Linsen, Kidneybohnen, Erbsen, Kichererbsen, Soja und Quinoa. Mahlzeit!

11. »Wenn du nicht blutest, hast du nichts erlebt« – über Jungs und Adrenalin

Beim Eltern-Kind-Turnen war ich auch insgesamt ganze acht Jahre lang. Die Aikido-Geschichte kann ich fast 1:1 mit Judo erzählen, und statt am Fußballfeld stand ich in der Handballhalle und rief »Defence!«.

Ich mag den Bewegungsdrang meiner Söhne. Was ich weniger mag, ist die damit einhergehende Verletzungsgefahr.

Gudrun, die vierfache Jungsmutter, von der ich schon berichtet habe, erzählte mir unlängst, dass sie sich innerlich sofort verkrampft, wenn sie irgendwo das Martinshorn hört. Im Geiste geht sie dann all ihre Jungs durch und überlegt, wo sie sich gerade befinden und ob die Möglichkeit besteht, dass einer von ihnen in diesem Moment verletzt im Rettungswagen liegt. Am liebsten würde sie einen nach dem anderen auf dem Handy anrufen, um sich von ihrer Unversehrtheit zu überzeugen. Sie hält sich jedoch zurück, um nicht als totale Glucke rüberzukommen.

Mit siebzehn hatte einer ihrer Teenager einen Unfall. Ohne Helm sprang er mit dem Mountainbike über Stufen, verhakte sich und landete kopfüber auf dem Asphalt. Nachbarn, die das Geschehen beobachtet hatten, riefen Gudrun herbei. Blutüberströmt und besinnungslos fand sie ihren Jungen vor.

»Ich konnte mir in diesem Moment nicht vorstellen, dass dieses leblose Geschöpf mein Sohn ist«, berichtete sie mir noch immer schwer bewegt, wenngleich der Vorfall nun schon einige Jahre zurückliegt. Der Schock sitzt nach wie vor tief. Und das, obwohl die Sache relativ glimpflich ausging. Außer etlichen Schnittwunden im Gesicht und einer leichten Gehirnerschütterung war Tom unverletzt. Da er sich an den Hergang auch nicht erinnern konnte, reagierte er auf das Ereignis völlig unbeeindruckt. Bereits am ersten Tag nach der Entlassung aus dem Krankenhaus machte er sich wieder mit dem Mountainbike auf den Weg. Einen Fahrradhelm trägt er bis heute nicht.

Die Forschungsergebnisse der kanadischen Psychologin Barbara Morrongiello belegen, wie typisch Toms Verhalten war. Sie fand heraus, dass Jungs bestimmte Aktivitäten deutlich weniger gefährlich einschätzen als ihre weiblichen Altersgenossen. Auch wenn ihnen ein Risiko bewusst ist, neigen sie dazu, daran zu glauben, dass ihnen nichts passieren wird. Und schließlich bewerten sie erlebte Unfälle komplett anders als Mädchen, die dazu tendieren, sich selbst die Schuld am Geschehen zu geben. Jungs halten es eher für »Pech«. Von Kinderambulanzen geführte Statistiken zeigen Ähnliches: Viermal mehr männliche als weibliche Patienten werden nach häuslichen Missgeschicken dort behandelt.

Dass meine jungslastige Familie einen gigantischen Pflaster- und Verbandszeug-Verschleiß hat, passt also gut ins Bild. Max hat sich einmal beim Spielen mit Knete (!) eine Platzwunde am Kopf zugezogen, die mit fünf Stichen genäht werden musste. Und Ben bremste vor einigen Jahren mit dem Gesicht, als er bergab beim Laufen zu viel Tempo zulegte. Auf die Harry-Potter-Blitz-Narbe, die davon auf seiner Stirn zurückblieb, ist er ausgesprochen stolz.

Mittlerweile gehe ich sehr cool damit um, dass hier regelmäßig jemand blutet oder vor Schmerzen schreit. Man gewöhnt sich an alles.

Wie abgebrüht ich wirklich bin, zeigte mir ein Vorfall vor einigen Jahren. Meine Freundin Lisa besuchte mich mit ihren Töchtern zum Kaffee. Gemütlich saßen wir Mamas auf der Terrasse in der Sonne, während die vier Kinder hinter dem Haus spielten. Irgendwann hörte man Max wie am Spieß brüllen. Zugegeben, es klang schon reichlich schrill, aber ich glaubte an Kampfgeschrei oder Imponiergehabe (immerhin waren Mädchen anwesend, die es zu beeindrucken galt). Lisa reagierte sofort nervös und meinte, es höre sich beunruhigend an und ob wir nicht lieber nachschauen sollten. Ich amüsierte mich innerlich, wie sehr Mädchenmütter doch zu Hysterie und Überprotektion neigen, und winkte nur lässig ab. Im nächsten Moment kam mein Sohn mit blutüberströmtem Gesicht um die Ecke. Beim Sprung vom Vordach hatte er sich an der Schläfe verletzt.

Ähnlich unbeeindruckt reagierte ich, als Ben im letzten Sommer einen Salto vom Fahrrad machte (mit Helm!) und sich die Lenkstange in den Bauch rammte. Gut, da war ein riesiger roter Fleck, aber er weinte kaum. Also reichte ich ihm einfach ein Coolpack und riet ihm, sich eine Weile aufs Sofa zu legen.

»Ich bestehe darauf, dass du mit mir ins Krankenhaus fährst!«, insistierte mein Zehnjähriger. Und tatsächlich: Auch wenn er unverletzt geblieben war, lobte man uns in der Notaufnahme dafür, dass wir gekommen waren. Denn, so erhielt ich Auskunft, in Bäuche gestoßene Lenkstangen könnten schlimme innere Verletzungen verursachen. Erst wenige Wochen zuvor habe sich ein junger Mann auf diese Art die Bauchspeicheldrüse zerfetzt.

Nun, ein riesiges Hämatom auf der Plauze ist zwar keine Trophäe – eine Blitznarbe auf der Stirn aber sehr wohl. Immer wieder beschleicht mich der Verdacht, dass meine Söhne stolz auf die sichtbaren Spuren ihrer Blessuren sind. Irgendwie halten sie jene nicht für einen Beweis ihrer Tollpatschigkeit, sondern für ein Zeichen ihrer Unerschrockenheit. Filmhelden bluten ja auch nach dem Showdown.

Aber was macht Jungs eigentlich zu diesen Adrenalin-Junkies? Warum ist ein Nervenkitzel für sie so reizvoll? Dass sie sich gern und oft in Gefahr begeben, kann doch nicht nur daran liegen, dass sie Nachhilfe in Risikobewertung brauchen!

Wieder einmal findet man die Antworten in unserer Biologie: Als Reaktion auf Stress (das Wort steht in diesem Fall für Gefahrensituationen im Allgemeinen) reagiert der Körper mit der Ausschüttung von körpereigenen Opioiden (= Endorphinen). Diese unterdrücken (genauso wie gerauchtes Opium) Schmerzen, sedieren und wirken euphorisierend. Die Konsequenz von Adrenalin ist also tatsächlich, dass man sich »high« fühlt, dass es einem »den Kick« gibt.

Übrigens lernen Jungsmütter abgesehen von waghalsigen Stunts auf diversen Fortbewegungsmitteln auch noch andere adrenalinfördernde Manöver bei ihrem Nachwuchs kennen: aufregende Computerspiele, schnelle und laute Musik, große Höhe, Geschwindigkeit und mitunter sogar die Lust am Verbotenen.

Mein Sohn ist Mitglied in einer Schauspielgruppe. Vor einer Aufführung fragte ich ihn einmal, ob er stark unter Lampenfieber leide.

»Wieso leiden?«, erwiderte er verblüfft. »Das ist doch ein absolut geiles Gefühl. Ich liebe das!«

Selbstverständlich kennt jeder von uns auch Mädchen, die sich halsbrecherisch in Gefahr bringen, schon zig Körperteile eingegipst hatten oder gern von hohen Klippen springen. Und natürlich sind mir auch schon Jungs begegnet, die sich auf dem Spielplatz nicht auf das Klettergerüst oder später nicht in die Achterbahn trauen. Schade, dass sie oft sofort als Weicheier abgestempelt werden, denn eigentlich haben sie unseren kleinen Rambos viel gesunde Selbsteinschätzung und Vernunft voraus. Vermutlich wissen sie, dass die coolen körpereigenen Opioide, die dafür sorgen, dass man sich so klasse fühlt, auch durch die Einwirkung von UV-Licht und den Genuss von Schokolade freigesetzt werden.

Adrenalin, Cortisol und Oxytocin

Will man beleuchten, welchen biologischen Unterschied es zwischen Männern und Frauen in Sachen Umgang mit Gefahr und Bewältigung von Stresssituationen tatsächlich gibt, sollte man sich die drei Hormone Adrenalin, Cortisol und Oxytocin ansehen.

In Gefahrensituationen freigesetztes Adrenalin steigert die Herzfrequenz, lässt den Blutdruck ansteigen und die Bronchien sich weiten. Es gewährleistet eine rasche Bereitstellung von Energie durch Fettabbau und hemmt gleichzeitig die Magen-Darm-Tätigkeit, um dort nicht unnötige Kraft zu verbrauchen. Evolutionstechnisch sind all diese körperlichen Reaktionen sinnvoll, zumal sie den Menschen zu Kampf oder Flucht (»fight or flight«) befähigen. Dies gilt vor allem für Männer, denn sie setzen in solchen Situationen wesentlich schneller und wesentlich mehr Adrenalin frei als Frauen. Bei Letzteren wird nämlich eher ein »tend and befriend«-Verhalten (pflegen und kümmern) beobachtet. Auch das hatte, wenn man an die Anfänge der Menschheit denkt, einigen Nutzen. Hätten beide Geschlechter gekämpft oder wären davongelaufen, hätte das schlimme Konsequenzen für den Fortbestand der Sippe mit sich gebracht. Bis heute suchen Frauen in Stresssituationen soziale Kontakte und wollen Gespräche – sie kümmern sich.

Ein zweites, etwas langfristiger wirkendes Stresshormon ist das Cortisol. Es setzt abbauende Stoffwechselvorgänge in Gang und dämpft die Wirkung des Immunsystems. Dass anhaltende Belastung also krank machen kann, liegt durchaus an den körperlichen Vorgängen, die im modernen Leben oft nicht mehr denselben Nutzen haben wie ursprünglich.

Frauen weisen ein weniger hohes Level an Cortisol auf, dafür bleibt das Hormon im weiblichen Körper wesentlich länger aktiv.

Versetzen uns die äußeren Umstände nicht gerade in Dauerstress, sondern nur in kurzzeitige Aufregung, sorgt ein weiterer Botenstoff für schnellen Ausgleich. Adrenalin löst nämlich das Glückshormon Oxytocin aus, das Entspannung bringt und Cortisol reduziert.

Anne Moir erklärt in ihrem Buch *Brain Sex* diese Unterschiede zwischen Männern und Frauen anhand ihres abweichenden Hormonspiegels. Natürlich spielen aber auch in diesem Fall wieder Erziehung, Kultur und Gesellschaft eine große Rolle im Einfluss auf das jeweilige Verhalten eines Menschen.

Liebe Ursi,

ist ja witzig. Ich habe Äußerungen wie »in unserem Haushalt kommen wir ohne Jod und Pflaster keinen Tag aus« immer für total übertrieben gehalten. Denn die Verletzungen meines Sohnes kann ich echt an einer Hand abzählen: ein Bobbycar-Unfall (gebrochener kleiner Finger), ein Fußball-Foul (gebrochener Arm), ein Fehltritt am Strand (Muschel in der Fußsohle), ein Küchen-Missgeschick (in den Finger gesäbelt) und ein Motorradunfall (Salto über Rehkitz, Prellungen, Schürfwunden, schmerzende Schulter).

Das sind zwar nicht gerade Kleinigkeiten, vor allem Letzte-

res, aber dennoch waren Blessuren bei uns nie ein Dauerthema, sondern eher die Ausnahme.

Womöglich ist es gar nicht unbedingt eine Frage des Geschlechts, sondern eher des Charakters, wie risikobereit man ist?

Jonas hat zwar alles Mögliche gewagt, von Klettergerüst über Achterbahn bis Hochseilgarten, aber immer erst dann, wenn die Zeit dafür reif war. Genauer gesagt: Wenn er sich sicher war, dass er das schafft.

Vermutlich muss es einfach beide Arten von Menschen geben: Solche, die Neues wagen, ohne die Folgen absehen zu können (sonst säßen wir noch auf Bäumen und hielten die Erde für eine Scheibe), und solche, die Risiken abwägen (und dafür sorgen, dass unsere Spezies nicht längst ausgestorben ist).

Was ich bemerkenswert finde, ist, dass du als Mutter verletzungsanfälliger Jungs wesentlich cooler bist als ich, denn ich gehöre – wie deine Freundin Gudrun – zu den Angsthäsinnen.

Was Jonas natürlich ziemlich nervt. Aber er weiß ja, dass es kein Misstrauen ist, wenn ich ihm vor jeder noch so kurzen Fahrt »Sei vorsichtig!« hinterherrufe, sondern einfach meine mütterliche Besorgtheit.

Und überhaupt: Ist es nicht mein Job als »Mutterschiff« (O-Ton Sohn), hin und wieder ein wenig zu nerven?

Deine Heike

12. »Mamis Liebling« – oder welchen Typ Sohn ziehen Sie groß?

Sie sind Mutter des wunderbarsten, liebenswertesten, klügsten, lustigsten, schönsten und überhaupt weltbesten Sohnes? Herzlichen Glückwunsch – dann geht es Ihnen wie uns. Und wie vermutlich fast allen Jungsmüttern rund um den Globus.

Finden Sie Ihren Sohn in einer dieser Kategorien wieder? Oder ist er (wie höchstwahrscheinlich die allermeisten) eine Mischung aus dem Besten daraus?

1. Der Genießersohn

Schon als Baby schläft er am allerliebsten an der Mutterbrust ein. Und wenn er sich im Kleinkindalter beim Herumtoben blutige Knie holt, versiegen die Tränen angesichts eines Kekses sehr schnell. Auch als Erwachsener strahlt er übers ganze Gesicht, sobald Sie ihm sein Lieblingsessen vorsetzen.

Wobei – Lieblingsessen ist vielleicht zu einschränkend formuliert. Denn bis auf wenige Ausnahmen (Sauerbraten? Brokkoliauflauf? Tofugeschnetzeltes?) liebt er fast alles, was ihm kredenzt wird.

Weil er sich so freut und so großzügig Lob verteilt (»Dein Essen schmeckt am allerbesten, Mama!«), lieben Sie es wiederum, ihn zu verwöhnen.

Doch Vorsicht, Falle: Es könnte passieren, dass er sich an

das Bedientwerden so sehr gewöhnt, dass er versehentlich übersieht, selbst ein bisschen kochen zu lernen. Er muss ja kein Sieben-Gänge-Menü zaubern können, aber ein Spiegelei, ein paar Nudeln oder eine Reispfanne sollten durchaus drin sein.

Vergessen Sie doch einfach mal eine Mahlzeit. Oder versalzen Sie die nächste Lasagne. Der Hunger wird ihn schon dazu bringen, selbst in der Küche aktiv zu werden. Es könnte sonst sein, dass der Genießersohn das Hotel Mama niemals verlassen will. Und damit würden Sie etwas wirklich Schönes versäumen: nämlich, dass er Sie besuchen kommt …

2. Der Turbosohn

Schon in der Schwangerschaft hält er sie mit seinen wilden Tritten auf Trab, und nach der – eventuell rasanten – Geburt geht es genauso weiter.

Schlafen gehört nicht gerade zu seinen Lieblingsbeschäftigungen, man könnte ja etwas verpassen.

Ihr gutes Porzellan sollten Sie einlagern, bis er achtzehn (oder besser: ausgezogen) ist.

Außerdem braucht er immer Action. »Und was machen wir jetzt?« hören Sie von ihm mindestens so oft wie »Mir ist langweilig« – ein Zustand, den er kaum aushält und der darum auch selten lang anhält, denn der Turbosohn findet schnell wieder etwas Spannendes, womit er sich beschäftigen kann. In Ihren Augen mag es des Öfteren Unfug sein, doch da ist der Turbosohn nicht kleinlich. Er unterscheidet nicht in erlaubte und verbotene Tätigkeiten, sondern in coole und uncoole. (Ihre Argumente hält er übrigens für besonders uncool, und er wird nicht müde, Sie das wissen zu lassen.)

Vermutlich gehört er zu den Ersten seiner Altersklasse, die Rad fahren lernen, die Skaterbahn unsicher machen oder (ohne Führerschein) mit einem getunten Mofa durch den Wald knattern.

Hierzu zwei Ratschläge: Sorgen Sie dafür, dass immer genug Pflaster, Jod und Verbandmaterialien im Haus sind, so wie es sich bei Ursi bewährt hat. Und fragen Sie nicht zu genau nach. Manchmal ist es besser, nicht alles zu wissen …

Übrigens sollten Sie sich nicht darüber wundern, dass der erwachsene Turbosohn ein megaerfolgreiches Leben auf der Überholspur führt. Schenken Sie ihm eine Schildkröte, um seinen Alltag zu entschleunigen. Und verändern Sie um Himmels willen nicht sein Kinderzimmer! Wenn er – leider viel zu selten – mal zu Besuch kommt, lassen Sie ihn in seiner alten *Star-Wars*-Bettwäsche schlafen. Um ihn daran zu erinnern, dass es einen Ort auf der Welt gibt, an dem er auch dann die Nummer eins ist, wenn er fünf Gänge zurückschaltet.

3. Der Forschersohn

»Der macht ja alles kaputt«, wird oft kopfschüttelnd gesagt, weil der Forschersohn mal wieder das neueste Spielzeug auseinandernimmt, statt sich artig so damit zu beschäftigen, wie es vom Hersteller vorgesehen ist.

Aber der Knirps will nicht nach Vorschrift spielen – er will den Dingen auf den Grund gehen! Eigentlich reißt er der Actionfigur nicht mit böser Absicht den Kopf ab, sondern weil er wissen will, wie der von innen aussieht.

Gegenstände auseinanderzunehmen und – sofern möglich – wieder zusammenzusetzen, das ist seine Leidenschaft. Mit einer Ausnahme: das Puzzle, das ja genau zu diesem Zweck gemacht ist. Das findet er witzlos.

Der Forschersohn braucht kein eng getaktetes Freizeitprogramm, denn er langweilt sich so gut wie nie und kann sich wunderbar allein beschäftigen. Und wenn es mit einem Spiel gegen den Schachcomputer ist. Oder einem dicken Wälzer über Käfer. Oder seinem Physikbaukasten. Worüber sich andere Mütter sehr freuen würden, macht Sie womöglich ein wenig nervös: Wird er etwa zum Einsiedler? Wie steht es um seine soziale Kompetenz? Und überhaupt: Was treibt er da schon wieder? Es ist so verdächtig still in seinem Zimmer …

Bleiben Sie locker! Der Forschersohn ist völlig in Ordnung. Seine Bestimmung wurde ihm in die Wiege gelegt.

Lassen Sie ihn also machen. Und trauen Sie ihm etwas zu. Vielleicht kann er das alte Radio ja tatsächlich reparieren?

Auch wenn es nicht seine Art ist, Ihnen täglich wortreich seine Liebe zu erklären, zeigt er sie doch auf andere Weise. Zum Beispiel, indem er Ihre Armbanduhr kaputt macht. Beziehungsweise, wie er es formuliert: untersucht, um sie im Fall der Fälle für Sie zu reparieren. Oder Ihnen aus Wäscheklammern eine Skulptur bastelt. Oder einfach nur, indem er zu einem zufriedenen, ausgeglichenen jungen Mann heranwächst.

4. Der Beschützersohn

Während sich andere Jungs empört losreißen, sobald ihre Mütter sie beim Überqueren der Straße an die Hand nehmen, reicht der Beschützersohn sie Ihnen freiwillig. Sie mögen daraus vielleicht schließen, dass er vernünftig oder sogar ein bisschen ängstlich ist. Das könnte aber ein Trugschluss sein: Er reicht Ihnen die Hand nämlich, um *Ihnen* über die Straße zu helfen.

Die Eigenschaft, sich um andere zu kümmern, wird gemeinhin eher Mädchen zugeschrieben, doch natürlich gibt es auch Jungs, die so ticken.

Passen Sie auf, dass er nicht glaubt, für Ihr Seelenheil zuständig zu sein – denn damit lädt er sich zu viel Verantwortung auf seine zarten Schultern. (Er soll doch eine unbeschwerte Kindheit genießen.) Und freuen Sie sich gleichzeitig, einen so empathischen Sohn zu haben! Wenn Sie sich später einmal mit einem Computerproblem herumschlagen, einen Chauffeur brauchen oder jemanden, der Ihnen tatsächlich über die Straße hilft, wird der Beschützersohn zur Stelle sein. Falls er Zeit hat. Denn vermutlich ist sein Job als Arzt, Altenpfleger, Sozialarbeiter oder Psychologe ziemlich zeitraubend. Zumal er in seiner Freizeit auch noch im Tierheim aushilft, bei der Tafel Dienst schiebt oder unbegleiteten jugendlichen Flüchtlingen Deutsch beibringt ...

5. Der Chaossohn

Das Zimmer eines Chaossohns barfuß zu betreten, kann ein großer Fehler sein. Sie treten womöglich in ein angegammeltes Schinkensandwich – oder auf einen Legostein. Mitunter sogar auf beides.

Der Chaossohn fühlt sich nur wohl, solange er von sehr viel Materie umgeben ist.

Einen schnurgeraden Weg wird er gewiss nicht einschlagen, das wäre ihm auch zu langweilig. Aber keine Sorge, wenn ein Schulwechsel, eine Ehrenrunde oder ein abgebrochenes Studium in seinem Lebenslauf steht: Irgendwann wird er so richtig durchstarten, und sei es auf dem x-ten Bildungsweg!

Er selbst findet das Durcheinander, das er sowohl verbreitet als auch anzieht, gar nicht schlimm, schließlich ist das sein natürliches Ökosystem. Machen Sie sich bewusst, dass er Sie damit keineswegs ärgern will, im Gegenteil: In seinem chaotischen Kosmos sind Sie der Fixstern, der ihm Sicherheit und Wärme schenkt. Also entspannen Sie sich. Und geben Sie zu: Ohne ihn und sein Chaos wäre Ihr Leben viel trister!

13. »Noch drölfzig Mal schlafen, bis der neue Star-Wars-Film startet« – über die Kunst, in Geschmacksfragen den kleinsten gemeinsamen Nenner zu finden

Die ersten Jahrzehnte meines Lebens habe ich es geschafft, das Thema *Star Wars* komplett zu ignorieren. Bis mein Mann mir klarmachte, dass das eine Bildungslücke ist. Also beschloss ich, diese bei nächster Gelegenheit zu schließen.

Eines Abends im Januar 1991 sollte *Krieg der Sterne* im Fernsehen laufen, und ich dachte: »Na gut. Also muss es eben heute sein.«

Das musste es dann aber doch nicht. Denn just an diesem Tag griff eine von den USA angeführte Koalition in den Irakkrieg ein, um Kuwait zu befreien. Angesichts dieser Entwicklung fanden es die Programmverantwortlichen offenbar ein bisschen makaber, gleich nach den Nachrichten einen Film auszustrahlen, der das Wort »Krieg« im Titel trägt, und so änderten sie das Angebot kurzerhand: *Star Wars* entfiel, stattdessen lief *Die Maske* – mit Cher in der Hauptrolle. Sie spielte eine couragierte Rockerbraut, deren Sohn unter einer schrecklichen Krankheit leidet, bei der die Gesichtsknochen unkontrolliert wachsen. Ein aufwühlender, besonderer Film, der mich sehr beeindruckt hat. Vermutlich mehr, als es ein Weltraummärchen jemals vermocht hätte. Bewegende Mutter-Sohn-Geschichten interessierten mich eben schon lange, bevor ich selbst Mutter wurde.

Damals hakte ich *Star Wars* für mich persönlich ab. Ich war gerade noch mal davongekommen – so knapp wie ein Planet, an dem soeben ein zerstörerischer Asteroid haarscharf vorbeigerast ist. Die Programmänderung interpretierte ich als Zeichen, dass *Star Wars* und ich einfach nicht zueinanderfinden sollten. Und vermutlich wäre es dabei geblieben, wenn ich nicht sechs Jahre, zwei Monate und einen Tag später Mutter eines Sohnes geworden wäre, der zu einem der größten *Star-Wars*-Fans aller Zeiten heranwuchs.

Überhaupt deckt sich die Liste seiner Lieblingsfilme so gar nicht mit meiner – allenfalls gibt es auf seiner ein paar Streifen, die ich einigermaßen okay finde. Im Sinne von erträglich. Kann man sich mal ansehen. Aber auch wirklich nur einmal! Ich habe mich bei anderen Jungsmüttern umgehört und erleichtert festgestellt, dass es ihnen ganz ähnlich geht. Die Lieblingsfilme, die von ihren Söhnen am häufigsten genannt wurden, haben mich daher nicht überrascht ...

Liste der Filme, die Jungs super finden und Mütter allerhöchstens »so na ja«

Hangover

Einen Kater zu haben, ist überhaupt nicht lustig. Anderen dabei zuzusehen, wie sie ihren Kater durchleiden und verzweifelt versuchen, sich an die vergangene Nacht und den etwas außer Kontrolle geratenen Junggesellenabschied zu erinnern – etwa um irgendwo in Las Vegas den verschwundenen Bräutigam aufzuspüren –, fanden viele urkomisch. So wurde *Hangover* eine der erfolgreichsten Komödien aller Zeiten, und die Fortsetzung war sogar noch erfolgreicher, obwohl sie inhaltlich im Grunde dasselbe in Grün ist (beziehungsweise: dasselbe in Thailand. Beziehungsweise: in »T-Hailand«). Und sogar Teil drei hatte noch viele Millionen Zuschauer.

»Okay, über Teil eins konnte ich an der einen oder anderen Stelle wenigstens noch lachen«, sagt Kirsten, Mutter zweier Söhne. »Aber mir für *Hangover 2* ein Kinoticket gekauft zu haben, hätte ich wohl als absolute Zeitverschwendung empfunden, wenn es nicht immerhin ein netter Familienausflug gewesen wäre.« Ihre Männer haben sich köstlich amüsiert. Und Kirsten, die unverbesserliche Optimistin, findet sogar einen positiven Aspekt: »Solange meine Söhne öfter *Hangover* sehen, als einen Kater zu haben, ist ja eigentlich alles gut.«

Tron / Tron Legacy

Diese Filme handeln vom Leben in einer virtuellen Realität, in der humanoide Computerprogramme die Macht haben. Es werden Spiele ausgetragen, bei denen es um Leben und Tod geht, regelrechte Gladiatorenkämpfe, und die Grenze zwischen realer und digitaler Welt ist verschwommen.

»Vielleicht hätte ich mir mal die Mühe machen sollen, zumindest den Originalfilm aus den Achtzigern in voller Länge anzuschauen und mich auch innerlich drauf einzulassen. Möglicherweise könnte ich ihm dann etwas abgewinnen«, meint meine Freundin Silke, deren Sohn ein Riesenfan dieser Filme ist.«So aber erkenne ich *Tron* und vor allem *Tron Legacy* nur daran, dass es ständig grell leuchtet. Das ist unglaublich anstrengend für die Augen, und wahrscheinlich sollte man Epileptiker davor warnen, weil diese Optik garantiert Anfälle auslösen kann.« Silke empfiehlt stattdessen Lesefutter mit ähnlicher Thematik, zum Beispiel *Erebos* von Ursula Poznanski oder *Level 4 — Die Stadt der Kinder* von Andreas Schlüter. Auch da verwischen die Grenzen zwischen realer und digitaler Welt — und nichts leuchtet grell, es sei denn, der E-Book-Reader hat einen Kurzschluss. Mich hat sie damit sofort überzeugt — ihren Sohn vermutlich weniger.

Transformers

»Autos, die sich in Kampfmaschinen verwandeln, könnte ich ja gerade so noch hinnehmen. Aber eine Geheimorganisation, das Militär, ein Bürgerkrieg um die Macht über das ganze Universum ... Das ist mir dann doch ein bisschen zu dramatisch«, findet Petra. »Ich habe ehrlich versucht, die Zusammenhänge zu begreifen und einen Sinn in der rudimentär vorhandenen Handlung zu erkennen. Es ist mir leider nicht gelungen. Stattdessen frage ich mich, warum in solchen Filmen bloß ständig die Welt gerettet werden muss. Und warum Frauen darin nur schmückendes Beiwerk sind. Viel wichtiger als eine ernst zu nehmende weibliche Hauptfigur ist selbstverständlich ein würfelförmiges Etwas, das Maschinen Leben einhauchen kann. Und wenn sie nicht gerostet sind ...«

Natürlich steht dieser Film — genauer gesagt diese Filmreihe — auch auf der Top-Five-Liste meines Sohnes. Schließlich kommen Fahrzeuge darin vor! Weshalb er überdies sämtliche Teile von *The Fast and the Furious* so großartig findet. Dagegen war *Cars* ja noch Gold! Und ach, *Ein toller Käfer* erst, damals in den Siebzigern …

Kindsköpfe

Eigentlich boykottiert meine Freundin Tina konsequent alle Filme, bei denen Adam Sandler mitspielt. Sie ist da rigoros. »Schließlich weiß ich vorher schon, dass sie mir nicht gefallen werden. Das ist einfach nicht mein Humor!«, beharrt sie. Dafür entsprechen Adam-Sandler-Filme umso mehr dem Geschmack ihres Sohnes. Und seine Begeisterung dafür wirkte so ansteckend, dass sie bei *Kindsköpfe* eine Ausnahme gemacht hat. Und sie muss zugeben: »Es waren witzige Stellen dabei. Viele witzige Stellen. Sogar sehr viele sehr witzige Stellen! Im Grunde haben wir fast durchgehend gelacht. Trotz Adam Sandler. So weit wie mein Sohn würde ich allerdings nicht gehen. Denn der hat sich die Filme – auch den zweiten Teil – inzwischen schon unzählige Male angeschaut. Einmal hat er gemeinsam mit einem Freund einen *Kindsköpfe*-Marathon veranstaltet und eine volle Woche lang täglich beide Teile gesehen. Ganz ehrlich: So etwas würde ich mir allerhöchstens antun, wenn ich damit den Klimawandel verhindern könnte.«

Star Wars

Wie eingangs erwähnt, kam ich dank meines Sohnes natürlich nicht um diese Filme herum. Zunächst lernte er – und damit auch ich – *Episode 1* kennen, also den insgesamt vierten Teil, der inhaltlich aber der ursprünglichen Trilogie vorgeschaltet ist. Kaum zu fassen, dass aus dem niedlichen Anakin Skywalker einmal der fiese Darth Vader werden sollte … Ups, hab ich da jetzt gespoilert? Kann ich mir nicht vorstellen, denn entweder sind Sie noch uninteressierter an den *Star-Wars*-Filmen als ich, oder Sie wussten das längst …

Mein Sohn war jedenfalls sofort fasziniert: von den Jedi-Rittern, ihren Lichtschwertern, dem Podrennen, dem ewigen Kampf zwischen Gut und Böse – einfach allem. Natürlich baute er leidenschaftlich gern Lego-Raumschiffe aus der *Star-Wars*-Reihe, besaß mehrere Plastik-Laserschwerter, und wenn eine neue Episode in die Kinos kommt, fiebert er ihr wochenlang entgegen. Übrigens ist es kein Zufall, dass unser Hund Luke heißt …

Ich habe über die Jahre immer mal wieder ein paar Abschnitte aus der einen oder anderen Episode gesehen, aber noch nie einen ganzen *Star-Wars*-Film am Stück. Das habe ich einfach nicht geschafft. Dabei hätte es in unserem Haushalt ausreichend Gelegenheiten dazu gegeben – Jonas hat die Videos und später die DVDs wahrlich oft genug abgespielt. Die meisten Szenen kann er sogar auswendig mitsprechen. Ich erinnere mich an einen Dialog mit meinem Sohn, der geradezu symptomatisch dafür ist:

»Was sind denn das für weiße Kerlchen, und warum laufen sie so aufgeregt umher?«, fragte ich.

Und er darauf: »Das sind Stormtrooper, und die laufen so aufgeregt herum, weil dort hinten gleich was explodiert. In fünf Sekunden, vier, drei, zwo, eins« – und da krachte es auch schon.

Oh, er hat diese DVDs wirklich sehr oft gesehen. Schade nur, dass *Star-Wars*-Wissen kein Hauptfach in der Schule war …

Natürlich gibt es immer mal wieder Filme, denen Mütter und Söhne gleichermaßen etwas abgewinnen können. Weitaus häufiger passiert das aber bei Serien – erstaunlicherweise haben sowohl Ursi als auch ich diese Erfahrung gemacht, und in meinem Bekannten- und Freundeskreis kommt gemeinsames Mutter-Sohn-Binge-Watching durchaus öfter vor. Unsere Empfehlungen (in alphabetischer Reihenfolge) sind übrigens ganz schön vielseitig – da ist für jeden Geschmack was dabei.

Generations- und geschlechtsübergreifende Liste potenzieller Lieblingsserien

Brooklyn Nine-Nine

Eine echt schräge Sitcom, die in einem fiktiven Police Department 99 in Brooklyn spielt. Die Detectives, die dort arbeiten, bilden eine wilde Mischung – das Spektrum ihrer Eigenschaften reicht von albern über cholerisch und faul bis zu pedantisch. So ziemlich die witzigste Polizeiserie, die ich kenne.

Designated Survivor

Wohltuender Gegenentwurf zu *House of Cards*, denn Kiefer Sutherland spielt einen extrem nachdenklichen, besonnenen, menschlichen Präsidenten, der unter normalen Umständen nie ins Amt gekommen wäre. Wer hat das Attentat ausgeführt, dem der bisherige Präsident, die Mitglieder des Obersten Gerichtshofs und (vom »designierten Überlebenden« abgesehen) das komplette Kabinett zum Opfer fielen? Hochspannend.

How I Met Your Mother

Serien, die von coolen jungen Menschen in New York handeln, gibt es viele. Hier besteht der Clou darin, dass die Hauptfigur Ted das Ganze rückblickend seinen Kindern erzählt. Staffel für Staffel fragen sich diese ebenso wie die Zuschauer, ob Teds neueste Eroberung vielleicht die Mutter seiner Kinder war. Es werden zahlreiche Hinweise gegeben, doch die Auflösung erfährt man erst ganz am Ende. Kult!

Modern Family

Urkomische Familienserie, die von den großartigen und extrem unterschiedlichen, absolut ungewöhnlichen Charakteren lebt (Ed O'Neill kann seine Rolle als Al Bundy sogar noch toppen!) und sich durch pseudodokumentarische Interviewszenen auszeichnet, bei denen die Figuren die »vierte Wand« durchbrechen. Herrlich!

Pretty Little Liars

Eine Teenie-Mystery-Serie, die sich um vier Mädchen und ihre verschwundene Freundin dreht – und um unheimliche anonyme Nachrichten an sie. Eigentlich sind weder junge Männer noch mittelalte Frauen die typische Zielgruppe für PLL, aber wer einmal reinschaut, ist sofort gefesselt. Vorsicht, extrem hoher Suchtfaktor!

Prison Break

Wie der Titel schon ankündigt, geht es in dieser Actionserie um einen Gefängnisausbruch – na ja, eigentlich sogar um mehrere Ausbrüche, aber zu viel will ich nicht verraten. Alles fängt damit an, dass ein junger Mann absichtlich eine

Straftat begeht, um in das Gefängnis zu kommen, in dem sein Bruder unschuldig im Todestrakt einsitzt – mit dem Ziel, ihn zu befreien. Sehr spannend!

Scorpion

Diese Dramaserie soll auf dem Leben von Walter O'Brien basieren, der angeblich den vierthöchsten jemals festgestellten IQ hat. Tatsächlich könnte man *Scorpion* als ein *A-Team* mit Superhirnen beschreiben – mithilfe ihrer unfassbaren Klugheit lösen die Genies für Homeland Security die aussichtslosesten Fälle. Ungewöhnlich.

Suburgatory

Der in amerikanischen Serien oft thematisierte Wunsch vieler Eltern, ihre Kinder zu beschützen, ist Ausgangspunkt dieser Comedyserie: Nachdem er in der Schublade seiner Teenie-Tochter ein Päckchen Kondome findet, zieht ihr alleinerziehender Vater mit ihr aus der gefährlichen Großstadt in den Vorort (suburb), den sie – zunächst – als Hölle (purgatory) empfindet. Frech und witzig!

The Big Bang Theory

Diese Sitcom gehört seit über zehn Jahren zu den beliebtesten Fernsehserien überhaupt. Ihr Erfolgsrezept? Eine völlige Neuinterpretation des Freunde- und WG-Themas. Hier geht es um eine Gruppe von Wissenschaftlern, die fachlich zwar brillant sind, in Sachen Sozialkompetenz und Alltagsfähigkeit jedoch ziemliche Defizite aufweisen. Ein Knaller!

White Collar

In dieser Krimiserie ist die Hauptfigur ein Meisterdieb und Kunstfälscher, der nach einem Fluchtversuch wieder geschnappt wird und anschließend noch eine ganze Weile im Knast absitzen müsste – doch er kommt mit einer elektronischen Fußfessel davon. Der Deal: Er muss sein Fachwissen dem FBI zur Verfügung stellen und als Experte bei der Aufklärung von Kunstdiebstählen und anderen Fällen von Wirtschaftskriminalität helfen. Brillant!

Übrigens ...

Ja, wir wissen, dass es pädagogisch wertvollere Aktivitäten gibt, als TV-Serien zu schauen. Sie können mit Ihrem Sohn natürlich jederzeit Strohsterne basteln, das Grundgesetz diskutieren, vierhändige Klavierstücke einstudieren oder Golf spielen gehen. Andererseits: Zusammen über Sheldon Cooper lachen, mit den Genies von *Scorpion* mitfiebern oder spekulieren, wer bei PLL wohl »A« ist – das hat auch was. Ehrlich. Und ist immer noch besser als gar keine Gemeinsamkeit.

14. »Der Puppenwagen kann tolle Powerslides« – über geschlechts(un)-spezifisches Spielzeug

Apropos Explosionen und grelles Licht in Jungs-Filmen: Ben fragte mich letztens, als ich an diesem Buch saß, ob ich schon etwas über Pyrotechnik geschrieben hätte. Vermutlich sollte ich auf ihn hören und das schnellstens nachholen. Denn ich denke, viele von uns durchleben mit ihren Kindern die Feuer-und-Knallkörper-Phase. Und das ist nicht unbedingt der angenehmste Entwicklungsschritt hin zur Mutter von erwachsenen Söhnen.

Knallt es irgendwo, haben mit hoher Wahrscheinlichkeit Jungs ihre Finger im Spiel. Der in einem anderen Kapitel ausführlich beschriebene Hormonstatus unseres Nachwuchses lässt sie Flammen, Explosionen und Lautstärke lieben.

Ich muss kurz ausholen und von einer Zeit berichten, in der ich noch keine Mutter war: Es war der 1. Januar 2000 um etwa ein Uhr nachts. Das große Millenniums-Feuerwerk über unserer Stadt war verglüht, der Sekt ausgetrunken und die guten Wünsche fürs neue Jahrtausend ausgetauscht.

Da nahm der künftige Vater meiner Söhne meine Hand und fragte: »Ursi, willst du mich heiraten?«

Ich reagierte erfreut – hatte ich insgeheim doch schon Monate zuvor genau das ins Auge gefasst.

Nach Küssen und Umarmungen der Glückseligkeit gestand er mir: »Weißt du, ich wollte dir eigentlich unter dem wunderbaren Feuerwerk diesen Antrag machen, aber dann war ich davon so begeistert, dass ich es vergessen habe.«

Ich war also vorbereitet, als meine Jungs Jahre später ähnliche Vorlieben entwickelten. Unseren Nachbarn ist es hoch anzurechnen, dass sie die immer wiederkehrende Knallerei so stoisch ertragen.

Meine Studienkollegin Christa erzählte mehrmals von zum Jahreswechsel in die Luft gesprengten Gartenzwergen. Die Brüder meiner Mutter bauten kleine Büchsen aus Hohlschlüsseln mit abgeschabten Zündholzköpfen als Schießpulver. Und mein Schwager fuhr als junger Mann extra Hunderte Kilometer durch die Wüste Nevadas, um einen Feuerwerk-Megastore zu besuchen.

Ich persönlich kann nicht wirklich nachvollziehen, was so toll an Pyrotechnik sein soll. Es knallt und raucht – im Vorgarten genauso wie im Portemonnaie. Aha.

Als Kind mochte ich ruhige Spiele wie Puppen mit allem möglichen Zubehör, Malen und Gummihüpfen (in Deutschland als »Gummitwist« bekannt). Meine Schwester beschäftigte sich hingegen gern mit Matador (Holzbaukasten), Fischer-Technik (Konstruktionssystem) und Fußball. So lernte ich in unserem von vier Frauen geprägten Haushalt schon früh, dass man sich unter den verfügbaren Spielsachen einfach das auswählt, was einem am meisten zusagt. Das Konzept von Geschlechtsspezifik war uns fremd. Unser Nachbarsjunge probierte wahnsinnig gern die Kleidung und den Schmuck seiner Mutter an (und nein, er ist nicht homosexuell). Ich hielt es also für völlig normal, aus dem gesamten Potpourri an kindlichen Möglichkeiten zu schöpfen und mir auszusuchen, worauf ich eben Lust hatte. Es waren die frühen Achtzigerjahre, in denen sowieso irgendwie alles angenehm undefiniert und experimentell ablief.

Als ich selbst Mutter wurde, war es mir daher ein unbedingtes Anliegen, meine Söhne ohne Rollenerwartungen aufzuziehen. Ich stellte ihnen gleichermaßen Bagger wie Puppen zur Verfügung. Gleichzeitig mit einem ersten Set an Spielwerkzeug kaufte ich ihnen zum Beispiel perforierte Motivkärtchen, an denen man den Umgang mit Nadel und Faden ausprobieren konnte. Meine zwei männlichen Kleinkinder düsten daraufhin mit dem Plastikbohrer durch die Wohnung, während ich auf dem Sofa saß und mit riesigen Stichen ein Löwenbildchen stickte.

Auch all meine anderen Versuche, meinen beiden Rabauken die illustre Welt der Mädchenspiele zu eröffnen, wurden früher oder später unterwandert: Max schnappte sich seinen Baby-Bruder, schnallte ihn im Puppenwagen fest und bretterte mit ihm durch die Gegend. »Schau mal, Mama!«, rief er mir über Bens begeistertes Kreischen hinweg zu. »Der Buggy kann tolle Powerslides!«

Schminke wurde verwendet, um sich Wunden aufzumalen. Schmuckstücke mussten im Spiel immer über eine magische Wirkung verfügen, um jemanden damit verfluchen zu können. Kuscheldecken wurden grundsätzlich als Batman-Umhänge umgebunden und Stofftiere von möglichst hoch oben hinuntergeworfen, um die Flugbahnen zu analysieren. Irgendwann habe ich resigniert und nur noch das Spielzeug angeschafft, das meine Kinder auch wirklich wollten. Und das war zu hundert Prozent speziell für Jungs deklariertes Zeug.

Vermutlich ist der gesellschaftliche Druck einfach zu groß, um als Junge entspannt mit Puppen zu spielen. Die weibliche Geschlechterrolle wurde in den letzten Jahrzehnten ja viel stärker liberalisiert als die männliche. Für Jungs scheint es nach wie vor schwerer, sich völlig frei zu entfalten. Ein Mädchen in der Bauecke überrascht heute niemanden mehr. Spielt ein Junge jedoch hingebungsvoll mit Barbies, kann er damit nach wie vor ein Schmunzeln hervorrufen. Der Spielraum (im übertragenen wie wörtlichen Sinn in diesem Falle), den Jungs zur Verfügung haben, weist nach wie vor wohldefiniertere Grenzen auf.

Max hat seinem Lieblingsstofftier (Igel »Trudi«) als Dreikäsehoch mit Omas Hilfe ein Bettchen gebaut. Auch heute noch hütet er beides wie einen Schatz, versteckt es aber aus Angst vor dem Spott seiner pubertierenden Freunde ganz hinten im Schrank. Allzu emotionsbetonte Vorlieben werden in der Peergroup einfach nicht gut aufgenommen.

Im Laufe der Jahre habe ich jedoch feststellen können, dass meine Söhne über ein gewisses Maß an Anpassungsfähigkeit verfügen. Verbringt Ben seine Zeit mit Mädchen, wird stundenlang ohne große Action mit Elfenplaymobil gespielt. Oder es werden Back- und Schmink-Tutorials auf YouTube angeschaut. Handelt es sich bei den Spielgefährten allerdings um Jungs, wird umgehend einen Gang hochgeschaltet. Da kann es gar nicht laut und wild genug zugehen.

Als ich bei meinen Recherchen las, dass in vorgeschichtlichen Kindergräbern »kleine keramische Lärmgeräte« (Klappern, Rasseln, Pfeifen) als Beigaben gefunden wurden, amüsierte mich das. Den Mamas damals ist es wohl nicht besser ergangen als uns heute. Solche prähistorischen

Krachmacher wurden irgendwann einfach von Pyrotechnik abgelöst. Die Wissenschaftler deuten diese Spielzeuge als »Kultgegenstände zur Abwehr böser Geister«. Dereinst werden Archäologen vielleicht »Lady Cracker« aus den tiefen Schichten einer Mülldeponie ziehen. »Im digitalen Zeitalter«, werden sie schreiben, »zündeten junge Männer im initiationsfähigen Alter in geheimen Riten Sprengkörper, um sich gegenseitig Mut im Kampf gegen die nächste Cyberattacke zu machen.«

Spielzeug speziell für Mädchen und Jungs

Spielsachen scheint es seit jeher gegeben zu haben. Der älteste derartige Fund datiert aus der Jungsteinzeit und ist eine Puppe. Auf antiken Vasen findet man eine Vielzahl an Darstellungen von Kindern mit diversem Spielzeug. Erst im Mittelalter aber hat sich die gesellschaftliche Rollendefinition so verfestigt, dass auch das Spielzeug stärker geschlechtsspezifisch unterschieden wurde. Für Buben gab es nun Messingpferdchen, Holz- und Tontiere sowie Ritter im Kleinformat. Mit Puppen, Stick-, Spinn- und Schmuckarbeiten beschäftigten sich die Mädchen.

Bisher ist keine Kultur ohne jegliche Geschlechterrollen bekannt, was sich natürlich auch im Spielzeug widerspiegelt. Zum Entwicklungsprozess eines Menschen gehört es, sich mit dem gleichgeschlechtlichen Elternteil zu identifizieren und dessen Verhalten nachzuahmen. Der Schweizer Biologe Jean Piaget beschrieb, dass Kinder ungefähr ab dem dritten Lebensjahr selbst entscheiden können, ob sie ein Mädchen oder ein Junge sind. Erst ab etwa sechs Jahren begreifen sie aber, dass sich ihr Geschlecht nicht durch die Anpassung äußerer Merkmale (wie zum Beispiel die Haare abzuschneiden) verändern lässt.

Kinder wählen sich die Gegenstände und die Art und Weise, wie sie mit ihnen spielen wollen, in diesem kognitiven Entwicklungsprozess sehr bewusst aus, so Piaget.

In der Gesellschaft gibt es in Sachen Genderbetonung ein ständiges Auf und Ab. Nachdem in den Sechzigern und Siebzigern stark für eine Liberalisierung der Geschlechterrollen gekämpft wurde, kann man derzeit wieder eine entgegengesetzte Entwicklung beobachten: Spielzeug und Kleidung werden überdeutlich gegendert angeboten (Glitzer und Einhörner versus dunkle Farben und Superhelden).

15. »Was soll ich denn mit einem Fleißsternchen?« – über die Herausforderung, Jungs zu motivieren

Während bei Klamotten und Spielsachen für meinen Geschmack zu viel gegendert wird, geht das Bildungssystem zu wenig auf geschlechtsspezifische Unterschiede ein. Das ist mir erst klar, seit ich einen Sohn habe – als Mädchen hat man es in der Schule einfach leichter, und das von Anfang an.

An meinen ersten Schultag erinnere ich mich nur sehr vage – wohl aber daran, dass ich unheimlich stolz war, eine Hausaufgabe erledigen zu müssen: Wir sollten ein Haus malen, und ich gab mir wahnsinnig viel Mühe, das so gut wie möglich hinzubekommen. Vielleicht würde mich die Lehrerin ja dafür loben?

Am ersten Schultag meines Sohnes gab es ganz ähnliche Schularbeiten: In einem vorgezeichneten Haus sollten die Kinder die Dachziegeln ergänzen und es dann ausmalen. Das mit den Ziegeln führte Jonas einigermaßen sorgfältig aus, sein Ausmalen dagegen war eher ein liebloses Gekritzel.

»Möchtest du das nicht ein bisschen gründlicher und schöner machen?«, fragte ich vorsichtig.

»Wozu? Ist doch eh nur eine U-Schreibübung«, erklärte mir der ABC-Schütze, der offenbar schon den vollen Durchblick hatte.

Na, das konnte ja was werden ...

Ein Lob der Lehrerin war Jonas völlig schnuppe. Er erledigte, was in seinen Augen wichtig war, und keinen Strich mehr. An Fleißsternchen, für die sich so manche Mitschülerin ein Bein ausriss, war er nicht interessiert. Ihn zu mehr Eifer zu motivieren, erwies sich als schwierig bis unmöglich. Bevor er versehentlich eine Rechenaufgabe zu viel löste oder drei Vokabeln zu viel lernte, rief er lieber bei fünf Klassenkameraden an, um die Sache zu klären (was übrigens viel mehr Zeit in Anspruch nahm, als die Mehrarbeit gedauert hätte). Etwas, worüber meine Bekannten, die Töchter haben, nur den Kopf schüttelten.

Ich fragte mich, ob mein Sohn da ein Einzelfall war, und hörte mich bei Freundinnen und Kolleginnen um. Und siehe da: Offenbar war er mit seiner Einstellung in guter Gesellschaft ...

Lebensmotto:
Kein Strich zu viel!

»Das war bei meinem Sohn genauso«, bestätigt Angelika. »Er fand das lustig, dass die Mädchen sich für ein Sternchen oder einen Stempel im Heft so angestrengt haben. Minimalaufwand war seine Devise. Komischerweise wusste er dann trotzdem, wann es galt, sich doch mal anzustrengen oder ein bisschen Gas zu geben.«

Ähnliche Erfahrungen hat Caroline gemacht, deren Zwölfjähriger für die Schule grundsätzlich nie einen Strich zu viel tut, Zusatzaufgaben unnötig findet und auf Sternchen oder Delfine gern verzichtet. »Hier liegt ein großer Unterschied zu seinen jüngeren Zwillingsschwestern, die deutlich stärker auf Lob, Beachtung und Anerkennung

Wert legen und dadurch natürlich leichter für mich und andere motivierbar sind.«

Bettinas Sohn tickt ganz ähnlich. »Er ist eben kein Mensch für Pflichtübungen. Und wenn ihn eine Sache nicht interessiert, gehen ihm auch sämtliche Fleißsternchen am Allerwertesten vorbei. Wir könnten uns auf den Kopf stellen und mit den Zehen wackeln oder ihm sonst was versprechen – es würde verdammt wenig nützen.«

Auch das Argument von Danielas Sohn kommt mir extrem bekannt vor: »Mama, das *müssen* wir nicht machen« war für ihn gleichbedeutend mit: »Also mache ich es auch nicht, ist doch logisch!«

Warum ist das so?

Ist unser Schulsystem für Jungs einfach nicht artgerecht?

Was die Intelligenz betrifft, gibt es keinen Unterschied zwischen den Geschlechtern – und dennoch kommen Jungs in der Schule nicht so gut zurecht wie Mädchen: Sie werden durchschnittlich später eingeschult, haben schlechtere Zeugnisse und müssen häufiger ein Schuljahr wiederholen. Das ergab eine Untersuchung von Marcel Helbig, Professor für Bildung und soziale Ungleichheit an der Universität Erfurt und zugleich wissenschaftlicher Mitarbeiter am renommierten Wissenschaftszentrum Berlin für Sozialforschung.

Woher kommt diese nachgewiesene Bildungsungerechtigkeit?

Ein Grund könnte sein, dass in der Schule vor allem das gefragt ist, was Mädchen eher liegt: still sitzen, sich zurücknehmen, sauber schreiben …

Jungs dagegen liegt eher das Grobmotorische, was jedoch im Unterricht nicht unbedingt gefragt ist. Sie haben auch einen größeren Bewegungsdrang, wollen toben, kämpfen, herumrennen – nicht stundenlang zuhören und sich konzentrieren müssen. Für diese Gier nach Bewegung und viele andere jungstypische Verhaltensweisen ist das Hormon Testosteron verantwortlich. Es macht sie außerdem lauter und impulsiver, was dazu führt, dass sie gern mal dazwischenrufen, anstatt sich zu melden und abzuwarten, bis sie an der Reihe sind. Im Durchschnitt lesen Jungs auch nicht so gern wie Mädchen. Überhaupt haben sie nach Schulschluss erst einmal die Nase voll vom Stillsitzen – doch dann ist leider noch längst nicht Feierabend …

Auch das noch! Hausaufgaben …
Bei uns lief das mit den Hausaufgaben übrigens problemlos ab – aber nur, wenn mein Sohn sie in der Nachmittagsbetreuung machte. Man sagte mir, dass er sich dort vorbildlich verhalte, die Aufgaben eigenständig und zügig erledige und selten um Hilfe bitte. Fiel die Betreuung jedoch mal aus oder hatte er etwas übers Wochenende auf, gab es zu Hause ein Riesentheater, und ich bedauere alle Mütter zutiefst, die sich täglich um den Hausaufgabenzirkus kümmern …

Zurück zur Bildungsungerechtigkeit:

In ihrem 2015 erschienenen Buch *Artgerechte Haltung – Es ist Zeit für eine jungengerechte Erziehung* vertritt Birgit Gegier Steiner, ihres Zeichens Rektorin einer süddeutschen Grundschule, die These, dass die Einführung der Koedukation vor allem den Mädchen genützt hat, während sie die Jungs zum förderbedürftigen Geschlecht macht. Sie fordert, den Unterricht geschlechtergerechter zu machen, beispielsweise mehr Bewegung zu ermöglichen – etwa mit Sitzbällen, Fußwippen und zu Stehpulten umfunktionierten Fensterbänken – und multisensorisch zu arbeiten: Jungs wollen Dinge anfassen, in die Hand nehmen, im wahrsten Sinne des Wortes »begreifen«. Knautschbälle sind ein weiteres Instrument, um sowohl den Bewegungsdrang zu kanalisieren als auch die Konzentration zu verbessern.

Übrigens machte die Autorin dieselbe Beobachtung wie meine Freundinnen und ich, nämlich dass sich Mädchen stärker an Erwachsenen orientieren als Jungs – sie sind oft fleißiger, weil sie gefallen und gelobt werden wollen. Ihren männlichen Klassenkameraden dagegen ist die Anerkennung durch die Lehrkräfte einfach unwichtiger. Womit wir wieder bei den Fleißsternchen sind, mit denen man Jungs ebenso wenig motivieren kann wie mit zu viel Druck. Was also tun?

5 Tipps für Mütter motivationsresistenter Söhne

1. Nehmen Sie Männer mit ins Boot!

Das Bildungssystem ist einfach zu weiblich! Im Kindergarten gibt es fast ausschließlich Erzieherinnen, und in der Grundschule haben Männer ebenfalls Seltenheitswert (es sei denn als Schulleiter). Auf den weiterführenden Schulen wird es zwar etwas besser, doch mein Sohn hatte auch in der Oberstufe mal ein ganzes Schuljahr lang nur weibliche Lehrkräfte.

Tja, und wenn sich dann zu Hause überwiegend die Mutter um die Hausaufgaben, das Lernen für Klassenarbeiten und überhaupt das Thema Schule kümmert, vermittelt man den Söhnen ungewollt die Botschaft: Das ist alles Weiberkram. Betrifft euch nicht wirklich. Ihr müsst es nur irgendwie überstehen …

Tatsächlich fehlt vielen Jungs im Unterricht eine Identifikationsfigur. Umso wichtiger, dass sie wenigstens zu Hause ein männliches Vorbild haben, das sich am Thema Schule interessiert zeigt. Das kann der Vater sein oder ein Opa oder ein Onkel oder ein guter Freund … Wenn Ihr Sohn Lernen als Männersache wahrnimmt, wird ihn das automatisch motivieren.

2. Bieten Sie spannende Themen an!

Das beginnt schon bei der Auswahl von Büchern. Denn Tatsache ist, dass Jungs in Sachen Lesekompetenz deutlich schlechter abschneiden als Mädchen. Was fatal ist, weil sich diese Kompetenz auf die Leistungen in fast allen Bereichen auswirkt, von Sachfächern bis zur Mathematik, in der man ja schließlich erst einmal den Sinn einer Textaufgabe verstehen muss, um sie lösen zu können.

Leider stehen die wenigsten Jungs auf Bücher. Laut einer Studie des Medienpädagogischen Forschungsverbunds Südwest aus dem Jahr 2016 nennen gerade mal 1 Prozent der Jungs zwischen 6 und 13 Jahren Lesen als ihre liebste Freizeitaktivität (bei Mädchen sind es immerhin 8 Prozent). Viel beliebter sind Handy und Smartphone (12 Prozent; bei Mädchen: 11 Prozent), Computer- und Konsolenspiele (30 Prozent; bei Mädchen: 13 Prozent), Sport treiben (34 Prozent; bei Mädchen: 14 Prozent), Fernsehen (32 Prozent; bei Mädchen: 31 Prozent), draußen spielen (46 Prozent; bei Mädchen: 39 Prozent) und Freunde treffen (54 Prozent; bei Mädchen: 56 Prozent).

Will man ihnen Lust auf Bücher machen, funktioniert das nur, indem man ihnen Lesestoff anbietet, den sie interessant finden. Und wenn es ein Micky-Maus-Heft oder *Gregs Tagebuch* ist – sei's drum. Hauptsache sie lesen überhaupt (außerdem schreibt Jeff Kinney wirklich urkomisch!).

Am liebsten lesen Jungs übrigens Comics, Abenteuerromane, Sachbücher, Krimis oder Fantasy. Manchmal begeistern sie sich auch für Bücher über ihre Lieblingsfilme und -serien, über Computerspiele oder Hobbys wie Fußball.

Die Themen, für die Ihr Sohn brennt, können Sie auch beim Lernen aufgreifen. Wenn man schon für ein Diktat üben muss, warum dann nicht mit einem Text über die Formel 1, Dinosaurier oder *Star Wars*?

Ein Junge, der sich so richtig für etwas begeistert, kann urplötzlich zum supereifrigen Lerntyp mutieren, wie beispielsweise Caroline erzählt:

»Sobald sich mein Sohn von sich aus für ein Thema interessiert, etwa Geschichte, Technik, Dokus, Fußball oder Städte, liest er stundenlang darüber und nimmt alles auf wie ein Schwamm – mit einer Ausdauer, die ich beeindruckend finde.«

Das bestätigt auch Bettina: »Richtig motiviert arbeitet mein Sohn nur, wenn die Freude und das Interesse von innen kommen. Dann aber hängt er sich voll rein. Zum Beispiel bei dem Referat über Atomkraft, an dem er bis ungefähr drei Uhr nachts gearbeitet hat – was zum Teil natürlich auch daran lag, dass er zu spät damit anfing – aber vor allem, dass er es ganz besonders toll machen *wollte*.«

Kommt mir sehr bekannt vor ...

3. Lassen Sie ihn von anderen motivieren!

Bedenkt man, dass ab einem gewissen Alter im Grunde alles, was Eltern vorschlagen, automatisch als uncool, endblöd, langweilig oder völlig daneben gilt, ist es vielleicht nicht die allerklügste Idee, wenn wir Mütter versuchen, unsere Söhne zu motivieren. Höchstwahrscheinlich bewirken wir damit das Gegenteil. Überlassen wir das doch lieber ihrer Peergroup! Denn das funktioniert prima, wie Stefanie zu berichten weiß:

»Ein Mitschüler meiner Tochter hatte in der siebten oder achten Klasse plötzlich keine Lust mehr zu lernen und fiel in der Schule bedrohlich ab. Seine Clique wusste, weshalb: Er zockte ganze Tage und Nächte und kam gar nicht weg von seinem Computer, ergo auch nicht zum Lernen. Sie haben ihm dann mit positivem Gruppenzwang klargemacht, dass er sich gefälligst anstrengen solle, weil sie ihn gern in der Klasse behalten wollten. Folge: Der Computer flog aus dem Zimmer, die Bücher wurden rausgekramt und die Leistungen wieder besser.«

Positiver Gruppenzwang funktionierte auch bei Gabis Sohn:

»Der Unterricht beim Instrumentallehrer machte ihm zwar Spaß, nicht aber das Üben zu Hause. Die Sache hatte sich in dem Moment erledigt, als er ins Schulorchester kam. Da ergab sich die Motivation quasi von selbst, weil es darum ging, in der Gruppe mitspielen zu können und bei Auftritten eine gute Figur zu machen. Seitdem mussten wir Eltern ihn nie wieder ans Üben erinnern!«

Und dann gibt es manchmal auch eine Person, deren Meinung mehr zählt als alles andere auf der Welt: »Also bei unserem Sohn hat nur eins genützt – dass er sich verliebt hat und auf keinen Fall schlechter dastehen wollte als seine Freundin«, berichtet Nicole.

4. Lassen Sie ihn die Sinnfrage selbst beantworten!

»Was soll ich denn damit? Das brauch ich doch nie wieder …« Sprüche wie diese hört man von Söhnen sehr oft. Wenn man darauf erwidert: »Denk wenigstens an deinen Abschluss, dein Zeugnis, deine Note«, reagieren sie nur mit genervtem Grunzen. Es sei denn, der Ehrgeiz packt sie. Je weniger man sagt, desto besser. Er kommt vielleicht von selbst drauf?

Bei Andreas Sohn hat das jedenfalls geklappt:

»Eine gute Motivation war auch, dass er eine Arbeit mal richtig verhauen hat, weil er nur am Vorabend gelernt hatte. Er ist ein kluger Kopf und kommt gut durch, aber das reichte dann doch nicht. Eine solche Aktion hatten wir bislang nicht mehr, das war ihm unangenehm.«

Daniela stimmt dieser Theorie zu:

»Versprechungen à la ›Wenn du A tust, bekommst du B bzw. machen wir C‹ haben selten funktioniert. Man musste ihn schon von der Notwendigkeit überzeugen, etwas zu tun.«

Das gilt übrigens auch für außerschulische Dinge, wie Angelika bestätigt:

»Hab ich gesagt: ›Du musst jetzt aber endlich mal die Spülmaschine ausräumen‹ (sein Job, den er immer erst mit Verzögerung erledigte), war das nicht unbedingt zielführend. Hab ich allerdings gesagt: ›Du musst jetzt die Spülmaschine ausräumen, sonst ist sie nicht rechtzeitig durchgelaufen, bevor die Grillparty beginnt und wir das Geschirr brauchen‹, funktionierte das.«

Geht uns das nicht selbst so? Sobald wir verstehen, warum etwas getan werden muss, erledigen wir es automatisch, wenn auch zuweilen zähneknirschend (Stichwort: Steuererklärung). Genauso bei unseren Söhnen. Und das Argument »Weil ich das sage« zieht eben im 21. Jahrhundert nicht mehr. Hat es das jemals? Vermutlich löste es bereits früher vor allem Ablehnung aus, und sei es nur innere.

5. Ein Hoch auf die Faulheit!

Mal ganz ehrlich: Wie vernünftig ist es wirklich, sich übermäßig anzustrengen, nur weil man gelobt werden will?

Julia hält wenig davon:

»Mein Sohn engagiert sich für das, was ihn interessiert, aber reine Pflichtdinge erledigt er mit möglichst minimalem Aufwand. Ich finde das ehrlich gesagt sehr sinnvoll und überlege, ob man nicht lieber die Mädchen dazu ermutigen sollte, mehr ihrem eigenen Interesse zu folgen und nicht jeden langweiligen Mist mit Hingabe zu machen, nur um Anerkennung von anderen zu bekommen.«

Recht hat sie!

Was spricht eigentlich gegen gepflegten Minimalismus? Faulheit kann schließlich auch ein Antrieb für Optimierungen und Vereinfachungen sein. Viele Erfindungen sind aus purer Faulheit entstanden – nicht aus Fleiß um des Fleißes willen.

Ich sag nur: Zum Glück ist der Buchdruck erfunden worden! Sonst wären Bücher noch immer eine Rarität und müssten mühevoll von Hand kopiert werden …

Auch Konrad Zuse zum Beispiel, der 1936 als Sechsundzwanzigjähriger den ersten Computer der Welt baute, begründete seine Erfindung damit, er sei zu bequem zum

Rechnen. Und von Bill Gates heißt es, er hätte lieber faule Mitarbeiter eingestellt, um einen schwierigen Job zu machen, weil diese eher einen einfachen Weg fänden, um die Sache zu bewerkstelligen.

Das Argument vieler Eltern, man würde es mit dieser Einstellung nicht weit bringen im Leben, ist daher total falsch. Zumindest dann, wenn Faulheit mit Intelligenz gepaart ist ...

Faule Menschen erledigen Dinge übrigens meist auf den letzten Drücker – und dann möglichst schnell und effizient. So bleibt ihnen mehr Zeit für andere Projekte. Oder zum Entspannen. Ganz schön clever, eigentlich.

Wer die Faulheit zur Tugend erhebt, ist häufig auch gelassener und geduldiger. Was, bitte sehr, soll an Hektik und Übereifer besser sein?

Vor diesem Hintergrund erscheint mir Jonas' Argument vom ersten Schultag ziemlich weise. Ein Dach auszumalen wegen einer U-Schreibübung, ist wohl tatsächlich eine reine Beschäftigungstherapie. Und eine Geduldsübung. Okay, außerdem ein prima Training für die Feinmotorik. Witzigerweise hat mein Sohn heute eine um Klassen schönere Handschrift als ich. Meine sieht aus wie locker gestrickte Wolle. Aber wozu sollte ich meine kostbare Zeit mit Schönschreibtraining verschwenden? Hauptsache ich kann rasend schnell tippen.

16. »Ich will Fleisch, und zwar sofort!« – über Jungs und ihre artspezifischen Essgewohnheiten

Wie wir anhand von Heikes Ausführungen zum Thema Schule gesehen haben, bringen Jungs bei allem oft eine gesunde Portion Entspanntheit mit. Erstaunlich, wie viel wir da von ihnen lernen können. Selbst beim Essen trifft das zu.

Damals, als sich meine Söhne noch mit Hipp-Gläschen und Milchfläschchen zufriedengaben, erzählte mir ein Bekannter von sich und seinen beiden Brüdern, um mich darauf vorzubereiten, was auf mich zukommen würde. Während der Wachstumsjahre der Jungs fuhr ihre Mutter zwei- bis dreimal die Woche zum Discounter und füllte den Kofferraum ihres Kombis bis unters Dach mit Lebensmitteln. Dabei konnte sie nicht großartig auf Bioqualität achten, sondern musste nehmen, was einigermaßen bezahlbar war und in erster Linie satt machte. Er berichtete von Zentnern Spaghetti, Fässern Rahmjoghurt und ganzen Bananenstauden. Ich hielt das für reichlich übertrieben. Meine eigene Mutter erledigte seinerzeit zu Fuß ihre Besorgungen und beförderte täglich das, was sie eben mit zwei Armen tragen konnte, nach Hause. Das reichte spielend für uns drei Mädchen und die Eltern. Großpackungen wurden nie gekauft. Und an einem Kuchen aßen wir mehrere Tage.

Nun, etwa dreißig Jahre später, beginne ich zu ahnen, dass der Zenit meiner XXL-Einkäufe bis dato noch nicht erreicht ist. Als ich letztes Jahr Lebkuchen backte, kam ich gar nicht zum Verzieren, denn noch während sie abkühlten, wurden sie schon von einem meiner Söhne ratzeputz weggespachtelt. Mittlerweile fahre ich drei- bis viermal pro Woche los und kaufe jedes Mal, was ich für die restliche Woche zu brauchen glaube. Doch irgendwie unterschätze ich Max' und Bens Kohldampf immer wieder aufs Neue. Und ihr Daueressen macht auch ihrem Vater und mir unglaublich viel Appetit.

Meine Kinder waren von Geburt an gute Esser. Schon als ganz Kleiner hat Max unsere Gäste damit überrascht, beim Abendessen Unmengen von Stinkekäse zu verputzen. Und Ben sorgte bei Hotelbüfetts immer für Lacher, wenn er sich den Teller belud. Man hatte dann stets den Eindruck, er wolle mit seinen Brötchentürmen die gesamte Familie versorgen.

Missmutiges In-Mahlzeiten-Herumgestochere ist mir also gänzlich fremd. Ich muss stattdessen eher für meine Sprösslinge auf der Kalorienbremse stehen, denn es kann schon passieren, dass sie weit über den Hunger hinaus weiterschmausen.

Heike kennt das übrigens völlig anders. Sie hat mir erzählt, dass es früher ziemlich schwierig war, ihren Nachwuchs für Essen zu begeistern. Im Kindergarten wurde einmal eine Umfrage gestartet, bei der jeder sein Lieblingsgericht nennen durfte. Heikes Sohn ist keins eingefallen. Die Geschichte verblüfft mich, denn für meine Jungs ist die entsprechende Zeile in Freundschaftsbüchern immer viel zu kurz. Ben brach deswegen eines Tages in Tränen aus.

»Wenn ich da jetzt nur Spaghetti Bolognese, Würstchen

und Kuchen schreibe, stimmt das ja gar nicht. Ich mag doch Pizza, Schinken-Käse-Toast und Kekse genauso gern!«, heulte er unglücklich darüber, wie viel er aus Platzmangel weglassen musste.

Auch wenn Heikes Sohn ein ausgesprochen heikler Esser war, konnte Jonas dafür schon mit drei Jahren Rührei braten und wusste (im Gegensatz zu seiner Mutter, wie ich höre), welche Zutaten für Pfannkuchen nötig sind. Diese beiden Speisen finden Max und Ben übrigens ebenfalls extrem köstlich. Manchmal denke ich, es wäre für eine Jungsmutter recht praktisch, eine eigene Hühnerfarm zu betreiben, denn der Pro-Kopf-Verbrauch an Eiern ist in einer männerdominierten Familie beängstigend hoch. Man hätte dann in den Hennen auch weibliche Verstärkung.

Wie ich mich bei einem Besuch im Hause Abidi selbst davon überzeugen konnte, isst Jonas mittlerweile ganz normal. Heike sagt, einige Monate in Kanada als Austauschschüler hätten seinen Nahrungshorizont ungemein erweitert. Er erstaunte seine Eltern mit nach Hause gemailten Bildern von zum Beispiel Fisch oder Ananas – Produkten, die er davor niemals angerührt hätte.

Jetzt als Erwachsener mag er eigentlich alles gern – am liebsten Deftiges, in Butterschmalz Gebratenes und mit Käse Überbackenes.

Falls Sie sich das jetzt gefragt haben sollten: Ob Junge oder Mädchen scheint im Essverhalten von Kleinkindern kaum einen Unterschied zu machen. Man hört von Nichtesser/innen genauso oft wie von völlig unkomplizierten Nahrungskonsument/innen. Die meisten mögen Süßes und streichen, wenn sie die Wahl zwischen Gurke und Snickers haben, eher das Grünzeug vom Speiseplan. Irgendwann im Zuge der Pubertät läuft die Entwicklung junger Männer und Frauen dann aber ein bisschen auseinander. Während die Damen versuchen, gesund und maßvoll zu essen, schalten die Herren einen Gang höher und fräsen sich in Rekordzeit durch die heimische Vorratskammer. An Kalorien und Nährstoffen entwickeln sie kein nennenswertes Interesse, einzig der Geschmack und die Konsistenz zählen.

Beim Würzen sind etliche von ihnen durchaus experimentierfreudig. Zum Beispiel wird gern probiert, wie viel Schärfe man aushält. Ein »Chili-Wettessen«-Filmchen hat auf YouTube 21 Millionen Klicks, und ohne konkrete Zahlen zu kennen, wage ich die Vermutung aufzustellen, dass sich eher Jungs für diese tränenreiche Challenge erwärmen.

Was die Konsistenz angeht, werden Speisen geschätzt, die auch zungenhaptisch etwas hergeben, beim Kauen viel Kraft brauchen oder männliche Sounds von sich geben: kross gebratener Speck, knackige M&Ms, Spareribs, von denen man das Fleisch mit den Zähnen abreißen kann, oder prickelnde Limos.

Mit in ihren Mündern als lasch oder fad empfundenen Produkten wie Chia-Pudding, Kräutertee oder gedünsteter Aubergine lockt man die Herren der Schöpfung meist nur schwer hinterm Ofen hervor. Wäre zwar gesund – aber wen kümmert's?

Bei einer Umfrage im Bekanntenkreis kam Beeindruckendes zutage: Vierfachjungsmutter Ingrid braucht zweieinhalb Kilo Schnitzelfleisch für eine Mahlzeit, Petra kocht stets zwei ganze Pfund Spaghetti, und Yvonne backt jedes Wochenende drei Kuchen.

Viele erzählten mir, dass ihre Söhne oft bereits dreißig Minuten nach dem Essen wieder am Kühlschrank stehen, weil sie angeblich Hunger haben. Es sind Fressmaschinen, die wir da zur Welt gebracht haben! Um das Maß vollzumachen, betreiben sie allesamt gern Sport, sitzen selten still und jagen mit allen nur erdenklichen Methoden ihren Grundumsatz in die Höhe. Kein Wunder, dass die Nahrungsmittelindustrie bevorzugt Sportveranstaltungen sponsert. Verlierer sind dabei nur die Eltern, die ihr eigenes Leben an den Nagel hängen müssen, weil sie entweder am Rand eines Sportplatzes oder vor dem Herd stehen.

Jungs erleben den maximalen Energiebedarf ihrer gesamten Existenz übrigens tatsächlich zwischen dem dreizehnten und sechzehnten Geburtstag. Ein aktiver Bursche kann in dieser Zeit schon mal viertausend Kalorien pro Tag verbrennen. Eine durchschnittliche Pizza deckt davon etwa ein Viertel – was ich irgendwie beängstigend finde. Meine Kinder sind jetzt zehn und dreizehn. In zwei bis drei Jahren werde ich vermutlich nicht mehr viel anderes machen als einkaufen und kochen. Vielleicht sollte ich das mit der Hühnerfarm ernsthaft in Erwägung ziehen. Und am besten lege ich mir auch eine Milchkuh und einen Kartoffelacker zu. Eine Kakaoplantage fände ich ebenfalls recht praktisch.

Fleisch als Rollenklischee

Für die »Nationale Verzehrstudie« von 2008 wurden knapp 20 000 Männer und Frauen über ihr Essverhalten befragt. Dabei wurde festgestellt, dass deutsche Männer fast doppelt so viel Fleisch essen wie ihre Landsfrauen. Das legt die Überlegung nahe, ob dieser eklatante Unterschied durch evolutionäre Mechanismen bedingt ist.

Weil Frauen mit Gebären und Stillen beschäftigt sind und Männer häufig mehr Muskelmasse aufweisen, betätigten sich in den Anfängen der Menschheitsgeschichte meist die Herren der Schöpfung als Jäger. So ist in allen Kulturen Fleisch untrennbar mit Männlichkeit verbunden und symbolisiert die Unterwerfung der Natur.

Auch wenn Männer bei gleicher Tätigkeit etwas mehr Kalorien verbrauchen und aufgrund der größeren Muskelmasse einen höheren Eiweißbedarf haben, gibt es biologisch gesehen keinen Grund, weshalb sie wesentlich öfter als Frauen Fleisch auf den Speiseplan setzen sollten. Lediglich die Einstellung der beiden Geschlechter zum Essen ist eine andere: Männer verzehren lustbetonter und haben ein unkomplizierteres Verhältnis zu Nahrung. Frauen verfügen über ein besseres Ernährungswissen und versuchen, ihre Gesundheit und ihr Aussehen (Gewicht, Haut etc.) stärker mittels des Essens zu beeinflussen.

17. »Bereit, wenn du es bist!« –– ein kleines Urlaubsquiz für Jungsmütter

Sind Sie bereit, mit Ihrem Sohn/Ihren Söhnen in den Urlaub zu fahren? Hier können Sie sich testen:

1. Ein Auto, mit dem Sie mit Jungs auf Reisen gehen, hat idealerweise …
   A. bequeme Sitze
   B. verdunkelbare Scheiben
   C. eine Halterung für ein Tablet
   … damit Sie entspannt ankommen.

2. Niemals im Gepäck einer Jungsmutter fehlen sollte(n) …
   A. Malstifte
   B. Verbandszeug
   C. Schuhcreme

3. Vergessen Sie auch nicht …
   A. Schnur und Taschenmesser
   B. einen Kamm
   C. eine Fusselrolle

4. Checken Sie vor der Abfahrt, ob die anvisierten
Autobahnrestaurants …
   A. schöne Toiletten
   B. eine Möglichkeit zum Toben
   C. schmackhaftes Essen
   … bieten.

5. Bringen Sie in Erfahrung, ob Ihr Urlaubsort mit
genügend attraktiven …
   A. bewegungsaffinen Freizeitangeboten
   B. Einkaufsmöglichkeiten
   C. Museen
   … aufwartet.

6. Packen Sie für Ihre Jungs auf alle Fälle auch …
   A. hübsche Schuhe für abends
   B. genügend Bücher
   C. Roller oder Skateboards
   … ein.

7. Im Hotel angekommen wird Ihr Sohn als Erstes …
   A. das Badezimmer
   B. alle Schalter und Tasten
   C. die Beschaffenheit des Bettes
   … inspizieren.

8. Sie werden im Urlaub viel Zeit damit verbringen ...

   A. Ihren Sohn davon abzuhalten, auf irgendwas Altehrwürdigem herumzuklettern.

   B. mit Ihrem Sohn gemeinsam von der schönen Aussicht zu schwärmen.

   C. Ihren Sohn in den verschiedensten Posen vor Sehenswürdigkeiten zu fotografieren.

9. Abends freut sich Ihr Junge, wenn er in der Nähe des Restaurants/Hotels ...

   A. Läden mit regionaler Töpferware

   B. eine Spielhölle mit Automaten

   C. eine Promenade zum Flanieren

   ... findet.

10. Das Urlaubshighlight Ihres Sohnes wird auf jeden Fall ...

   A. ein Picknick am Strand

   B. die Fahrt mit irgendeinem spektakulären Vehikel

   C. ein Henna-Tattoo

   ... sein.

Die Auflösung dieses völlig klischeefreien und ernst zu nehmenden Quiz ist: 1C, 2B, 3A, 4B, 5A, 6C, 7B, 8A, 9B, 10B.

18. »Also ich find das cool!« – über den Moment, in dem man ernsthaft am Verstand seines Nachwuchses zweifelt

»Schau mal, Mama, wie cool!« – wann haben Sie das zuletzt zu hören bekommen? Und mal ganz ehrlich: Wie cool fanden Sie das, was Ihr Sohnemann Ihnen da präsentierte, tatsächlich?

Alles gut, Sie sind keine schlechte Mutter, nur weil Sie es nicht besonders aufregend finden, dass das Fahrrad Ihres Sohnes dank der Spielkarten, die zwischen die Speichen geklebt wurden, ein mopedähnliches Knattergeräusch produziert. Oder dass Ihr Filius es geschafft hat, drei ganze Schnitzel zu vertilgen. Ebenso wenig, wenn Sie kein Verständnis für Designerfelgen haben. Offen gestanden würde ich es nicht einmal bemerken, sollte mir jemand die Felgen an meinem Auto austauschen. Also nur, wenn auch die kompletten Räder abmontiert wären …

Entspannen wir uns doch einfach mal alle gemeinsam, und überlegen wir, was *Sie* zuletzt cool fanden: War es ein Roman? Eine Handtasche? Ein Kunstwerk? Ein Musical? Ein Wortspiel? Ein Blogbeitrag? Und wie spannend fand das Ihr Sohn? Na, sehen Sie!

Einigen wir uns doch darauf, dass Söhne und Mütter oft eine ziemlich unterschiedliche Definition davon haben, was unter cool zu verstehen ist. Das ist nicht schlimm, sondern völlig normal. Auch mir entlockt das, was mein Sohn gut findet, nicht selten ein irritiertes »Aha«. Ja, zuweilen zweifele ich sogar ernsthaft an seinem Verstand. Für einen Moment. Und dann mache ich mir einfach klar, dass er auch in dieser Hinsicht anders tickt als ich.

Sie wollen ein Beispiel?

Na gut: Wenn Jonas hochkonzentriert dasitzt, den Mund leicht wie zu einem O geöffnet, und mit dem Zeigefinger so lange an den oberen Hals gleich unterm Kinn schnippst, bis das einen Ton erzeugt, der exakt so klingt wie ein Wassertropfen, der aus dem Hahn in ein gefülltes Becken tropft. Plopp. Heureka.

Und das ist nur eines von unzähligen Beispielen. Ich habe mich bei anderen Müttern umgehört und eine bunt gemischte Liste an Merkwürdigkeiten zusammengestellt, die Jungs cool finden. Das Spektrum ist riesig. Sie sollten sich also nicht wundern, wenn Ihr Sohn sich für noch verrücktere Dinge als diese begeistert!

YouTube!

Anderen Jungs beim Zocken zuzusehen und sich über ihre Kommentare zu amüsieren, ist ein Hobby, das es vor zehn Jahren noch nicht gab, geschweige denn in unserer eigenen Kindheit. Umso verstörender, wenn unsere Söhne ausgerechnet YouTubern wie Revi folgen, die unentwegt ins Mikro krakeelen und schimpfen. »Da zweifele ich echt oft am Verstand meiner Jungs«, gesteht Ursi. »Wie können sie diesen Typen gut finden?«

Ähnliches kenne ich auch von Jonas. YouTube bietet den verrücktesten Leuten eine Bühne. Durchgeknallten Jugendlichen, die im Supermarkt Getränkekanister zu Boden feuern und so tun, als würden sie in der ausgelaufenen Flüssigkeit spektakulär ausrutschen. Oder selbst ernannten Comedians, die harmlose Passanten verfolgen und dabei »Beruhig dich!« brüllen. Und dann gibt's da noch die Gruppe junger Männer, die gewettet haben, sie könnten es schaffen, Surströmming zu essen – jenen vergorenen Fisch, den die Schweden als Delikatesse bezeichnen, vermutlich aber ohne Schnaps nicht herunterkriegen, und der einfach nur bestialisch stinkt: Wi-der-lich! Statt den Surströmming zu probieren, filmen sie sich gegenseitig dabei, wie sie angewidert würgen und sich vor Ekel fast übergeben.

Natürlich animieren einen solche YouTube-Videos, selbst kreativ zu werden. Sprich: Freunde dabei zu filmen, wenn sie beispielsweise sturzbetrunken in einem Hundehaufen ausrutschen, und sich darüber kaputtlachen.

Ist das cool? Keine Ahnung. Fragen Sie Ihre Söhne!

Musik!

Die meisten von uns stehen auf Harmonien, schöne Melodien, eingängige Refrains, warme Klänge, beeindruckende Stimmen … Und dann das: Unsere Jungs hören rhythmischen Lärm. Da wird nicht gesungen, sondern geschrien, geflucht, diffamiert – zum Glück in einem Tempo, bei dem man nicht alles so ganz versteht.

Irgendwie scheint bei vielen Jungs die Formel zu gelten: Je mehr Bass dabei ist und je böser es klingt, desto cooler. Und desto geringer die Wahrscheinlichkeit, dass sich die Geschmäcker generationenübergreifend überschneiden.

Wobei – neulich lief im Autoradio ein Achtzigerjahre-Hit. New Wave vom Feinsten. So was wurde in meiner Abizeit rauf und runter gespielt. Auf jeden Fall war der Song im Grunde längst ein Oldie und entsprach nicht im Geringsten den musikalischen Vorlieben meines Sohnes. Und doch stimmte er spontan mit ein – ton- und textsicher. »Who's gonna drive you home tonight?«, sang er, und da fiel mir auch der Titel wieder ein: Es war »Drive« von The Cars. Ich war platt! »Wer sind Sie, und was haben Sie mit Jonas gemacht?«, wollte ich fragen, doch da lieferte er mir schon die Erklärung: Der Song kommt in *Transformers* vor, einem seiner Lieblingsfilme, mit denen ich ungefähr so viel anfangen kann wie mit einem durchschnittlichen Gangsta Rapper. Er wusste sogar, in welcher Szene er gespielt wird: Shia LaBeouf sieht die wunderschöne Megan Fox vorbeilaufen und bietet ihr eine Mitfahrgelegenheit an. Wer es nachprüfen möchte, wird auf YouTube sicher schnell fündig.

Tja, kein Wunder, dass mein Sohn sich erinnert hat. Selbst der Bandname entspricht zu einhundert Prozent seinem Lieblingsthema.

Ich frage mich, ob er auch Helene Fischer cool fände, wenn sie mit einem ihrer Schlager Teil des neuen *Star-Wars*-Soundtracks wäre. Aber ehrlich gesagt will ich die Antwort gar nicht wissen …

Horror!

Ich erinnere mich noch gut daran, wie ich dereinst mit Freunden ins Kino gegangen bin, ohne vorher zu checken, was das eigentlich für ein Streifen ist, den sie alle so dringend sehen wollten. Es hieß, er sei ganz großartig. Eine Bestsellerverfilmung. Ich war nicht darauf vorbereitet, dass es sich um einen Stephen-King-Film handelte. Nämlich *Shining*. Von dem ganzen Werk sah ich nur ungefähr zehn Prozent – den Rest der Zeit hielt ich mir die Augen zu. Dabei war *Shining* im Vergleich zu dem, was heute so läuft, das reinstes Kinderprogramm. Für viele Jugendliche gilt das Motto: Je gruseliger, desto besser. Im Film, aber auch im wahren Leben. Jedenfalls an Halloween. Da überraschen sie ihre Familien gern mit Kostümen, aus denen gebrochene Knochen herausstehen, und unglaublich echt aussehenden blutigen Herzen aus Plastik, die sie auf den Frühstückstisch zu Butter, Brötchen und Bacon legen, als wären sie eine besondere Delikatesse.

Auch wenn in diesem Punkt keine Einigung erzielt wird: Alles ist gut! Ihr Sohn wird trotz seiner Schwäche für Gewaltszenen mit an Sicherheit grenzender Wahrscheinlichkeit kein Massenmörder werden. Beruhigt?

Nun könnte man auf den Gedanken kommen, so etwas wachse sich mit der Zeit aus. Die seltsamen Vorlieben, der merkwürdige Humor, die unergründlichen Wünsche und Träume. Eines Tages wird jeder Junge erwachsen, und das, was erwachsene Jungs cool finden, können wir nachvollziehen! Oder?

Vergessen Sie's! In gewisser Hinsicht werden sie für uns immer rätselhaft bleiben.

Bestes Beispiel: mein Herzallerliebster und seine Sehnsucht nach einem Wochenendhäuschen gleich nebenan. Ja, tatsächlich, jahrelang träumte mein Mann davon, der Nachbarin ein Stück Land abzukaufen, das oberhalb unseres Grundstücks liegt. Wohlgemerkt: Es handelt sich dabei um die Wiese, auf die wir von unserer Terrasse aus sehen können. Ob sie uns nun gehört oder nicht, sie befindet sich direkt in unserem Blickfeld.

»Was hättest du denn davon?«, fragte ich, als mein Mann

diesen – in meinen Augen absurden – Wunsch das erste Mal aussprach.

»Ich würde mir dort ein Hüttchen bauen. Mit Sofa und Kühlschrank und Fernseher. Da könnte ich gemütlich sitzen, Fußball schauen, Bier trinken und dabei auf unser Haus rübersehen.«

Ähm.

»Okay. Aber du kannst doch hier bei uns Fußball schauen, Bier trinken und hinüber auf die Wiese sehen. Das ist mindestens genauso super. Und kostet uns keinen Cent extra.«

Er schüttelte nur nachsichtig den Kopf. »Das verstehst du nicht.«

Recht hatte er. Ich verstand es nicht. Und war extrem erleichtert, als die Nachbarin – zu seinem größten Bedauern – den Verkauf ablehnte.

Das Thema blieb noch eine ganze Weile aktuell. Mein Mann schnitt es in regelmäßigen Abständen an, und ich ebenso. Und wann immer ich es einer Freundin, Kollegin oder Bekannten erzählte, bestätigte sie mich in meiner Verständnislosigkeit. »Was soll das bringen?«

Doch wann immer mein Mann mit einem anderen Kerl darüber sprach, erntete er uneingeschränkte Begeisterung: »Wow, das wäre ja der Wahnsinn!«

19. »Das habe ich für dich gebastelt – ich habe mich nicht bemüht« – über die mangelnde Lust der Jungs am Gestalten

Was meine Jungs definitiv total entbehrlich finden, ist meine Neigung, Dinge hübsch zu gestalten: liebevoll zu Kranichen gefaltete Servietten, Pflanzkübel mit Löwenmäulchen, ansprechend drapierte Kuscheldecken – uncool!

Einmal, es war Muttertag, kam Max – damals Grundschüler – morgens zu mir ans Bett, hielt mir ein undefinierbares lila Teil hin und sagte: »Hier. Das habe ich für dich gebastelt. Ich habe mich nicht bemüht.«

Schlaftrunken rieb ich mir die Augen und inspizierte das Geschenk. Von einer kleinen PET-Flasche hatte er den Hals abgeschnitten, das Ding rundherum nachlässig mit Pappmaschee beklatscht und es dann schluderig bepinselt.

»Ähm«, machte ich, »das ist ja … hübsch.« Im Leben einer Mutter gibt es ab und zu Situationen, in denen es sich zum Wohle der Kinderseele zu flunkern lohnt. Ich nahm an, das sei so eine.

»Nein, es ist grauenhaft. Die anderen in der Klasse haben viel schönere Vasen gebastelt«, erwiderte Max. »Aber mir hat das keinen Spaß gemacht. Alles Gute zum Muttertag!«

Ah, eine Vase ist das, dachte ich und bestaunte das hässliche Ungetüm noch eine Weile.

Heute ist das zwischen uns ein Running Gag: Ich reiche

ihm ein etwas unschön bestrichenes Marmeladenbrot und sage: »Hier. Das habe ich für dich zubereitet. Ich habe mich nicht bemüht.« Oder er übergibt mir einen hingeschmierten Einkaufszettel mit dem Kommentar: »Hier. Das habe ich für dich geschrieben. Ich habe mich nicht bemüht.« Und so weiter. Wir können dann jedes Mal herzlich darüber lachen. Und die Vase des Grauens steht bei mir auf dem Schreibtisch. Ich hüte sie wie einen Schatz.

Ganz allgemein waren die in der Schule und im Kindergarten gefertigten (Muttertags-)Geschenke nie so wirklich der Renner: Krumme Kerzenhalter, nachlässig bemalte Tassen, ohne Konzept bestickte Nadelkissen und nur mit Müh und Not als humanoid erkennbare Puppen. Ich stellte mir immer vor, wie es den Erzieherinnen und Lehrerinnen Genugtuung bereitete, diese Hässlichkeiten mit den Kindern zu basteln. Eltern sind ja bestimmt eine anstrengende Komponente ihres Berufes. Dauernd hinterfragen diese die Methoden, beschweren sich und wissen alles besser. Da sind Muttertage und Weihnachtsfeste doch optimale Möglichkeiten, um sich zu rächen. Denn immerhin muss zu Hause ja aufgestellt werden, was die Kleinen unter pädagogischer Aufsicht fabriziert haben – auch wieder zum Wohle der Kinderseele.

Irgendwann bemerkte ich während unserer Besuche bei Max' Klassenkameradinnen, dass sich dort in den Regalen Bastelarbeiten befanden, die zwar entfernt an die unsrigen erinnerten, die aber durchaus dekorativen Wert besaßen. Offenbar waren die Produkte nicht von vornherein so wenig ansprechend konzeptioniert, wie ich das angenommen hatte. Ich musste also einsehen, dass es am mangelnden Gestaltungswillen meines Sohnes lag.

Dieser zog sich übrigens konsequent durch: Max wollte zum Beispiel nichts ausmalen. Entsprechende Aufgaben für die Schule riefen stets Verzweiflungsanfälle mit schlimmen Tränen hervor, sodass ich irgendwann dazu überging, sie für ihn zu erledigen – mit meiner linken Hand, damit die plötzliche Perfektion nicht auffiel. Und er hätte sich eher den Finger abgeschnitten, als etwas Geschriebenes freiwillig mit farbigen Hervorhebungen gefälliger zu gestalten. Für alle Projekte, die ein wenig ansprechende Formgebung forderten, brauchte er intensive Unterstützung.

Ben verhielt sich ähnlich, daher dachte ich, das sei bei Jungs eben normal. Sie wollen nicht lang still sitzen, haben große Neigung zum Rationalisieren und einen sehr nüchternen Geschmack. Wieder einmal sah ich die These bestätigt, dass unser Schulsystem für Mädchen gemacht ist und dem Wesen von Jungs nicht richtig entspricht. Ich bot mich also auch für den Jüngeren als Ausmal- und Gestaltungs-Sklavin an und half beim Erstellen von kunstvollen Collagen für den Sachunterricht.

Irgendwann war wieder Muttertag, und es vollzog sich dieselbe Zeremonie wie jedes Jahr: Ich durfte pro forma drei Minuten länger schlafen, um dann mit von den Kindern rezitierten Gedichten und Frühstück am Bett geweckt zu werden.

Diesmal erhielt ich ein gerahmtes Bild mit einem vom zu diesem Zeitpunkt siebenjährigen Ben gezeichneten Porträt von mir. Und ich starrte auch dieses Mal mit ebenso verschlafenen wie ungläubigen Augen darauf, bis ich erfasst hatte, was ich da vor mir hatte: Mein Abbild zeigte mich nackt und war eine anatomisch korrekte, feinteilige Darstellung. Neben Fingernägeln und Wimpern hatte ich auch Busen mit Brustwarzen inklusive Vorhöfen und deutlich erkennbare Schamlippen. Dass mein Sohn so gut zeichnen konnte, war mir bis zu diesem Zeitpunkt irgendwie entgangen.

Von da an versuchte ich, ihn sachte an verschiedene Möglichkeiten des Gestaltens heranzuführen. Mittlerweile backt er mehrfarbige, hübsch mit bunten Zuckerperlen verzierte Kuchen. Er malt und zeichnet gern, modelliert Fabelwesen aus selbst härtendem Ton, illustriert eigenhändig verfasste Drehbücher und verschönert die Einfahrt mit Straßenkreide-Bildern. Nur seine Schulhefte sehen weiterhin aus, als besäße er keinen einzigen Farbstift, aber dafür zwei linke Hände. Offensichtlich gibt es also Bereiche, in denen Ben das Gestalten Spaß macht, und andere, in denen er es für verzichtbar hält. Er scheint da gewissenhaft zu unterscheiden.

Für mich als Mama bedeutet das, auch jetzt, wo er aufs Gymnasium geht, ab und zu einzuspringen, falls zum Beispiel für Biologie Organe farbig ausgemalt werden sollen. Mittlerweile benutze ich dafür sogar meine rechte Hand. Denn mein Kind erteilt mir genaue Anweisungen und rügt mich, wenn ich nicht exakt genug arbeite.

Sagen Sie jetzt bitte nichts! Ich weiß, dass ich selbst schuld bin. Ich bin in Sachen »Jungs, die kein Händchen für hübsche Gestaltung haben« einem astreinen Klischee aufgesessen. Nur weil diese Eigenschaft rein zufällig auf einen Sohn zutrifft, nahm ich an, mit einer genetischen Gegebenheit konfrontiert zu sein, statt zu durchschauen, dass mein anderes Kind sich einfach über die ermöglichte Bequemlichkeit freut. Das ist wohl ein Phänomen, mit dem wir Jungsmütter öfters zu kämpfen haben: Self-fulfilling Prophecys. Und genau so entstehen und verfestigen sich Rollenbilder.

Müttern, die für ihre Söhne Ausmalübungen übernehmen, bin ich in meinen Recherchegesprächen oft begegnet. Wie so oft stellt sich hier die Frage: Was war zuerst da, die Henne oder das Ei? Ist diese Unterstützung tatsächlich immer nötig, oder wird sie gerade Jungs vorschnell angeboten? Haben Mädchen genauso wenig Lust darauf, einen Apfelbaum auszumalen, und sind in unserer Gesellschaft nur eher daran gewöhnt, sich zu fügen?

Als Ben aufs Gymnasium kam, begleiteten die Eltern ihre Kinder am ersten Tag. Es war bekannt, dass die Klassenlehrerin davor einen Jahrgang betreut hatte, der hauptsächlich aus Mädchen bestand. Nun saß sie vor einer Klasse aus dem naturwissenschaftlichen Zweig mit starkem Jungsüberschuss. Als kleine Aufgabe für zu Hause teilte sie kopierte Steckbriefe aus, welche die Schüler ausfüllen und »schön gestalten« sollten. Ein Raunen ging durch die Gruppe der anwesenden Jungsmütter.

»Na, die muss eindeutig erst auf Testosteron umlernen«, meinte die Frau neben mir.

Gut, dass Picasso, da Vinci und wie sie alle heißen, keine Mütter hatten, die ihre Lust am Gestalten mit unüberlegten Aussagen im Keim erstickten. Und zum Glück drängen wahre Talente irgendwann fast immer an die Oberfläche, ganz egal, wie das Umfeld dazu steht. Der Münchner Künstler Carl Spitzweg zum Beispiel zeigte schon früh Begeisterung fürs Malen. Trotzdem musste er die für ihn vorgesehene Laufbahn als Apotheker antreten. Erst nach Beendigung des Studiums, als sein Vater starb und ihm das Erbe zugewiesen wurde, konnte er sich der geliebten Kunst widmen. Heute zählt der Autodidakt Spitzweg wohl zu den berühmtesten Malern seiner Zeit.

Wir Mütter können uns also durchaus entspannen: Sollten wir wirklich einmal ein Talent unseres Kindes übersehen und es, aus welchen Gründen auch immer, nicht ausreichend fördern, stehen die Chancen nicht schlecht, dass unser Sohn trotzdem zu seiner Begabung findet. Das nimmt ein wenig von dem Druck, den sich moderne, perfektionistische Eltern oft machen.

Aber zurück zum eigentlichen Thema. Haben Jungs tatsächlich mangelnde Lust am Gestalten?

Vierfachjungsmutter Karin bringt es wunderbar auf den Punkt: »Möglich, dass sich Jungs feinmotorisch oft ein bisschen langsamer entwickeln. Und dass es ihnen tendenziell nicht so viel Spaß macht, sich mit dem Gestalten um des Gestaltens willen zu beschäftigen. Trotzdem gibt es da große individuelle Unterschiede. An meinen Söhnen sehe ich das nur zu gut: Einer zeichnet seitenweise feine grafische Muster, während der andere nie einen Strich zu viel machen würde.«

Ja, so ist es nun mal: Der Mensch entzieht sich gern jeglicher These. Ein Sammelsurium von Einflüssen bestimmt, wie er sich verhält. Eigentlich ist es nämlich das Hormon Testosteron, das Wissenschaftlern zufolge für Kreativität verantwortlich ist. Rein biologisch gesehen, dürfte es erst einmal also keinen Grund dafür geben, weshalb Jungs weniger Freude daran haben sollten, Bastelarbeiten ansprechend zu gestalten. Es ist daher eher einem Rollenverhalten geschuldet, warum sie ihren Schöpfergeist viel selektiver einsetzen, als Mädchen das meist tun.

Entsprechen wir Jungsmütter, die wir unsere Freizeit damit verbringen, Apfelbäume auszumalen, Blätter zu pressen und Überschriften mit Leuchtstiften hervorzuheben, dem Klischee also genauso wie unsere Söhne? (Die währenddessen übrigens entspannt mit einem Teller Kuchen neben uns sitzen und Anweisungen geben.)

20. »Ich hab keine Lust, die Eier zu suchen, ich will sie lieber verstecken!« – über Feste und Feiertage mit Söhnen

Im zweiten Teil von Douglas Adams' fünfbändiger Anhalter-Trilogie kommt ein Planet vor, auf dem es fast immer Samstagnachmittag ist. Was für eine großartige Vorstellung! (Es sei denn, man muss ihn damit verbringen, Apfelbäume auszumalen, Blätter zu pressen oder Überschriften mit Leuchtstiften hervorzuheben. So etwas gibt es bei Douglas Adams aus gutem Grund nicht.)

Schon als Kind war der Samstagnachmittag meine liebste Zeit: Man trug Gummistiefel, wusch mit Schwamm und sehr viel Wasser die Familienkutsche und freute sich darauf, am Abend – frisch geduscht und im Bademäntelchen – *Am laufenden Band* schauen und dazu Erdnussflips knabbern zu dürfen. Aus dem Kofferradio dröhnte die Bundesliga-Konferenz, in der Ferne knatterte ein Rasenmäher, und der Montagmorgen lag noch weit weg. Es war einfach wunderbar!

Ganz anders der Sonntag. Da war alles unnatürlich ruhig. Niemand lärmte herum, wusch Autos oder mähte Rasen, stattdessen trug man seine guten Sachen, ging zur Kirche, aß Braten zu Mittag und dachte daran, dass das Wochenende im Grunde so gut wie vorbei war. Nicht schön.

Wenn es mir schon so ging, wie musste es seinerzeit dann für die Jungs gewesen sein mit ihrem enormen Bewegungsdrang, ihrem Draufgängertum und ihrer erhöhten Anziehungskraft auf Schmutz aller Art? Für sie dürfte ein klassischer Sonntag – mit Anzug, gesittetem Spaziergang und Kaffeetrinken bei Tante Agathe – die pure Folter bedeutet haben! Ganz zu schweigen von Fest- und Feiertagen …

Ich nahm mir daher vor, meinen Sohn nicht mit unnötigen Einschränkungen zu drangsalieren – er durfte sich auch sonntags dreckig machen, zu einem Anzug mit Hemd habe ich ihn nur anlässlich einer Hochzeit genötigt, und selbst der war aus dunkelblauem Jeansstoff und konnte danach ganz wunderbar auf Spielplätzen strapaziert werden.

Andere Mütter sind da weniger großzügig. Nie werde ich den aufgeregten Bericht der Frau vergessen, die sich darüber echauffierte, einer ihrer Zwillingssöhne sei zur Konfirmation mit einem »halben Hemd« aufgekreuzt. Womit sie keineswegs meinte, dass er selbst nur ein halbes Hemd war, sondern dass er die Rüschen, auf die sie persönlich allergrößten Wert legte, vor dem feierlichen Einmarsch in die Kirche kurzerhand abgeknöpft hatte.

Doch nicht nur die Festtagskleidung ist es, die Jungs den Spaß an so mancher Feier vermiest – das schafft auch das formvollendete Benehmen, das man von ihnen erwartet. In unserem Fall pochte vor allem meine Oma darauf – also die Urgroßmutter meines Sohnes, mit der wir bis zu ihrem Tod zusammen in einem Haus wohnten. Wenn es nach ihr gegangen wäre, hätten wir alle uns wie in einem Fünfzigerjahre-Kitschfilm benommen – einer Schmonzette, zu der sie das Drehbuch schrieb. Eines Sonntags – es war der Geburtstag meiner Mutter, und wir waren gemeinsam unterwegs zu meinen Eltern – nutzte sie die gesamte siebzig Kilometer lange Strecke, um den von ihr geplanten Auftritt meines Sohnes mit ihm zu üben.

»Und dann klingelst du und gibst der Oma diesen Blumenstrauß und dann sagst du … *was*?«, wiederholte sie zum bestimmt zwanzigsten Mal.

»Alles Gute zum Geburtstag, liebe Oma«, ratterte der extrem genervte Dreijährige herunter.

»Ja – aber ein bisschen fröhlicher. Und dann singen wir alle gemeinsam … *was*?«

»Zum Geburtstag viel Glück«, seufzte Jonas.

Meine Großmutter strahlte hochzufrieden, denn sie war davon überzeugt, ihre Dressur würde erfolgreich sein. Ich hatte da meine Zweifel. Ein Knabe, der es an Ostern lustiger fand, die Eier zu verstecken, als sie zu suchen, war nicht gerade der Typ für Traditionen. Und tatsächlich: Als meine Mutter die Tür öffnete, sagte der Knirps keineswegs das einstudierte Sprüchlein auf und überreichte auch nicht feierlich die Blumen, sondern pfefferte sie mit ordentlich Schwung haarscharf an meiner Mutter vorbei in die Diele, was den sorgfältig gebundenen Strauß in seine Einzelteile zerfetzte. So viel zur gelungenen Zeremonie. Noch heute lachen wir über diese Showeinlage.

Wie Sie sich denken können, fand meine Großmutter das Ganze nicht besonders witzig. Sie amüsierte sich jedoch köstlich darüber, wenn andere in ähnlichen Situationen Schiffbruch erlitten. Über eine Episode, die sich vor Jahren mal bei ihren Nachbarn abgespielt hatte, verfasste sie sogar ein Mundartgedicht, das sie oft und gern zum Besten gab.

Die Geschichte schrie auch förmlich danach, literarisch verarbeitet zu werden, zumal diese Nachbarn ganz fürchterliche Aufschneider waren. Sie prahlten mit ihren wertvollen Teppichen und dem kostbaren Tafelsilber, sie protzten mit ihrem erfolgreichen Sohn, dem Scheidungsanwalt, und dessen klugen Kindern, lauter Einserschülern ... Und während sie nicht aufhörten, vor ihren Gästen zu strunzen, kam einer der Einserschüler, der unterdessen draußen im Hof gespielt hatte, herein.

»Oma, Opa, kommt mal raus, ich muss euch unbedingt was zeigen«, rief er aufgeregt.

»Später, später«, vertröstete ihn der Hausherr, dessen goldene Konfirmation an diesem Tag gefeiert wurde, und wandte sich wieder den Erwachsenen zu.

Nach einer Weile versuchte es der Enkel erneut, diesmal schon etwas ungeduldiger, doch sie schickten ihn wieder hinaus. »Spiel noch ein bisschen.«

Nachdem er sich kurz danach seine dritte Abfuhr eingehandelt hatte, platzte dem Einserschüler der Kragen. »Wisst ihr, was ihr könnt?«, schrie er wütend. »Ihr könnt mich alle mal am Arsch lecken!«

Da war dann sogar der größte Wichtigtuer des Dorfes für einen Augenblick sprachlos.

Wie peinlich dieser Auftritt für die Mutter des Jungen war, ist nicht überliefert. Aber sicher ging es ihr nicht viel anders als meiner Bekannten Friederike. Jedes Mal, wenn sie die Anekdote mit der Festtagstorte erzählt, bekommt sie rote Wangen. Sie liebt nun mal schön gedeckte Tafeln. Als Jungsmutter weiß sie, dass so etwas im Alltag nur bedingt umsetzbar ist, aber an Feiertagen zelebriert sie das Ganze umso mehr. Mit Tischdecken, Stoffservietten, Kerzen, Tischdekoration – und natürlich einer wunderbar verzierten Torte. Die hatte sie bereits am Karsamstag fertig gemacht und in die Speisekammer gestellt. Als sie am Ostersonntag das Prachtstück vor den Gästen anschneiden wollte, fiel es leider in sich zusammen. Was daran lag, dass ihr Sohnemann die Torte von unten ausgehöhlt und verputzt hatte!

»Ich hatte solchen Hunger und konnte einfach nicht widerstehen«, lautete seine Erklärung, und Friederike seufzte nur. Das mit der festlichen Tafel hatte zwar nicht so ganz geklappt, aber dem Augenaufschlag ihres Sohnes konnte wiederum sie nicht widerstehen …

Zugegeben, all diese Dinge sind nicht zwangsläufig jungstypisch – mit einem Mädchen hätte das genauso passieren können. Aber was das Ruhig-und-brav-Sein betrifft, das Sich-nicht-schmutzig-Machen und das gesittete Feiertagsverhalten, stehen Jungs vor der größeren Herausforderung. Zumal Mädchen – wie wir ja bereits in den vorhergehenden Kapiteln festgestellt haben – in unserer Gesellschaft einfach besser darin sind, sich anzupassen, zusammenzureißen und zu funktionieren. Auch nicht schön! Denn sie sollten sich auf Feste und Feiertage doch freuen können – und das nicht nur wegen irgendwelcher Geschenke.

In unserem Haushalt sind die feiertäglichen Maßnahmen deshalb extrem reduziert: Dekoration muss nicht unbedingt sein (abgesehen von dem hölzernen Nussknacker und der Osterhasenfigur, die irgendwann mal vergessen wurden und jetzt seit Jahren einen Stammplatz in unserer Wohnung haben), festliche Kleidung ebenso wenig (was gibt es Schöneres, als den zweiten Weihnachtstag in Chill-Klamotten vor der Glotze zu verbringen?), und was das Festtagsmenü betrifft: Wir essen ja sonst auch meistens was Leckeres. Warum sollten wir das, was uns im Alltag schmeckt, zu besonderen Gelegenheiten nicht auch mögen?

Zugegeben, früher habe ich geglaubt, man müsse mehr Aufhebens um Feiertage wie Weihnachten und Ostern machen. Inzwischen sehe ich das ganz locker. Während andere Stress haben, genehmigen wir uns einen gemütlichen Tag – einen, der sich anfühlt wie auf dem Planeten, auf dem es immer Samstagnachmittag ist. Danke dafür, Sohn! (Und nein, mein Lieber, die Nachbarn finden es bestimmt nicht cool, wenn du an Karfreitag mit dem Hochdruckreiniger die Sommerreifen säuberst …)

21. »Lass es krachen!« – über Kindergeburtstage und ihre Auswirkungen auf elterliche Nerven

Heike hat recht: Wer mit Jungs feiert, sollte auf alles vorbereitet sein. Es schadet nie, die Dinge entspannt anzugehen und die Festtage so zu nehmen, wie sie sich entwickeln. Denn hohe Erwartungen laufen in jedem Fall Gefahr, enttäuscht zu werden. Aber wie sieht es aus, wenn die jungen Herren der Schöpfung selbst der Anlass zum Feiern sind?

Als Max zwei Jahre alt wurde, begann meine Karriere als Party-Planerin. Im Bekanntenkreis hatte ich mitbekommen, dass viele Eltern mit ihren etwas älteren Kindern einfach eine neunzigminütige McDonald's-Feier buchten, die Hamburger, eine Küchenbesichtigung und ein paar Spiele beinhaltete und die auf mich einen ausgesprochen lieblosen Eindruck machte.

Warum war es manchen Müttern kein Bedürfnis, ihrem Nachwuchs wirklich bleibende Erinnerungen in Form von denkwürdigen Festen zu schaffen?

Ich wollte ein epochales Ereignis, also organisierte ich eine Feuerwehrparty mit entsprechendem Kuchen, kleinen themenbezogenen Geschenken und einem Besuch im örtlichen Rüsthaus. Die Kinder durften Helme aufsetzen, ins Löschauto einsteigen und ins Rettungsboot klettern. Es war wahrlich großartig! Alle Mütter konnte ich restlos begeistern, und ich war sehr stolz auf den gelungenen Tag.

Als ich Max letztens fragte, wie er – jetzt, wo er im Gegensatz zu damals richtig sprechen kann – jenes Geburtstagsfest fand, antwortete er mir, dass er sich eigentlich nicht daran erinnere und nur die Bilder in seinem Album kenne. Hm.

Es folgten wirklich tolle Partys: Events unter dem Motto Indianer, Bob der Baumeister, Agenten und viele andere mehr. Max mochte meine Ideen immer. Ich war zwar nach den Feiern jedes Jahr tagelang fix und fertig, aber überzeugt, es hatte sich gelohnt.

Ben hat nicht im Frühsommer, sondern im März Geburtstag. Daher versuchte ich es witterungsbedingt erstmals in meinem Mutterleben mit Indoorpartys: Bastelnachmittage, Verkleidungsspiele und Topfschlagen. Die Kinder (hauptsächlich Jungs) machten immer eine Zeit lang brav mit, aber relativ schnell kam der Zeitpunkt, an dem sie dem Geschehen nicht mehr ihre Aufmerksamkeit schenken wollten oder konnten und die erste Rangelei losging. Wenn alle balgend wie die jungen Löwen übereinanderkugelten, war der Partyhöhepunkt eingeläutet. Ich versuchte dann schweißgebadet, die Kinder auseinanderzubringen und zu beschäftigen, damit sich keiner wehtat – oft ein schwierigeres Kunststück, als fünf Jonglierbälle gleichzeitig in der Luft zu halten. Irgendeiner der kleinen Nachwuchs-Rambos hatte immer zu viel Energie, die dringend abreagiert werden musste.

Daher gingen wir bald dazu über, mit der Feier auf besseres Wetter zu warten. Beginnen die Kids im Garten, Park oder Wald zu toben, ist das meist ein wenig leichter zu ertragen als in den eigenen vier Wänden.

Egal welche Party wir feierten, eines hatten sie alle gemein: Kaum war der letzte Gast zur Tür hinaus, brach der Jubilar unweigerlich in Tränen aus. Die ganze Aufregung des Tages entlud sich in Form eines astreinen Weltschmerzes. Bevor ich mich ans Aufräumen oder gar Ausruhen machen konnte, galt es zuerst einmal, das heulende Elend zu trösten.

Besonders schwierig fand ich auch den Umgang mit dem Geschwisterkind, das gerade nicht Geburtstag hatte. An keinem Tag im Jahr waren bei uns Eifersüchteleien so gravierend wie an den beiden Ehrentagen der Söhne. Es dauerte erstaunlich lange, bis sie verständig genug waren, um mal Mutters Nerven zuliebe ein wenig zurückzustecken. Bis dahin wurde geschmollt, geheult, versucht, den Tag durch Wutausbrüche zu torpedieren oder die Partygäste vom Programm abzulenken. Allein schon deswegen brauchte es bei uns an diesen Tagen immer zwei Erwachsene. Mein Mann nahm sich frei und unterstützte mich tatkräftig. Bald hatten wir auch die perfekte Arbeitsteilung raus: Ich organisierte das Ganze und war für die Verköstigung und die kleinen Preise bei den Partyspielen verantwortlich. Mein Mann zog das Belustigungsprogramm nach meinen Anweisungen durch. Seine Bemühungen um gelungene Partys gipfelten in jenem Jahr, in dem er sich bei der Indianerparty, an einen Marterpfahl (= Baum) gefesselt, mit Wasserbomben bewerfen ließ. Vermutlich ist das einfach ausgleichende Gerechtigkeit: Die Geburten unserer Söhne haben mir reichlich Schmerzen verursacht. Nur fair, dass er es bei den jeweiligen Jahrestagen auch ein wenig unbequem hatte.

Mit dem zehnten Geburtstag erlischt bei uns das Anrecht auf eine mütterlich organisierte Geburtstagsparty – das ist Familientradition. Natürlich darf nach wie vor mit Freunden gefeiert werden, aber ich bin außer für die Verköstigung nicht mehr involviert. Mittlerweile wollen unsere Söhne am liebsten Übernachtungspartys. Dafür werden Zelte im Garten aufgebaut und die Gäste reisen mit bergeweisen Schlafsäcken und Kopfkissen an, um nichts davon dann zu brauchen, weil ohnehin »durchgemacht« wird. Das WLAN glüht, es wird bis zum Umfallen gezockt und dabei eine Tagesproduktion der Firma Pringles vernichtet.

Mein Mann und ich mögen diese Nächte nicht so wahnsinnig gern, denn unsere Ruhe ist empfindlich gestört, das Haus sieht danach aus wie nach dem Einfall der Goten in Rom, und die Geburtstagskinder sind im Anschluss eine knappe Woche übernächtigt und unausstehlich. Aber niemand hat schließlich behauptet, Älterwerden hinterlasse keine Spuren.

Wie ich von Heike weiß, hat sie mit ihrem Sohn Ähnliches erlebt: Den ersten echten Kindergeburtstag richtete sie für Jonas aus, als er etwa vier war. Sie lud einige Kindergartenfreunde inklusive deren Mütter ein und hatte sich das total schön vorgestellt: Alle sitzen brav am Tisch, essen Kuchen, machen dann ein paar organisierte Spielchen (wie Topfschlagen, die Reise nach Jerusalem oder Stoppessen), später gibt es Würstchen, und jeder geht glücklich und gesittet heim.

Im Endeffekt tobte die Bande durchs Haus, blieb kaum lang genug hocken, um ein Stück Geburtstagstorte zu vertilgen, machte einen Riesenlärm und schlimmes Chaos. Als die Gäste heimgingen, hatte Heike das Gefühl, einen Wirbelsturm nur um Haaresbreite überlebt zu haben. Da, so sagt sie, nahm sie sich vor, dass Kindergeburtstage nie wieder bei ihr daheim stattfinden würden. Jonas kam zwar im Winter zur Welt, sodass Partys im Freien nicht wirklich zur Debatte standen, aber sie entwickelte einen erstaunlichen Erfindergeist und ein unschlagbares Recherchetalent, was schöne Feste auswärts anbelangte.

Eine (nicht ganz repräsentative, doch sicher aussagekräftige) Umfrage im Bekanntenkreis hat ergeben: Wer Söhne hat, verlagert die Kindergeburtstage früher oder später entweder ins Freie oder bucht einen professionell gestalteten Nachmittag in einer Einrichtung. Einen Haufen Jungs auf Party-Adrenalin und Zucker in den eigenen Räumen hält kaum ein Erwachsener lang aus.

Meine Freundin Theres hat eine Tochter und mit etwas Abstand dann einen Sohn geboren. Sie erzählte mir von wunderbaren Lillifee- und Meerjungfrauen-Motto-Partys, bei denen so nett gebastelt und gespielt wurde. Bei der ersten großen Feier für ihren Jungen konnte sie die Meute hingegen mit nichts bei der Stange halten. War einer am Topfschlagen, rannten die anderen unter Geschrei die Treppe auf und ab. Wollte sie mit ihnen den Piratenschatz unterm Sofa heben, entstand eine Rauferei, wer als Erster reinschauen dürfe. Irgendwann sehnte sie sich danach, sich schnell ein paar Minuten in ihr Schlafzimmer zurückzuziehen, um akustisch und mental ein wenig »Ommmm« zu schnappen. Die Kinder waren dabei, im Zimmer ihres Sohnes alle Spielzeugkisten auszukippen – also ein optimaler Moment, um sich zu verdünnisieren. Da saß ein schokoverschmierter, fünfjähriger Partygast in ihrem Bett und bat sie hinauszugehen, denn er spiele hier gerade Verstecken.

Zum Abschluss eine Liste mit Ideen für nervenschonende Jungsgeburtstagspartys. Haben Sie einen Spieleraum im Keller, extrem starke Nerven oder einen Sohn, der in der warmen Jahreszeit geboren ist, und einen Garten, bieten sich Mottopartys an. Ist all das nicht der Fall, suchen Sie besser einen Ort, wo man auf Kindergeburtstage spezialisiert ist. Dabei gibt es wesentlich attraktivere Varianten als ein Burger-Restaurant.

Beispiele für Mottopartys mit entsprechender Dekoration, themenbezogenen Bastelarbeiten und Spielen:
- Agenten
- Ägypter
- Cowboys
- Dinosaurier
- Feuerwehr
- Fußball
- Harry Potter
- Indianer
- Minecraft
- Olympiade
- Pokémon
- Polizei
- Piraten
- Ritter
- Römer
- Safari
- Steinzeit

Star Wars
Superhelden
Theater
Zauberei
Zirkus

Beispiele für Orte, die als Ausflugsziel genutzt werden können oder sogar organisierte Partys anbieten:

Abenteuerspielplätze
Aquarien
Bowlingbahnen
Hochseilgärten
Indoor-Spielplätze
Kartbahnen
Kinos
Lasertag-Hallen
Museen
Pferdehöfe
Schwimmbäder
Sportplätze
Sternwarten
Tanzschulen
Theater
Tonstudios
Töpferwerkstätten
Turnhallen
Vergnügungsparks
Wildparks
Zoos

22. Die unendliche Beziehungs-geschichte: Mütter und Söhne in Film, Fernsehen, Musik und Literatur

Mütter und Söhne liefern jede Menge Inspiration – nicht nur für dieses Buch, sondern auch für Romane, Songs, Filme und Fernsehserien. Das glauben Sie nicht? Dann lesen Sie selbst! Hier unsere unvollständige, unsystematische und vielleicht unerwartete Auswahl:

»Mama« von Heintje – Kategorie Schlager
Mit »Mamma« (Originalschreibweise) gewann der Niederländer Hendrik Nikolaas Theodor »Hein« Simons, genannt Heintje, 1966 als Elfjähriger einen Talentwettbewerb. Ein Jahr später sang er »Mama« zum ersten Mal im deutschen Fernsehen, genauer gesagt in der ZDF-Show *Der goldene Schuss*. Das Lied ist eine inbrünstig vorgetragene Liebeserklärung an eine Mutter, die aus unerfindlichen Gründen um ihren Jungen weint. Der Kitschfaktor ist nicht zu übertreffen, der Erfolg des Titels ebenso: 1968 war »Mama« die meistverkaufte Single in Deutschland. Insgesamt hat Heintje rund vierzig Millionen Platten verkauft. Nachdem seine Karriere als Kinderstar durch den Stimmbruch ein natürliches Ende fand, war er später im Bereich Schlager und volkstümliche Musik weiter aktiv – allerdings war Hein Simons nie wieder so erfolgreich wie mit »Mama«.

Raum von Emma Donoghue – der (verfilmte) Roman

Der Kriminalfall »Fritzl« hat nicht nur in Österreich, wo er passiert ist und 2008 aufgedeckt wurde, sondern auch in Deutschland, Europa und weltweit für Aufmerksamkeit und Entsetzen gesorgt. Die irische Schriftstellerin Emma Donoghue inspirierte er zu ihrem Roman *Raum*. Sie recherchierte weitere Fälle dieser Art und entwickelte daraus die Geschichte des fünfjährigen Jack, der in Gefangenschaft gezeugt und geboren wird – seine Mutter ist entführt und vergewaltigt worden. Der Raum, in dem die beiden festgehalten werden, ist Jacks komplettes Universum, bis ihnen die Flucht gelingt. Die beeindruckende Mutter-Sohn-Story zeigt, welche Extremsituationen Menschen ertragen können.

Übrigens schrieb Emma Donoghue selbst das Drehbuch des gleichnamigen Filmes, für den die Hauptdarstellerin Brie Larson sowohl mit einem Golden Globe als auch mit einem Oscar ausgezeichnet wurde und der viele weitere Filmpreise gewann.

Good Bye, Lenin! – ein Film von Wolfgang Becker mit Daniel Brühl und Katrin Sass

Diese deutsche Tragikomödie, die auf der Berlinale 2003 erstmals gezeigt wurde, entwickelte sich nicht nur zu einem riesigen Publikumserfolg, sondern erhielt auch zahlreiche Preise – vom Deutschen Filmpreis über den Bambi bis zum César.

Sie handelt von einer Ostberliner Familie, deren Vater in den Westen flüchtet, wohingegen die Mutter als überzeugte Sozialistin in der DDR bleibt. Weil sie nach einem Herzinfarkt im Koma liegt, verpasst sie die komplette Wende.

Als sie dann erwacht, tut ihr Sohn alles, um ihr den Schock zu ersparen, dass es ihren geliebten Arbeiter- und Bauernstaat nicht mehr gibt. Er simuliert das Weiterexistieren der DDR – von original Spreewaldgurken bis hin zu Nachrichtensendungen der *Aktuellen Kamera*. Der Film ist melancholisch, witzig, gefühlvoll, leicht und zugleich tragisch. Vor allem aber erzählt er eine großartige Mutter-Sohn-Geschichte!

»Mutter« von Rammstein – Kategorie Rocksong

Der Wechsel der ruhig gesungenen Strophen und des geradezu geschrienen Refrains ist kennzeichnend für diesen Song. Der von Till Lindemann verfasste Text lässt viel Spielraum für Interpretationen. Allgemein deutet man ihn als Aufschrei eines Klons, der dank künstlicher Befruchtung und Reproduktionsmedizin keine echte Mutter hat, sich jedoch verzweifelt danach sehnt. Eine gruselige Vorstellung und zugleich eine Warnung an eine Welt, in der immer mehr von dem, was machbar ist, auch realisiert wird.

Boyhood von Richard Linklater – ein Film mit Ellar Coltrane, Patricia Arquette und Ethan Hawke

Boyhood begleitet den jungen Mason von seiner Zeit als Schulanfänger bis zum College und ist nicht einfach nur ein Spielfilm, sondern vielmehr ein Filmexperiment: Die Produktionszeit dauerte ganze zwölf Jahre, was bedeutet, dass der Hauptdarsteller im Laufe der Dreharbeiten tatsächlich seine Pubertät durchlebte. Die ersten Aufnahmen fanden 2002 statt, die letzten 2013. Es ist also eine echte Geschichte des Erwachsenwerdens, bei der die Schauspieler ihre persönlichen Erfahrungen ins Drehbuch einbringen konnten.

Das Resultat ist die Chronik einer Jugend – einfühlsam, warmherzig und ehrlich. Dieser einmalige Film wurde mehrfach ausgezeichnet: beispielsweise mit dem Golden Globe, dem Silbernen Bär, dem New York Film Critics Circle Award oder dem British Academy Film Award 2015.

Jungs unter Strom. Mit Volldampf durch die Pubertät – zweiteilige ZDF-Dokumentation der Reihe *37 Grad*

Zwei Jahre lang haben die Filmemacher Katharina Gugel und Ulf Eberle die Heranwachsenden Steffen, Tim, Dennis und Max durch die schwierigste Zeit im Leben eines Jungen begleitet – die Pubertät. Auch diese vier schreiben schlechte Noten, benehmen sich daneben, werden regelmäßig zum Rektor zitiert, bleiben sitzen, schwänzen die Schule, sind orientierungslos. Vor allem im Vergleich zu den zielstrebigeren Mädchen gelten Jungs als Verlierer. Die Mütter verzweifeln schier, finden keinen Zugang zu ihren Söhnen und fürchten, dass diese sich ihre Zukunft verbauen. Doch am Ende des Dokumentationszeitraums haben fast alle Protagonisten ihren Weg gefunden – eine sehr beruhigende Erkenntnis.

About a Boy oder: Der Tag der toten Ente – der (verfilmte) Roman von Nick Hornby – mit Toni Colette, Nicholas Hoult und Hugh Grant

Der 1998 veröffentlichte und 2002 verfilmte Roman erzählt die Geschichte des zwölfjährigen Marcus und seiner depressiven Mutter Fiona, die beide als schräge Außenseiter gelten. Marcus rettet seine Mutter bei einem Selbstmordversuch. Er selbst wird ebenfalls gerettet, und zwar vor einer Riesenblamage. Und irgendwie retten Mutter und Sohn auch Marcus' Retter, den reichen, aber unausgefüllten Erben Will, der durch die Begegnung mit den beiden erwachsen wird und aufhört, ein Inseldasein zu führen.

Die gefühlvolle Komödie wurde mehrfach für wichtige Preise nominiert, unter anderem für das beste adaptierte Drehbuch, den Golden Globe und den British Academy Film Award.

»Junge« von den Ärzten – das (mehrfach gecoverte) Lied

»Junge, brich deiner Mutter nicht das Herz« heißt es in Farin Urlaubs Text, in dem die typischen Klagen kleinbürgerlicher Eltern ihren missratenen Kindern gegenüber aufs Korn genommen werden.

Dass ausgerechnet Heino einmal diesen Nummer-eins-Hit covern würde, hätten die Punkrocker 2007, als sie ihn veröffentlichten, sicher nicht erwartet. Tatsächlich war der Titel 2013 die einzige Single-Auskopplung aus Heinos Cover-Album *Mit freundlichen Grüßen*, und damit schaffte er es nach über zwei Jahrzehnten wieder in die deutschen Singlecharts. Ein weiteres Cover nahm übrigens Xavier Naidoo auf, ebenfalls 2013.

Zurück zum Original: Wussten Sie eigentlich, dass Die Ärzte auch eine alternative Version dieses Songs aufgenommen haben? In dem zeigen sie dann die Sicht des Sohnes, der unter anderem fragt: »Eltern, warum habt ihr mich gezeugt?«

Das fünfte Kind von Doris Lessing – der (verstörende) Roman

Ben ist das Kind, um das es in dem 1988 unter dem Originaltitel *The Fifth Child* erschienenen Buch geht. Seine Eltern, Harriet und David Lovatt, träumen von einer wunderbaren Großfamilie. Alles läuft perfekt, bis Harriet – diesmal ungeplant – zum fünften Mal schwanger wird. Dass dieses Kind ungewöhnlich ist, macht sich schon im Mutterleib bemerkbar. Es tritt so stark, dass Harriet es ohne Beruhigungsmittel nicht aushalten würde …

Nach acht Monaten wird Ben geboren. Von Anfang an ist er anders: anstrengend, hässlich, unzufrieden, später auch aggressiv und brutal. Ein »Monster«, das die perfekte Familie der Lovatts zerstört.

Große Literatur, zutiefst verstörend – doch zum Glück pure Fantasie. Und ganz gleich, wie wild Ihr Sohn hin und wieder auch sein mag – im Vergleich zu Ben ist er ein Engel!

Die »Sixtinische Madonna« von Raffael – Gemälde

Die »Sixtinische Madonna« ist eines der populärsten Gemälde der italienischen Renaissance und befindet sich heute in den Staatlichen Kunstsammlungen Dresden. So wie die vielen anderen Madonnenbildnisse, die seit dem Mittelalter entstanden sind, beschäftigt sich dieses Bild mit einer der bekanntesten Mutter-Sohn-Beziehungen der Welt, nämlich der von Maria und Jesus. Wie ihre gemeinsame Geschichte verlief, ist uns allen bekannt, und Maria ist schon seit jeher ein Symbol für die bedingungslose Mutterliebe.

Ab der Neuzeit wurden Mutter-Kind-Darstellungen dann zunehmend verweltlicht, wobei das Repertoire der Bildersprache aus Heiligenbildern noch lange dasselbe blieb – bei der abgebildeten Liebe hielt man an Reinheit und Glorifizierung fest. Erst im 19. Jahrhundert änderte sich das, nicht zuletzt wegen der Theorien Sigmund Freuds.

Mutter und Sohn – die australische Fernsehserie

Unter dem Originaltitel *Mother and Son* liefen ab 1984 exakt 42 Folgen dieser Sitcom, die ab 1992 auch in Deutschland ausgestrahlt wurde und von der es später eine amerikanische und eine schwedische Adaption gab.

Sie handelt von Arthur, der nach seiner Scheidung mit Ende dreißig wieder bei seiner Mutter Maggie einzieht. Diese macht es ihm fast unmöglich, dass er neue Frauen kennenlernt …

Komisch, aber auch ein bisschen tragisch und auf jeden Fall ziemlich extrem. Denn auch wenn unsere Mutterliebe grenzenlos ist – so weit würden wir definitiv nicht gehen!

23. »Ich hab dein Geschenk so gut versteckt, dass ich es nicht mehr finden kann« – über ihr Talent, uns immer wieder zu rühren

Ich habe eine Lieblingstasse. Sie trägt die Aufschrift »Mutter und Sohn sind vielleicht nicht immer einer Meinung, aber immer ein Herz und eine Seele«. Jonas hat sie mir mal zum Muttertag geschenkt – nicht selbst gebastelt, aber selbst ausgesucht und im Internet bestellt. Einen treffenderen Spruch hätte er nicht finden können, dieser könnte geradezu das Motto unseres Buches sein.

Ein bisschen gerührt war ich schon, als ich die Tasse bekam, das gebe ich zu – aber das war ich auch bei dem handgeschriebenen, laminierten Autowäsche-Gutschein, den er mir einmal überreicht hat. Oder bei den Silberohrringen, die er auf dem Weihnachtsmarkt für mich ausgesucht hat. (Das Geld dafür hatte ich ihm eigens für dieses Projekt in die Hand gedrückt – schließlich muss ein junger Mann lernen, eine Frau mit hübschen Geschenken zu erfreuen!) Oder bei dem im Kindergarten gebastelten Muttertagspräsent, das er dann so gut versteckt hat, dass es bis heute nicht wiederaufgetaucht ist. Ich frage mich noch immer, was mir damals entgangen ist – andererseits ist mir von all seinen Bastelarbeiten aus jener Zeit diese verschwundene am besten in Erinnerung geblieben. Sogar ein Nicht-Geschenk kann einem ein Grinsen ins Gesicht zaubern!

Übrigens geht das auch anderen Müttern so. Ich habe mich umgehört und eine Liste der herzallerliebsten, ergreifendsten oder absurdesten Geschenke zusammengestellt, die sie je von ihren Söhnen bekommen haben:

Warum nicht einfach was Praktisches?

»Meinen Geburtstag hat er zwar nicht vergessen, aber ein Geschenk zu besorgen sehr wohl«, erinnert sich Anke. »Also zog mein damals etwa siebenjähriger Sohn los, um im örtlichen Tante-Emma-Laden etwas zu erstehen, was erstens in sein Budget passte und mir zweitens eine Freude machen könnte. Pralinen mochte ich nie, daher entschied er sich für ein Paket Waschmittel. Vermutlich dachte er, die Wäsche wäre mein größtes Hobby, weil ich so viel Zeit damit verbrachte.«

Mode mit Herz

»Da mein Sohn eine kreative Ader hat, war das schönste Geschenk an mich eine bunte Zeichnung, die er auf ein T-Shirt drucken lassen wollte«, erzählt Gabi. »Weil er das nicht mehr rechtzeitig geschafft hatte, überreichte er mir feierlich die Vorlage. Später sind wir dann zusammen in den Laden gegangen. Das Ergebnis ist ein wunderschönes T-Shirt mit Herz, das ich seit Jahren sehr gerne trage.«

Ein Traum wird wahr

»Gibt es ein schöneres Geschenk als gemeinsam verbrachte Zeit? Ich konnte mein Glück kaum fassen, als mir mein Zwölfjähriger zum Geburtstag einen Gutschein für einen Mutter-Sohn-Ausflug überreichte«, erinnert sich Tina. »Als er treuherzig erklärte, er könne leider nur die Zeit verschenken, nicht das Ticket, schöpfte ich Verdacht. Dann rückte er damit raus, dass es sich dabei um den Eintritt in einen Freizeitpark handelte. In dem es eine neue Riesenachterbahn gab, von der er schon lange träumte. Dass ich Achterbahnfahrten verabscheue, hatte er dabei nicht bedacht. Obwohl das Ganze nicht eben uneigennützig war, fand ich sein Geschenk doch irgendwie süß und löste den Gutschein bei nächster Gelegenheit ein. Übrigens überwand ich sogar meine Angst vor schnellen Fahrgeschäften ...«

Spiel, Spaß, Spannung ... Überraschung!

»Der Knaller war ein Weihnachtsgeschenk meines Sohns – fast identisch für Papa, Mama und Schwester: eiligst zusammengesuchte Ü-Eier-Figuren, die er irgendwo gesammelt hatte, für jeden in ein undekoriertes Stück Papier eingewickelt, so circa vier pro Familienmitglied. Und nein, das war kein Opfer für ihn, weil er sie wie Schätze gehütet hätte. Er dachte wirklich, WIR würden uns darüber freuen. Da war er vielleicht sechs«, berichtet Angelika.

»Alle Mädchen mögen das«

Auf Claudias Schreibtisch steht ein Einhorn. Ein besonders kitschiges Exemplar mit pinkfarbenem Schweif und jeder Menge Glitzer. »Mein Sohn hat mir das zu Weihnachten geschenkt«, erklärt sie. »Obwohl es seinen Etat eigentlich sprengte. Aber er war sich todsicher, damit meinen Geschmack zu treffen. Schließlich sind doch zurzeit alle Mädchen verrückt danach. Ich hab es nicht übers Herz gebracht, ihm zu sagen, dass ich den ganzen Einhornwahn total bescheuert finde. Deshalb hat das Ding hier einen Ehrenplatz bekommen. Nicht weil ich Einhörner liebe, sondern meinen Sohn. Und der hat es am Ende doch noch geschafft, mir damit eine Freude zu machen, denn der Anblick des scheußlichen Dings bringt mich Tag für Tag zum Lachen.«

Entwaffnungszauber!

»Mein Sohn hat einmal ein Büchlein mit Zaubersprüchen aus Harry Potter gebastelt und mir geschenkt«, erzählt Daniela. »Das war eine hübsche Idee, die mir besser gefallen hat als die obligatorischen ›Stehrümchen‹, also nutzlose Dekoartikel, die doch nur rumstehen und zustauben.«

Mit Blumen sagt man alles

»Ich liebe Blumen über alles«, gesteht Miriam, »und das wusste mein Sohn natürlich schon recht früh. Als Grundschüler überraschte er mich einmal ganz ohne Anlass mit einem riesigen Strauß. Einfach so, um mir eine Freude zu machen. Ich freute mich auch sehr – bis ich mir den Strauß näher anschaute. Wiesenblumen waren das nicht, sie stammten eindeutig vom Floristen. Aber das war doch viel zu teuer! Zudem waren die Rosen deutlich länger als die Margeriten, und zu den Nelken passten sie weder farblich noch stilistisch. Der junge Mann gestand sofort: Er hatte sie auf dem örtlichen Friedhof zusammengesammelt – allerdings von jedem Grab nur eine einzige Blume. Er meinte, die fehlten doch schließlich niemandem. Und außerdem könnten sich Tote nicht so darüber freuen wie ich mich. Seine Argumentation war nicht ganz unlogisch. Ich stellte den Strauß in eine Vase, machte uns beiden einen Kakao und dann führten wir ein intensives Gespräch über Eigentum und Diebstahl.«

Extrem großzügig ...

Auch Ursis Jungs sind große Schenker, von selbst gebastelten Lesezeichen über Nagellack bis hin zu Blumen vom Wegesrand – mehr davon im nächsten Kapitel. »Einmal«, erzählt sie, »habe ich beiläufig erwähnt, ich hätte gern so einen Kuschelpyjama-Overall. Max meinte daraufhin: ›Such dir bei Amazon einen aus und bestell ihn. Ich schenke ihn dir.‹ Und als ich fragte, wer das dann bezahle, erklärte er, er habe nicht so viel Taschengeld, ich solle es bitte selbst übernehmen.«

Bloß nicht abschaffen!

Geschenke sind etwas Wunderbares. Sie zeigen: »Ich habe an dich gedacht, du bist mir wichtig, ich will dir eine Freude machen.« Und wenn sie so richtig gut ausgewählt sind, dann vermitteln sie auch die Botschaft: »Ich kenne dich, ich weiß genau, was dir gefällt.«

Wer Geschenke für überflüssig hält und sie familienintern abschafft, bringt sich um die Möglichkeit, ohne große Worte viel Zuneigung zum Ausdruck zu bringen. Denn Schenken ist ein Ritual, das soziale Bindungen festigt.

Dass Geschenke nicht unbedingt teuer sein müssen, um jemanden glücklich zu machen, ist so ziemlich das Gegenteil von dem, was unseren Kindern in den Medien vermittelt wird. Umso wichtiger, dass

unsere Erziehung in diesem Punkt einen Gegenentwurf zur Werbung bietet ...
Ja, erziehen wir unsere Söhne doch zu guten
Schenkern! Denn das bedeutet, dass sie empathisch
und wertschätzend sind.

Zugegeben: Es gibt auch scheußliche Geschenke!

Die ultimative Herausforderung bleibt, wenn man eine
lieblos angefertigte, wenig reizvolle, undefinierbare Bas-
telarbeit vorgesetzt bekommt und sich als Mutter gefälligst
zu freuen hat. Ein bisschen jedenfalls. Ursi hat in Kapitel 19
ja schon ausführlich darüber berichtet. Aber ich frage mich:
Wie sollen unsere Jungs lernen, dass es nicht gleichgültig
ist, was sie aussuchen, solange wir bei jedem Mist maßlos
begeistert tun? Einfühlsames Feedback ist da angesagt.

Anders als in dem bitterbösen Song »Du hast einen Dra-
chen für mich gebaut« von Sebastian Krämer (aus dem Album *Schlaflieder zum Wachbleiben*), in dem ein Vater das un-
perfekte Werk seines Sohnes quasi in der Luft zerreißt. Wer
schwarzen Humor liebt, wird den Titel lieben, wie überhaupt alles von Sebastian Krämer. Schauen Sie mal im
Netz, ist leicht zu finden.

Übrigens: Wenn Sie sich darüber amüsiert haben, dann
mögen Sie sicher auch den »Krüppelgeschenk«-Sketch mit
Anke Engelke aus *Ladykracher*. Herrlich!

24. »Du bist so süß, Mama« – über eine ganz einzigartige lebenslange Liebesgeschichte

Wir Frauen haben ja alle ab und zu diese Momente der selbstkritischen Zerfleischung. Heike hat mir erzählt, wie sie an einem schlechten Tag vor sich hin jammerte, und ihr damals noch kleiner Sohn sagte: »Nein, Mama, du bist nicht alt und dick, du bist warm und weich!«

Ben kuschelte sich einmal als Kindergartenkind an meinen Bauch und meinte: »Hach, ich liebe deinen Schwabbel!«

Wir haben das zum Anlass genommen, die meistgehörten Komplimente zusammenzustellen.

Söhne-Love-Bingo

Komplimente, die Sie von Ihrem Sohn bereits gehört haben, dürfen Sie abhaken. Wenn Sie alle Kästchen voll haben, sind Sie eindeutig die Gewinnerin: Ihr Junge hat es wirklich drauf!

Wir freuen uns, wenn Sie uns auch Ihre persönlichen Ergänzungen schicken, damit wir die lustigsten und rührendsten Söhnesprüche dann auf Social Media teilen können.

Du bist hübsch.	Deine Tief-kühlpizza ist echt lecker.	Du bist eine coole Mama.	Danke, dass du mir immer hilfst.
Du siehst jünger aus als Oma.	Du bist ganz okay manchmal.	Meine Freunde finden dich super.	Danke, dass du es uns immer so gemütlich machst.
Deine Turnschuhe könnten mir auch fast gefallen.	Danke, dass du mich im Garten Schlammlöcher machen lässt.	Du hast immer so geniale Ideen.	Danke, dass du zu mir hältst.
Du bist so schön weich.	Deine Kuchen sind die allerbesten von der ganzen Welt.	Du bist lustig.	Danke, dass du nicht so viel schimpfst, wenn ich Blödsinn mache.

In puncto Komplimente gibt es wunderbare Geschichten zu erzählen (zur Sicherheit vielleicht schon mal Taschentücher zücken):

Ich mochte diesbezüglich ja die Kleinkindzeit wahnsinnig gern, als meine Söhne einfach sagten, was sie dachten. Das kam alles direkt von Herzen. Sie sparen auch jetzt nicht an Liebenswürdigkeiten, aber mittlerweile wissen sie, was Muttern bevorzugt hört. »Ich liebe dich, du bist schön, Mama. Kuss«, schrieb mir Max einmal auf eine Muttertagskarte in seiner Sonntags-Ausgeh-Schrift. Dazu malte er ein Bild von sich mit Handy, das er hat sinken lassen, weil er – und das erfährt man in einer Gedankenblase – an mich denkt. Diese Karte hängt in meinem Büro, und ich muss immer ein wenig darüber schmunzeln, weil er damit viel Empathie bewies: Er hat mitbekommen, dass ich gern hübsch aussehen möchte und den Kindern zu jeder Tageszeit unbedingt wichtiger sein will als ihr seelenloses Smartphone.

Wenn der Nachwuchs ein gewisses Alter erreicht hat, weiß eine Mutter nicht mehr so genau, ob keine Hintergedanken im Spiel sind, wenn ihre Söhne Charme versprühen. Wollen sie uns mit Komplimenten milde stimmen, weil sie etwas ausgefressen haben? Kann vorkommen. Oder sie haben von ihren Vätern gelernt, dass nette Worte einfach immer von Vorteil sind, egal ob sie der Wahrheit entsprechen oder nicht. Wer will zum Beispiel, dass sich die Mutter noch fünfmal umzieht, bevor es endlich losgeht?!

Marie erzählte mir, dass ihr Sohn unlängst auf die Frage, ob ihre Jeans nicht vielleicht zu eng sitze, antwortete: »Du siehst total prima aus! Solltest du öfter anziehen.«

Als sie ins Kinderzimmer lugte, merkte sie, dass ihr Nachwuchs eine Virtual-Reality-Brille trug und an der PlayStation spielte. Er hatte ihre Hose also gar nicht gesehen, vermutlich auch nur mit halbem Ohr zugehört und nicht viel Ahnung, worum es überhaupt ging. »Bei aller Verdammung von Klischees«, meinte Marie mir gegenüber, »das passiert dir mit einer Tochter wahrscheinlich nicht. Die würde deine Mode kritisch beäugen und dir die schmerzliche Wahrheit sagen.«

Männliche Wesen scheinen insgesamt ein wenig Respekt vor unseren Launen zu haben. Dass wir an einem Tag selbstbewusst herumspazieren und uns am nächsten lieber die Decke über den Kopf ziehen würden, macht sie nervös. In ihren Augen sehen wir immer gleich aus. Mama halt. Nicht mehr ganz taufrisch, aber eben wunderbar vertraut. Kategorien wie »hübsch« oder »attraktiv« gibt es da sowieso nicht. Wie kommt sie überhaupt auf die Idee zu fragen?

Deshalb mag ich Komplimente, die implizieren, dass ihnen eine wahrhaftige Feststellung vorausging. »Danke, dass du nicht so bist wie die Mutter von S.« oder »Du bist viel cooler als die anderen Mamas!« oder »Mir gefallen deine Klamotten besser als die von der Oma.«

Wunderschön sind auch Handlungen, an denen man als Mutter die Liebe spürt, welche die Söhne für einen empfinden.

Ben zum Beispiel macht sich durchaus Gedanken, wie er mir eine Freude bereiten könnte. In der schönen Jahreszeit bringt er mir öfter Blumen mit, die er auf dem Heimweg nach der Schule für mich gepflückt hat. Und wenn ich Geburtstag habe, sucht er immer ganz allein ein Geschenk für mich aus (blauen Nagellack, weil das meine Lieblingsfarbe ist, oder eine beim Discounter ergatterte Kette, die gut zu meinen Ohrringen passt). Als wir einmal gemeinsam in einem Café frühstücken wollten, kündigte er schon vorher an: »Heute gehen alle Getränke auf mich. Ich lade dich ein, Mama!« Ich könnte dann schmelzen vor Rührung.

Max hingegen hat meist anderes zu tun, als sich ein Verwöhnprogramm für mich auszudenken. Dafür zeigt er mir stets aufs Neue, dass ich ihm – obwohl er doch fast vierzehn ist – nicht peinlich bin: Er umarmt mich mitten in der Schule. Er gibt mir ein Küsschen auf die Wange, auch wenn seine Freunde dabei sind. Und im Kaffeehaus legt er mir schon mal den Arm um die Schulter. Hach, dann bin ich Wachs ...

Je erwachsener die Söhne sind, desto souveräner werden natürlich auch ihre Komplimente. Heikes Sohn sagte unlängst: »Ach ja, du bist ja bereits über fünfzig. Das vergesse ich immer, weil du so jung aussiehst.«

Von Melissas Fünfundzwanzigjährigem kann ich genauso Rührendes berichten: »Mama, mit niemandem lache ich so gut wie mit dir. Wir zwei haben einfach hundertprozentig denselben Humor.«

Oft sind es aber nicht nur die verbalen Zuwendungen, die wir Mütter als Komplimente auffassen, sondern ebenso die Taten unserer Jungs. Zum Beispiel ist es ein Liebesbeweis, wenn sie auch nach den Zeiten der finanziellen Abhängigkeit die elterliche Nähe suchen.

Die dreiundsiebzigjährige Anne erzählte mir, dass ihr vierzigjähriger Sohn sie regelmäßig zu seinen Freunden mitnimmt und sie zu Partys einlädt, zu denen sonst eigentlich nur Gleichaltrige kommen. Die Wertschätzung, die in diesen Gesten liegt, bedeuten ihr mehr als jedes verbale Kompliment.

Grete berichtet vom umgekehrten Fall. Ihr Sohn erkundigt sich stets sehr liebevoll und interessiert nach ihren besten Freundinnen. Sie spürt, dass ihm die Menschen wichtig sind, die in ihrem Leben eine Rolle spielen, und das findet sie schmeichelhaft. Normalerweise sind es ja eher die Mütter, die sich neugierig nach dem Umfeld der Kinder erkundigen.

Luisa berichtete mir, wie ihr Sohn sie aus seinem Wien-Urlaub anrief, als er mit seinen Kumpels auf dem Zentralfriedhof an Falcos Grab stand. »Er weiß, dass ich auch so ein Fan von Falco bin. Damit sagt er mir sehr deutlich, wie wichtig ich ihm bin und was uns verbindet«, schwärmt sie.

Vom ersten »Ich hab dich lieb« unseres Wickelkinds bis hin zum »Danke, für alles, was du für mich getan hast« am Sterbebett ist die Beziehung zu unserem Sohn etwas ganz Einzigartiges. In den verschiedenen Lebensphasen hören und spüren wir Komplimente in unterschiedlichster Art und Zahl. Manchmal werden sie herausposaunt, ein anderes Mal kommen sie auf leisen Sohlen daher. Zu jeder Zeit bleibt es zwischen uns aber eine Geschichte von bedingungsloser, intensiver Liebe.

25. Die Top Ten der Dinge, die (vermutlich*) nur Jungs tun – und mit denen sie uns zur Verzweiflung bringen!

Als Jungsmutter können Sie sich auf allerhand gefasst machen, nicht nur auf wunderbare, herzerwärmende Komplimente.

Noch besser als die Charme-Offensive beherrschen Jungs nämlich die Quatsch-Offensive! Natürlich stellen Kinder generell so einiges an, völlig unabhängig vom Geschlecht, aber … Nein, wir glauben, diese Liste ist wirklich ausgesprochen jungstypisch. Daran ändert auch die liebevollste, genderneutralste, konsequenteste Erziehung nichts.

Also atmen Sie tief durch und machen Sie sich locker. Beziehungsweise: Atmen Sie lieber ganz flach, jedenfalls beim ersten Punkt …

1. In ein Glas pupsen, um den Geruch zu konservieren
Physik- und Chemiebaukästen sind schön und gut, aber beantworten sie wirklich die drängendsten Fragen des Lebens? Mitnichten. Ob sich das Aroma eines Darmwinds bewahren lässt, ist eine davon. Dieses Rätsel muss der interessierte Nachwuchsforscher wohl oder übel selbst lösen – ganz einfach mit einem Selbstversuch.

Man braucht dazu lediglich ein Schraubglas (zum Beispiel ein gespültes Senfglas) mit Deckel sowie – zur Sicherheit und weil's zu zweit mehr Spaß macht – einen Assistenten.

Wem spontan keine Flatulenz entfleucht, kann sich im Vorfeld um eine besonders blähende Kost bemühen, etwa Bohnen, Zwiebeln, Pumpernickel (da steckt der furzfördernde Charakter schon im Namen!) oder Speck. »Speckfürze sind die besten«, wissen Insider. Nun ja.

Jedenfalls kommt es auf Zielsicherheit und Fingerfertigkeit an – denn es gilt, das odeurgefüllte Schraubglas alsbald zu verschließen, bevor der so eingefangene Geruch wieder entweichen kann.

Kleiner Trost für schockierte Jungsmütter: In der Phase, in denen Duftwässerchen für Söhne interessant werden, lässt das Interesse an derartigen Experimenten schlagartig nach! Die Begeisterung für Blähungen und überhaupt unanständige Körpergeräusche bleibt jedoch bei der Mehrzahl unserer männlichen Mitmenschen ein Leben lang bestehen. Warum das so ist? Darüber mehr unter Punkt 9.

2. Einen einzelnen Fuß waschen

Mal angenommen, man hat eine Fußverletzung und deswegen einen Termin beim Arzt. Da geht man doch nicht mit ungewaschenen Füßen hin, oder?

Falsch: nicht mit ungewaschenem Fuß. Singular. Denn wozu auch den gesunden reinigen, den sich der Arzt ja gar nicht ansehen will?

Diese spezielle Art der Faulheit ist, wenn überhaupt, überwiegend bei Jungs anzutreffen. Sie nennen es: Energiesparmodus.

Versehentlich zu viel zu tun, widerspricht offenbar ihrer Grundkonfiguration. Deshalb verzichten sie auch gerne mal drauf, saubere Klamotten vom Wäschekorb in den Kleiderschrank einzuräumen und bedienen sich einfach direkt aus dem Korb. Funktioniert übrigens mit Geschirr genauso. Mein Bruder wohnte mal in einer (reinen Jungs-) WG, in der es gar keinen Küchenschrank gab, stattdessen zwei Spülmaschinen. Man benutzte das saubere Geschirr aus der Maschine, die zuletzt gelaufen war, und stellte die schmutzigen Sachen anschließend in die andere, die man einschaltete, sobald sie voll war – und dann ging das ganze Spiel von vorn los, nur umgekehrt. Eigentlich ziemlich genial, oder?

3. In witzlosen Zitaten reden und sich darüber schieflachen

Viele Jungs zeichnen sich durch einen ziemlich kreativen Humor aus. Doch Achtung, nicht jeder Gag, den sie von sich geben, ist auch wirklich auf ihrem eigenen Mist gewachsen.

Im Zweifel sind es die weniger komischen, dafür aber am häufigsten wiederholten Sprüche eher nicht. Dabei handelt es sich nämlich nicht selten um Filmzitate aus Machwerken wie *Avengers*, *A-Team*, *Baywatch* oder den einfach unvermeidlichen Blockbustern *Hangover*, *Kindsköpfe* oder *Fack ju Göhte*, die sich begeisterte Jungs nicht nur einmal, sondern unzählige Male reinziehen, sodass sie diese am Ende fast auswendig mitsprechen können.

Wenn ein junger Mann also mit schriller Stimme »Waaaaaaas?« sagt, »Heul leise!« ruft oder »Bist du noch auf Lama?« fragt, dann besteht kein Grund zur Sorge: Er hat nur mal wieder ein infantiles Bonmot aus der Mottenkiste seines Oberstübchens hervorgekramt.

Lassen Sie ihm den Spaß, er wird sich kugeln vor Lachen und sich allerhöchstens wundern, dass Sie bei solch einem Mega-Gag derart ernst bleiben können. Wenn Sie ihm eine Freude machen wollen, antworten Sie mit »Bazinga!«. Denn wie gesagt: *The Big Bang Theory* ist humortechnisch der kleinste gemeinsame Nenner zwischen den Generationen.

4. Über ihr bestes Stück reden

Während Mädchen und Frauen kaum das Bedürfnis verspüren, außerhalb der Arztpraxis oder intimer Zweisamkeit über ihre Genitalien zu sprechen, sind Jungs geradezu fasziniert von ihren äußeren Geschlechtsorganen. Die sie übrigens selten einfach nur »Penis« und »Hoden« nennen, sondern diesbezüglich eine ungeahnte Wortgewalt entfalten: Von »Pimmel« und »Pillermann« über »Lümmel« und »Dödel« bis hin zu »Schniedelwutz« und »Piephahn« reicht das Spektrum der Synonyme. Allein die Vielfalt der Bezeichnungen zeigt, wie groß das Bedürfnis wohl sein muss, über das Organ ihrer Männlichkeit zu schwadronieren.

Pubertäre Jungs stören auch gerne mal den Unterricht, indem sie vollkommen zusammenhanglos »Penis« rufen.

Wir Frauen können nur spekulieren, dass so ein äußerlich liegendes Geschlechtsorgan viel faszinierender sein muss als ein inneres. Unsere Söhne können nicht anders, als sich ausführlich damit zu befassen – und das im sprachlichen Sinne ebenso wie im wörtlichen.

Ein kleiner Trost: Irgendwann gegen Ende der Pubertät haben sich die jungen Männer meist an ihre Genitalien gewöhnt und schaffen es dann in der Regel auch, ihre Schulzeit, Berufsausbildung und Karriere zu überstehen, ohne in unangemessenen Zusammenhängen ihr bestes Stück zu thematisieren.

5. Zielpinkeln!

Noch schöner, als über den Penis zu reden, ist nur, sich mit ihm zu beschäftigen. Wasser lassen bedeutet für Kerle daher viel mehr, als nur den Druck in der Blase zu reduzieren. Es ist zugleich ein willkommener Anlass, das gute Stück nicht nur auszupacken, sondern auch Kunststücke damit zu vollführen.

Natürlich muss es wunderbar sein, im Stehen pinkeln zu können, vor allem unterwegs in der freien Natur würden wir Frauen das auch gern können. Aber nur, weil's so viel praktischer wäre, nicht weil wir so gern dem hohen güldenen Strahl hinterherschauen würden. Oder gar, um einen bestimmten Zweig zu treffen! Oder um ein hellgelbes Statement in den Schnee zu schreiben.

Diesen männlichen Pipi-Spieltrieb machen sich übrigens auch die Hersteller von Urinalen zunutze: Weil alle versuchen, die bewusst eingefärbten Flecken zu treffen, sind Toilettenanlagen besser zu reinigen, denn es geht weniger daneben. Falls Sie also mit notorischen Stehpinklern zusammenleben, wäre eine Zielscheibe in der Kloschüssel eine gute Idee.

6. Ihr Zimmer in ein Raumschiff verwandeln

Wenn Jungs sich verabreden, vorzugsweise an Wochenenden und natürlich über Nacht, besteht ihr Gepäck überwiegend aus Hardware. Na ja, Zahnbürste, eine frische Unterhose und massenhaft Knabberzeug haben sie meist auch dabei.

Entscheidend aber sind die PCs, Bildschirme, Tastaturen und Kabel, die sie nach einem undurchschaubaren Plan aufbauen und dadurch ein harmloses Kinderzimmer in eine hochtechnisierte Kommandozentrale verwandeln.

Sollten Sie selbst an so einem Abend ein Verlängerungskabel oder gar einen WLAN-Verstärker brauchen, empfiehlt es sich, dafür ein Versteck anzulegen, ansonsten haben Sie keine Chance. Denn so was braucht man natürlich auch für eine LAN-Party!

Und dann betreiben unsere Stammhalter Multitasking der etwas anderen Art: zocken, grunzen, Eistee trinken und Chips essen, weiterzocken, und zwar so lange, bis sie erschöpft einschlafen. Auf dem Stuhl oder einfach auf dem Boden.

Was für uns so ziemlich die Höchststrafe wäre, empfinden unsere Söhne als den Himmel auf Erden. Wir müssen das nicht verstehen. Versuchen wir's also gar nicht erst.

7. Theater machen beim Shopping – solange wir dabei sind

Bis zu einem gewissen Alter ist es den meisten Jungs piepegal, ob ihre Hosen Hochwasser haben, ihre Ärmel zu kurz sind oder ihre Schuhe durchlöchert.

Das, was für viele von uns eigentlich ein angenehmer Zeitvertreib ist, wird mit widerwilligen Söhnen im Schlepptau schnell zum ultimativen Stresstest: Shopping. Denn die kleinen Racker würden tausendmal lieber Fußball spielen, Legoraumschiffe bauen oder Fahrrad fahren, als Sandalen, Jeans und Co. anzuprobieren. Und das lassen sie uns nicht nur spüren, sondern auch lauthals wissen. Während wir einen Schweißausbruch nach dem anderen kriegen, schalten sie auf stur und weigern sich, mal eben in die Hose zu schlüpfen oder mit den Sneakers, die wir ihnen irgendwie an die Füße manövriert haben, testweise wenigstens ein paar Schritte zu gehen. Am Ende kauft man sie schließlich, ohne sicher zu sein, ob sie richtig passen, und wenn man Pech hat, tun sie es nicht.

Dem jungen Mann ist das egal, er zieht dann eben weiter die Hochwasserhosen und die löchrigen Schuhe an. Beim Fußballspielen, Legobauen und Fahrradfahren spielt das doch eh keine Rolle.

Klingt schrecklich? Ist es auch!

Aber es besteht Hoffnung. Irgendwann sind unsere Goldjungen so groß, dass sie gemeinsam mit Freunden (oder noch besser: Freundinnen) shoppen gehen. Wir dürfen daheimbleiben. Alles, was wir tun müssen, ist, den Spaß zu bezahlen. Kann sein, dass sie nicht ganz so preis- und qualitätsbewusst einkaufen, wie wir es getan hätten. Sei's drum. Es ist ja für einen guten Zweck: unsere Nerven!

8. Sich mit anderen messen: scharf, schärfer, am schärfsten

Ursi hat es andernorts schon erwähnt, aber schauen wir uns dieses Phänomen noch einmal genauer an: Sie kriegen rote Köpfe, fangen an zu schwitzen, dann zu husten, schließlich schnappen sie nach Luft und … hören dennoch nicht auf, das scharf gewürzte Chili zu essen.

Kerle!

Während Frauen mit dem Thema Würze recht emotionslos umgehen und einfach das essen, was ihnen gut schmeckt, lassen sich Männer nur allzu gern zu einem »Wer isst am schärfsten?«-Wettbewerb provozieren.

Vor allem Heranwachsende sind dafür anfällig, und wir Mütter fragen uns kopfschüttelnd: Warum nur tun sie sich das an? Zumal so ein Wettbewerb durchaus gefährlich sein kann, mitunter sogar lebensgefährlich.

Die Erklärung ist wenig überraschend: Es liegt an den Hormonen. Genauer gesagt haben Forscher der Universität Grenoble herausgefunden, dass das männliche Sexualhormon Testosteron dafür verantwortlich ist, wie viel Schärfe ein Mann mag, schmeckt und verträgt.

Auch ohne diesen Zusammenhang exakt zu kennen, scheinen Jungs und Männer ihn aber zu spüren. Indem sie zeigen, wie scharf sie essen können, beweisen sie also indirekt ihre Maskulinität.

Vielleicht sollten wir sie rechtzeitig daran erinnern, dass zu viel Schärfe für Durchfall sorgt – und dass so eine Diarrhö alles andere als heldenhaft wirkt …

9. Das ABC rülpsen

Man könnte glauben, das leicht hyperaktive Eichhörnchen Hammy aus *Ab durch die Hecke* wäre schuld, dass eine ganze Generation Heranwachsender inbrünstiges Rülpsen quasi zum Volkssport erhoben hat.

Doch das ist so nicht ganz richtig. Hammy hat allerhöchstens die Königsdisziplin »ABC rülpsen« populär gemacht, die Leidenschaft fürs möglichst geräuschvolle Aufstoßen an sich war schon vor diesem ansonsten entzückenden Animationsfilm weitverbreitet. Allerdings fast ausschließlich unter Jungs und solchen, die es einmal waren. Denn Mädchen und Frauen entfährt so ein Bäuerchen höchstens mal aus Versehen, und wenn das vor Zeugen passiert, ist es ihnen meistens furchtbar peinlich.

Warum lassen sich Kerle dagegen für besonders gelungene Eruktationen regelrecht feiern? Der Engländer, der mit einer Rülpslautstärke von 109,9 dB den Weltrekord hält, ist auf diese Leistung garantiert extrem stolz. (Seine Mutter wohl auch?)

Liegt es etwa daran, dass wir unsere Nachkommen früher nach dem Stillen allzu eifrig für ihre Bäuerchen gelobt haben? – Kann eigentlich nicht sein, denn das gilt ja für beide Geschlechter. Und es sind fast ausschließlich Jungs, die den »Rülpsniesfurz« aus *Kindsköpfe 2* für eine geradezu geniale Erfindung halten. Und die auch mal eine Flasche Sprudelwasser auf Ex trinken, um einen besonders eindrucksvollen Rülpser produzieren zu können.

Wieso? Wir sind nicht die Einzigen, die sich über die männliche Begeisterung fürs Aufstoßen und andere unanständige Körpergeräusche so unsere Gedanken machen. Tatsächlich gibt es einige Theorien, wie es dazu kommt.

Natürlich wird, wie so häufig, der Steinzeitmensch bemüht. Angeblich habe die Fähigkeit, alle möglichen Geräusche hervorbringen zu können, dereinst zum Jagderfolg beigetragen.

Nun ja. Man darf das wohl bezweifeln. Schließlich hat sich der Homo sapiens seitdem enorm weiterentwickelt und kann inzwischen Operationen am offenen Herzen durchführen, zum Mond fliegen und digital kommunizieren – alles Dinge, die mit den jagenden Steinzeitvorfahren so wenig zu tun haben wie Kammermusik mit einem Rülpskonzert.

Viel einleuchtender erscheint mir, dass sie damit einfach nur Aufmerksamkeit erregen wollen. Denn auch getadelt zu werden, ist eine Form der Zuwendung, und wenn es in der Schule gelingt, mithilfe simpler Körpergeräusche die Lehrer zu provozieren, erntet man damit zumindest den Respekt der (männlichen) Mitschüler. Als Ausrede muss dann der gute, alte Martin Luther herhalten, dessen angeblicher Ausspruch »Warum rülpset und furzet ihr nicht, hat es euch nicht geschmacket?« den modernen Nachwuchsrülpsern regelrecht Wasser auf der Mühle ist. Beziehungsweise Gas im oberen Verdauungstrakt ...

10. Rumbrüllen, selbst beim Singen

Schon mal von finnischem Schrei-Chorgesang gehört? Ja, so was gibt's wirklich. Die »Screaming Men« des Mieskuoro Huutajat (zu Deutsch: des Männerchors »Die Rufer«) widmen sich vor allem dem traditionellen finnischen Liedgut, haben aber auch diverse Nationalhymnen und andere Titel im Repertoire. Und wie ihr Name bereits sagt, singen sie diese Werke nicht, sondern brüllen sie.

Also ungefähr so, wie es Jungs tun, wenn sie nach dem Fußballspiel in der Kabine »You'll Never Walk Alone« grölen. Oder auf dem Weg zum Esstisch lauthals »Ich hab 'ne Zwiebel auf dem Kopf, ich bin ein Döner« anstimmen. Oder wenn sie gemütlich auf der Toilette sitzen und dabei »Ich und mein Holz« schmettern.

Warum eigentlich gibt es bei uns keine Schrei-Chöre? Ich bin sicher, dieser Trend würde bei unseren Söhnen mindestens so gut ankommen wie Lasertag oder Paintball. Denn Schrei-Chormusik bietet alles, was Jungs lieben: von der Möglichkeit, grenzenlos laut zu sein und testosteronbedingte Aggressionen (wie es Ursi in Kapitel 4 genauer ausführt) rauszulassen, bis hin zu dem herrlichen Gemeinschaftsgefühl, das jeder Mannschaftssport schafft. Wunderbarer Nebeneffekt: Sie könnten damit ihr von Natur aus kräftiges Organ künstlerisch zur Geltung bringen. Das finden sicher auch die Mütter der finnischen Schrei-Chormitglieder toll ...

Hörbeispiele von »Kalinka« bis »Waterloo« gibt's auf der offiziellen Website des Mieskuoro Huutajat.

★ Übrigens soll es nicht wenige Mädchen geben, die ebenfalls herzhaft rülpsen, ungern shoppen und lieber brüllen als singen. Aber nach unserer Erfahrung sind diese Top Ten eher jungstypisch. Ohne Gewähr. Und ohne Wertung. Ist ohnehin nicht zu ändern ...

26. Die wichtigsten Entwicklungs-schritte unserer Jungs von 0 bis 18 und was Sie darüber wissen sollten

Das erste Wort

Beginnen wir diese Aufzählung ruhig direkt im Kleinkind-alter, denn davor ist Ihr Sohn einfach ein Baby. Dass er im Gegensatz zu Ihnen ein Junge ist, macht da noch keinen nennenswerten Unterschied (na ja, jetzt mal abgesehen da-von, dass dieses Würmchen in der Windel in alle lustigen Richtungen pieseln kann).

Doch irgendwann wird der Winzling zu sprechen be-ginnen und dann haben Sie es Schwingung auf Trommel-fell verbrieft: Ihr Kind ist als männliches Wesen verkabelt. Denn wie wir schon wissen, ist die Wahrscheinlichkeit nicht gering, dass sein erstes Wort »Auto« lauten wird. Um die Bindung zur Mutter innig zu halten, kommt etwa zeit-gleich aber auch »Mama« – wir Jungsmütter atmen gerührt auf.

Der erste Tag ohne Windel

Darüber, dass Jungs ein wenig länger brauchen, um tro-cken zu werden, wurde auf dieser Welt schon viel ge-schrieben. Und dass Penisträger anders pinkeln als die üb-rige Hälfte der Weltbevölkerung, wissen wir dank Heikes anschaulicher Beschreibung im vorigen Kapitel ebenfalls. Was für uns in unseren frühen Jahren als Jungsmutter zunächst etwas gewöhnungsbedürftig bleibt, ist der ständige Griff zum Pimmel. Haben unsere Söhne erst die Windel abgelegt, entdecken sie die Freikörperkultur für sich, schälen sich auch im Winter gern aus sämtlichen Kleidungsschichten und genießen es dann, sich die frische Brise um ihr bestes Stück wehen zu lassen. Ist es einmal windstill, vollziehen sie diverse Elastizitätstests mit ihrer Nudel. Keine Sorge, viele legen das Bedürfnis, sich alle dreißig Sekunden davon zu überzeugen, ob ihr Prachtexemplar noch da ist, irgendwann ab.

Der erste Tag im Kindergarten
Bis zu diesem Ereignis lebt unser Sohn im Mama-Universum. Wollen wir ihm die Möglichkeit geben, sich frei von Rollenklischees zu entwickeln, können wir in dieser Zeit alles dafür tun, um ihn als echtes Individuum aufwachsen zu lassen (natürlich genauso umgekehrt, wenn wir das nicht möchten). Mit Tag 1 in der Kinderbetreuungseinrichtung wird sich viel ändern. Jetzt ist unser Liebling zumindest für einige Stunden aus dem mütterlichen Einflussbereich gerissen und in die von Pädagoginnen aufgebaute Welt entlassen. Wir Jungsmütter sorgen uns nun, ob er zum Beispiel mit seiner Lieblingsfarbe Schwarz malen oder seinen Kranwagen mitbringen darf. Wird die Erzieherin unseren Nachwuchs »ruinieren«? Und ist uns das überhaupt recht, dass eine andere Frau plötzlich so eine signifikante Rolle in seinem Leben spielt?

Verdammt, das Durchschneiden der Nabelschnur tut weh!

Der Schuleintritt

Spätestens jetzt wird Ihr Kind durch seine Klassenkameraden massiv mit typischem Rollenverhalten konfrontiert und einige hübsche Unarten nach Hause bringen. Ihr Sohn taucht nun in die große weite Welt der Nachwuchs-Halbstarken ein und wird davon fasziniert sein. Ob es nun die Jugendsprache ist (»Chill mal, Mama!«, »Was laberst du?«) oder allerlei Obszönitäten (Stinkefinger und Co.) – unsere Söhne saugen alles, was Mitschüler mit älteren Geschwistern ihnen präsentieren, auf wie ein Schwamm. Ausgewrungen wird dieser dann gern daheim am Mittagstisch. Als Jungsmutter empfiehlt sich hier – wie so oft – Gelassenheit, denn egal, wie Ihnen die neuen Moden Ihres Kleinen gefallen – Sie müssen da ohnehin durch.

Die FSK-12-Hürde

Wann Ihr Sohn den Schritt in die Welt der Marvel-Superhelden geht, hängt von der Stärke Ihrer Nerven ab. Er wird definitiv bereits als kleines Kind danach fragen. Die Abstände zwischen den Bettelattacken werden immer kürzer, und irgendwann knicken Sie vermutlich ein. Bei meinem älteren Sohn war es tatsächlich der zwölfte Geburtstag. Mein jüngerer durfte mit zehn schon *Thor* Teil 3 mit uns anschauen, weil ich diese ewigen Diskussionen, welchen Sinn eine Altersfreigabe hat, satthatte. Ich weiß, nun gibt es kein Halten mehr und er wird sich nach und nach die für Jungs so großartige Welt der Actionmovies erschließen. Er wird herumrennen und »Hulk – Smash!« brüllen. Gern würde ich zu Ihrer Beruhigung schreiben, dass derlei vorbeigeht. Aber da mein Mann unlängst beim Holzhacken »Hulk – Smash!« rief, lässt mich davon Abstand nehmen.

Der Stimmbruch

Jungs sehnen das Tieferwerden ihrer Stimme herbei. Phonetisch endlich als Mann verstanden zu werden, gehört für sie zu den wichtigsten Errungenschaften der Pubertät. Dass sich ihre Tonlage eine Zeit lang recht grauenhaft anhört, interessiert sie nicht. Die Wiener Sängerknaben haben für Betroffene eigens eine sogenannte »Mutantenklasse« eingerichtet, damit sie im Chor nicht allzu viel Schaden anrichten. Wir Jungsmütter können unsere Kinder nur schwer akustisch aus der Familie ausgliedern und müssen deshalb mit dem Kieks-Brummen leben.

Der Bartwuchs

Einen wichtigen Entwicklungsschritt von der Jungsmama zur Männermutter stellen das Entdecken und der Umgang mit Gesichtsbehaarung dar. Oft kommt es genau hin, dass wir diese bei uns selbst zur gleichen Zeit erstmals vorfinden. Darum haben wir mit dem Thema Bartwuchs doppelt zu tun. Wird unser Kleiner nun zum Mann? Werden wir jetzt selbst zu einem? Während wir uns ein wenig verschämt eine gute Pinzette zulegen, feiert der Nachwuchs diesen Meilenstein in seinem Erwachsenwerden. Die erste Rasur wird daher gern unnötig früh vollzogen, wenn es außer einem zarten Flaum auf der Oberlippe noch nichts zu trimmen gibt.

Meine Freundin Petra erreichte aus dem vierwöchigen Englandaufenthalt ihres Dreizehnjährigen nur eine einzige Nachricht, die da lautete: »Mama, darf ich mir einen Rasierer kaufen?«

Die erste Freundin

Als unsere Söhne sehr klein und unaushaltbar knuffig waren, wollten sie uns Mütter heiraten. Natürlich haben wir das mit einem »Ach wie süß«-Lächeln und einer »Kann man ja nicht ernst nehmen«-Handbewegung kommentiert, aber insgeheim hat es uns schon geschmeichelt. Immerhin war man offensichtlich auch bei der nächsten Generation noch voll angesagt.

Und plötzlich? Ist alles anders! Wir sind ihnen peinlich. Sie gehen auf Distanz. Und verlieben sich früher oder später in eine andere. Natürlich ist das gut und richtig so. Aber wir Mütter müssen diesen Entwicklungsschritt fremdbestimmt durchmachen, denn er wartet nicht, bis wir von uns aus dazu bereit sind, sowieso ein wenig Zeit für uns selbst brauchen und spielend loslassen können, sondern er tritt ein, wenn der Hormonhaushalt des Nachwuchses auf Paarung steht. Ja, das ist heftig. Doch auch dieses Stück Weg hin zur Männermutter werden wir irgendwie entlangstolpern.

Der Führerschein

Als Mutter hat man lange Jahre ziemlich viel Kontrolle über das Leben des eigenen Sohnes. Man weiß meist genau, wo er sich aufhält, allein deshalb, weil man ihn eigenhändig dorthin chauffiert hat. Das ändert sich natürlich abrupt, wenn er den Führerschein macht. (In Großstädten, in denen hauptsächlich »öffentlich« gefahren wird, verhält sich das ein wenig anders, da passiert dieser Entwicklungsschritt einfach dann, wenn ihr Sohn seine eigene Jahreskarte erhält.) Mit Erreichen der autarken Mobilität löst sich Ihr Junge noch ein weiteres großes Stück von Ihnen. Zum

Trennungsschmerz wird eine gehörige Portion Sorge hinzukommen, ob er wirklich alle Verkehrsregeln beherrscht, ob er den Weg kennt und ob er hoffentlich immer nüchtern bleibt. Ein sehr, sehr schwieriger Schritt im Werdegang einer Mutter. Erst wenn Sie auch hier eine gewisse Gelassenheit an den Tag legen, haben Sie ihn geschafft.

Der Schulabschluss

Wie schon von Heike gehört: Mädchen tun sich in unserem Schulsystem meist leichter. Der größere Prozentsatz der Sitzenbleiber und Schulabbrecher ist männlich. Für Jungsmütter heißt das: verstärkte Mitarbeit, damit der Nachwuchs das Abi/den Realschul-/Hauptschulabschluss hinbekommt. Hält unser Sohn endlich das Zeugnis in der Hand, können wir durchatmen, denn es ist vollbracht: *Wir* haben die Schule geschafft! Unsere Buchvorstellungen, Baumtagebücher und Erdkunde-Projekte haben überzeugt, wir dürfen uns zurücklehnen und warten, bis die männlichen Enkel so weit sind und Rundumhilfestellung benötigen.

Die Berufswahl

Früher war die Welt ja relativ einfach und der Lauf der Dinge für eine Jungsmutter vorhersehbar: Ein Sohn übernahm das Geschäft beziehungsweise den Stand des Vaters, einer wurde Arzt, Anwalt oder erlernte ein solides Handwerk und einer ging ins Priesterseminar oder zum Militär. Heute jedoch sprengen die Möglichkeiten, was aus den geliebten Rackern werden kann, unsere Vorstellungskraft. Das bringt für uns Jungsmütter eine gewisse Unsicherheit mit sich. Wir wollen aus tiefstem Herzen immer an sie glauben und überzeugt davon sein, dass sie ihren Weg machen. Aber ab und zu, wenn sie sich als Heranwachsende wirklich dumm anstellen, kommen uns Zweifel. Diese Momente gehen meist schnell vorbei und dann stehen wir wieder stramm hinter ihnen, doch es gibt sie – da brauchen wir uns nichts vorzumachen.

Solang sie ganz klein sind, träumen sie davon, Astronaut, Spion oder Lokführer zu werden. Diesen Zukunftsperspektiven spenden wir gerührt Applaus, wissen wir ja mit Sicherheit, dass sie sich noch etliche Male ändern. Im Grundschulalter gestalten sich die Pläne schon etwas interessenspezifischer, beschäftigen sich aber noch nicht mit der Frage, ob man mit ihrer Hilfe wirklich satt und glücklich wird. Diese Phase, in der sie Schauspieler, Profisportler oder YouTuber werden wollen, wird in der Pubertät von einer schrecklichen Null-Bock-Periode abgelöst. »Warum soll ich das alles lernen?«, wird pausenlos gefragt, und die Jungsmutter schwitzt beim Erklären, weshalb man zum Beispiel die Quadratkilometerzahl sämtlicher europäischen Länder pauken sollte, wenn man diese doch auch jederzeit googeln kann.

Schließlich folgen die Rätseljahre, in denen unsere Söhne zwar wissen, dass aus ihnen etwas werden muss, sie aber nicht wirklich in der Lage sind, sich irgendwie festzulegen. Bei manchen dauert dieser Zeitraum ein wenig länger und sie satteln in der Ausbildung ein paarmal um. Diese Phase erfordert unendlich viel Langmut von der Jungsmutter, der jedoch fast immer belohnt wird. Seit dem ersten »Mama« hat Ihr Sohn so umfangreich dazugelernt, dass Sie darauf vertrauen können: Am Ende wird er sein Leben meistern. Und das verdankt er auch ein großes Stück weit Ihnen!

27. Mini-Glossar: Endlich verstehen, wovon Ihr Sohn spricht

Sie werden Jungsmutter und wollen sich in das Thema einlesen? Oder Sie sind schon Jungsmutter und verstehen von dem, was Ihr Sohn so redet, nur die Hälfte?

Wir dachten, wir helfen Ihnen mit einem Mini-Lexikon ein wenig weiter (wobei wir natürlich keinen Anspruch auf Vollständigkeit erheben).

Android

Das ist die Bezeichnung für ein Maschinenwesen oder einen Roboter, der einem Menschen täuschend ähnlich sieht und sich auch menschenähnlich verhält. Vor allem in Film und Fernsehen sind Androiden beliebt. Sie kommen zum Beispiel vor in: *Terminator*, *Star Trek*, *Metropolis*, *Blade Runner*.

Anime

So werden in Japan produzierte Zeichentrickfilme bezeichnet. Auch die Serien *Biene Maja* oder *Wickie und die starken Männer* aus unserer eigenen Kindheit fallen unter diese Kategorie. Der Begriff bildet das Pendant zum Manga, dem japanischen Comic.

Avatar

Hierbei handelt es sich um eine künstliche Person oder eine Grafikfigur, die einem Internetnutzer (zum Beispiel in einem Computerspiel) in einer virtuellen Welt zugeordnet wird. Im Film *Avatar – Aufbruch nach Pandora* aus dem Jahr 2009 werden künstlich hergestellte blaue Lebewesen mittels Bewusstseinssteuerung auf den Mond Pandora geschickt.

Axe
Unter dieser Marke des Konzerns Unilever werden Deodorants, Aftershaves und Duschgele für Männer produziert, wobei im Marketing stark auf die gesteigerte Beliebtheit des Anwenders beim weiblichen Geschlecht gesetzt wurde (»unlimited female attention«). Wohl aus diesem Grund finden die Produkte vor allem bei männlichen Heranwachsenden eine umfangreiche Käuferschaft.

Beats
Beats Electronics ist ein amerikanischer Hersteller von Audiotechnik. Das Unternehmen produziert hauptsächlich Kopfhörer. Im Jahr 2014 kaufte Apple die Firma. Beats werden von jungen Leuten nicht nur wegen ihrer Soundqualität gekauft, sondern zum Teil auch als reines Modeaccessoire getragen.

Bob der Baumeister
Diese Fernsehserie mit animierten Figuren kommt aus Großbritannien (*Bob the Builder*) und existiert seit 1999. Mittlerweile wird sie in über hundert Ländern ausgestrahlt. Eine Folge dauert circa zehn Minuten und ist somit auch für sehr kleine Kinder geeignet. Hauptakteure sind Baumeister Bob, seine Partnerin Wendy und unzählige sprechende, etwas neurotisch wirkende Fahrzeuge und Geräte.

Bottle Flip

Auf Deutsch würde man dieses Spiel wohl am ehesten »Flaschensalto« nennen. Dabei wird versucht, eine zu etwa einem Drittel gefüllte Plastikflasche so rotieren zu lassen, dass sie eine 360-Grad-Drehung vollführt und danach auf dem Flaschenboden landet. Nachdem ein Video dieses Tricks viral ging, entwickelte sich der Bottle Flip zum Internet-Phänomen.

DC-Schuhe

Produkte von DC Shoes sind vor allem in der Skaterszene beliebt. Die Schuhe zeichnen sich durch dicke, breite Sohlen aus, die sich beim Fahren mit dem Board nicht so schnell abnutzen. DC sponsert auch Profis wie Danny Way, der 2003 zwei Weltrekorde auf dem Skateboard aufstellte. Die Firma wurde mittlerweile von Quiksilver (produziert Mode für diverse Outdoorsportarten) übernommen.

Ego-Shooter

In dieser Kategorie von Computerspielen agiert der Bediener aus seiner eigenen Perspektive heraus in einer frei begehbaren, dreidimensionalen Welt und richtet Schusswaffen auf einen Gegner. Die vom Spieler gelenkte Figur ist menschlich oder menschenähnlich. Im englischen Sprachraum heißen solche Games »first-person shooter«.

Feuerwehrmann Sam

Dabei handelt es sich um eine walisische Animationsserie fürs Fernsehen, die ab 1985 produziert wurde. Sie ist seither ein absoluter Dauerbrenner für kleine Jungs. Im Mittelpunkt stehen Berufsfeuerwehrmann Sam und die Feuerwache im fiktiven Dorf Pontypandy. Zielpublikum sind Kinder zwischen drei und sechs Jahren. Die Serie wurde bisher in vierzig Ländern ausgestrahlt.

Fidget Spinner

»Fidget« kommt aus dem Englischen und bedeutet »Unruhe, Zappelphilipp«, »to spin« steht für »wirbeln, kreiseln«. Dieses Spielzeug besteht aus einem handtellergroßen Gehäuse mit Flügeln und einem mittig platzierten Kugellager. Vor allem 2016/17 gab es weltweit einen großen Hype um dieses Ding, der zeitweise sogar zu Lieferengpässen führte. Varianten davon sind zum Beispiel der Fidget Cube oder der Think Ink Pen.

FIFA

Die Fédération Internationale de Football Association ist ein privater Verband, der den Weltfußball kontrolliert. Dieser Verein organisiert die Männer- und die Frauenfußball-WM. Die Bezeichnung FIFA steht auch für Fußball-Sportsimulationen für Konsolen.

Freekickerz

Unter diesem Namen findet sich bei YouTube seit 2010 ein Kanal, der sich auf das Thema Fußball spezialisiert hat. Er ist mit über sechs Millionen Fans der meistabonnierte deutsche Kanal der Videoplattform. Gegründet wurde er von einem Studenten aus Altenriet. Besonders beliebt sind die dort zu findenden »Challenges«, bei denen sich das free-kickerz-Team mit internationalen Fußballstars (zum Beispiel im Elfmeterschießen) duelliert.

Gregory Heffley

Greg ist die Hauptfigur der Bücherreihe *Gregs Tagebuch* (Original: *Diary of a Wimpy Kid*) von Jeff Kinney. Der Autor selbst bezeichnet sie als Comicromane, weshalb sich diese Bände besonders bei lesefaulen Kindern großer Beliebtheit erfreuen. Greg ist elf Jahre alt und steht vor den Schwierigkeiten in der Junior-Highschool. Er findet, dass man Erwachsene eigentlich nicht ernst nehmen kann. Seine Art, den Alltag eines Elfjährigen zu sehen, bietet sowohl Identifikationspotenzial als auch Anregung für kritische Selbstreflexion für Gleichaltrige.

GTA

Grand Theft Auto (englisch für »schwerer Kraftfahrzeugdiebstahl«) ist eine Computerspielserie. Es geht um einen meist männlichen Protagonisten, der in einer amerikanischen Großstadt kriminelle Aufträge ausführt. Die Handlung und die Gestaltung des Spiels gehen dabei eher in eine satirisch-humoristische Richtung, nichtsdestotrotz wird die Serie aufgrund der teilweise gewalttätigen Inhalte oft kritisiert.

Inspector Gadget

Diese Zeichentrickserie über einen unbeholfenen, stets geistesabwesenden Polizeiinspektor wurde in den Achtzigerjahren produziert. Er geht mithilfe allerhand technischer Geräte (= Gadgets), die in seinen Körper und in seine Kleidung eingebaut sind, auf Verbrecherjagd.

Julien Bam

Der in Aachen geborene Halbsingapurer ist mit mehr als fünf Millionen Abonnenten einer der erfolgreichsten deutschen YouTuber. Seine Videos beschäftigen sich vor allem mit Fotografie, Tanzen, Musik und Lifestyle.

Katja Krasavice

Diese YouTuberin erstellt Clips zu den Themen Lifestyle und Sexualität. Dabei stechen in erster Linie ihre operativ vergrößerten Brüste, ihr aufreizender Bekleidungsstil und ihr stark geschminktes Gesicht ins Auge. Zielpublikum sind Zuschauer im Alter von sechzehn bis fünfundzwanzig Jahren. Vor allem junge männliche Fans schenken ihrem YouTube-Kanal wegen ihrer wiederholten Ankündigung, sich vor der Kamera auszuziehen oder Nacktbilder zu verschicken, viel Beachtung.

Let's Plays

In diesen Clips werden Computerspiele gezockt und live kommentiert. Zu sehen ist meist der Bildschirm des Gamers, der oft auch selbst in einer Ecke eingeblendet wird. Im Vordergrund steht nicht das Durchspielen eines Spiels, sondern eher das individuelle Erlebnis. Mitunter werden auch schwierige Spielsequenzen wie in einer Anleitung erklärt. Der Braunschweiger Gronkh wurde durch solche Videos berühmt. Eine Zeit lang war er der meistabonnierte YouTuber Deutschlands. Er hat derzeit etwa 4,8 Millionen Abonnenten.

Longboard Tour

2014 machten die YouTuber Simon Unge, Dner, Cheng Loew und Julien Bam (alle in ihren Zwanzigern) eine Tour auf dem Longboard quer durch Deutschland. Sie fuhren 1400 Kilometer von Sylt bis zum Schloss Neuschwanstein. Während der Reise wurden die vier von einem *stern-TV*-Team begleitet. Seitdem ist das Fahren auf Longboards im deutschsprachigen Raum sehr beliebt.

Marvel versus DC Superhelden

Marvel und DC sind amerikanische Comicverlage. Ihre Superhelden-Schöpfungen wurden nicht nur in Heften, sondern auch in Filmen verewigt. Zu den Marvel-Erfindungen gehören: Spiderman, Hulk, Captain America, Iron Man, Thor, Ant-Man und einige mehr. DC-Figuren sind unter anderem: Superman, Batman, Aquaman, The Flash, Wonder Woman und Green Lantern. Marvel wurde mittlerweile von Disney und DC von Warner übernommen. Als Mutter von Jungs sollte man niemals den Fehler begehen, in diesem Fachbereich etwas zu verwechseln!

Meme

Internetphänomene werden auch Meme genannt. Dabei wird ein Foto, ein Link, ein Text oder ein Video viral verbreitet. Berühmte Beispiele sind: die schlecht gelaunte Katze Grumpy Cat, das faustreckende Success Kid und die bewusst falsche Version von »Ich bin's« – »I bims«.

Minecraft

Dieses Computerspiel des schwedischen Programmierers Markus »Notch« Persson (Firma Mojang) erschien 2009 für den PC. Der Gamer kann Konstruktionen aus würfelförmigen Blöcken in einer 3-D-Welt bauen. Es gibt den »Überlebensmodus« und den »Kreativmodus«. 2014 wurde das Spiel für 2,5 Milliarden Dollar von Microsoft übernommen. Minecraft ist eines der meistverkauften Videospiele weltweit.

Mod

Eine Mod ist eine meist kostenlose erstellte Erweiterung oder Veränderung eines Computerspiels. Oft wurde sie von einem Hobby-Spieleentwickler veröffentlicht.
In Internetforen steht »mod« für Moderator.

NBA

Die National Basketball Association ist die Basketball-Profiliga in Nordamerika. Sie besteht aus dreißig Mannschaften.

Need for Speed

NFS ist eine Autorennspiel-Serie. Während in anderen vergleichbaren Games meist fiktive Fahrzeuge zu sehen sind, waren hier schon früh reale Wagen mit Herstellerlizenz eingebunden, was das Spiel für Autofreaks zum absoluten Muss macht. Gespielt werden kann NFS auf der Xbox, der PlayStation und auf jedem Windows PC.

NFL

Die National Football League ist eine US-amerikanische Profiliga im American Football. Gespielt wird in siebzehnwöchigen Seasons, in denen jedes der zweiunddreißig Teams sechzehn Spiele bestreitet. Danach treten die besten in den Play-offs um den Meistertitel an. Höhepunkt ist der jährliche Super Bowl im Februar. Mit dreizehn Milliarden US-Dollar pro Jahr ist die NFL die umsatzstärkste Sportliga der Welt.

Ninjago
Das ist eine animierte Action-Fernsehserie für Kinder, in deren Mittelpunkt sechs Lego-Ninja-Figuren stehen. Produziert wurde die Serie ab 2011 in Dänemark. Sie ist mit über siebzig Folgen die am längsten laufende Lego-TV-Reihe.

Nintendo
Dieser japanische Hersteller von Videospielen und Spielekonsolen wurde vor allem durch den Game Boy und den Nintendo DS weltweit bekannt. Auch die Wii stammt aus diesem Haus. Die berühmtesten Spiele der Firma sind: Super Mario, Donkey Kong und Pokémon.

PlayStation
Diese Spielekonsole des Unternehmens Sony wurde ab 1994 hergestellt. Sie ist die am häufigsten genutzte Heimkonsole überhaupt.

Prank
Unter diesem Anglizismus versteht man das, was wir Oldies allgemein als »Streich« bezeichnen. Es sind eher kleine Handlungen, um jemanden zu ärgern, die zwar keine strafrechtlichen Konsequenzen nach sich ziehen, oft aber die Grenzen des guten Geschmacks überschreiten. Etwa ein mit Zahnpasta gefüllter Keks, ein Hundehaufen aus Plastik

auf dem Küchentisch oder ein gefüllter Wassereimer auf einer nur einen Spaltbreit geöffneten Tür.

TeamSpeak

Hierbei handelt es sich um eine Sprachkonferenzsoftware, die zur parallelen Nutzung bei Onlinespielen verwendet wird. Mit diesem Hilfsmittel können sich die Gamer mit anderen Usern desselben Spiels unterhalten. Das verleiht dem allgemein als einsiedlerisch angesehenem Zocken durchaus einen sozialen Aspekt, birgt aber natürlich auch Gefahren (nicht immer kennen die Kids alle beteiligten Personen). Regelrecht zum Meme wurden Audioaufnahmen von ahnungslosen Müttern, die ins Jungszimmer platzen und schimpfen.

TopGear

Dieses Automagazin gilt als die erfolgreichste Sendung der BBC. 2005 gewann es den internationalen Emmy für die beste Entertainmentshow. Weltweit folgen dem Format bis zu 350 Millionen Zuschauer, wenn dort neue Automodelle vorgestellt werden.

Unboxing

Der Begriff kommt aus dem Englischen von »to unbox« für »auspacken« und entstammt der Netzkultur. In YouTube-Videos wird gezeigt und kommentiert, wie eine Person ein Produkt aus der Verpackung nimmt und vorstellt. Werden weiblich besetzte Waren wie Kosmetik, Kleidung und Accessoires ausgepackt, wird das eher »Haul-Video« genannt.

WWE

World Wrestling Entertainment ist ein Medienunternehmen, das vor allem für die Veranstaltung von Wrestling-Shows und TV-Events bekannt ist. Bei dieser Schaukampf-Sportart steht der Sieger schon vor dem Match fest, und auch der Ablauf wird in Storylines zuvor auf größtmöglichen Unterhaltungswert getrimmt.

Xbox

Neben Nintendo und Sony entwickelte auch Microsoft eine Spielkonsole. Anfangs war sie wesentlich teurer als die Geräte der Konkurrenten und verkaufte sich deshalb sehr schlecht, bis der Preis auf das Niveau vergleichbarer Produkte gesenkt wurde. Der jetzt auf dem Markt erhältliche Nachfolger heißt Xbox 360, mit ihm sind nun auch Onlinespiele möglich.

28. »Vor dem Sport noch eben duschen« – über Schmutzfinken, die urplötzlich einen Waschzwang entwickeln

Jungs lieben Dreck! Je matschiger es ist, desto mehr Spaß haben sie.

Ich erinnere mich noch an jenen Nachmittag vor rund fünfunddreißig Jahren, an dem mein Bruder vom Spielen nach Hause kam – einen Ast in der Hand wie eine Sankt-Martins-Laterne. Nur dass daran kein Lampion baumelte – stattdessen steckte die Spitze des Stocks in einem medizinballgroßen Lehmklumpen.

»Wo sind denn deine Schuhe?«, war das Erste, was unserer Mutter nach einem kurzen Moment der Sprachlosigkeit einfiel.

»Der eine ist irgendwo dadrin«, erwiderte mein Bruder seelenruhig und deutete auf den Matschklumpen, »den anderen finden wir nicht mehr.«

Irgendwie hat Schmutz eine besondere Anziehungskraft auf Jungs. Und man fragt sich, wie aus dem herrlich nach Babypuder und Kindercreme duftenden Säugling bloß so ein Schmutzfink werden konnte. Ob er es wohl schafft, sich eines Tages in einen sauberen, gut riechenden jungen Mann zu verwandeln? Man wagt kaum, darauf zu hoffen. Obwohl die Statistik dafürspricht. Schauen Sie sich die Herren in den Vorstandsetagen nur an, die Bänker und Politiker, die Staatsanwälte und Studienräte, die Manager und Chirurgen: Sie alle waren einst Dreckspatzen erster Güte und haben damit ihre Mütter zur Verzweiflung – oder zum Lachen – gebracht. Ich rate daher: Bleiben Sie cool. Auch die Ferkel-Phase geht vorbei. Die Verwandlung vollzieht sich fast unmerklich, doch es gibt Hinweise ...

Die fünf Stufen der Entwicklung
vom Schmutzfink zum Saubermann

1. Baden? Ja, gern. Waschen? Och nö ...

Sie kennen das – erst bekommt man den vor Schmutz starrenden Knaben nicht hinein in die Badewanne und dann das zappelnde, glitschige, völlig aufgeweichte Kerlchen nicht mehr heraus. Woran liegt's? Ganz klar – an den Spielsachen. Nur mit der Aussicht auf Schwimmbuchstaben, Plastikboote, Entchen, Fische und wasserdichte Bilderbücher kann man sie von Ritterburg oder Legoraumschiff weglocken. Es ist erstaunlich, wie lang sie sich im Wasser aufhalten können, ohne dabei viel sauberer zu werden. Doch ein Waschlappen gehört eben nicht zu ihren Lieblingsutensilien. Sätze wie »So, jetzt noch Ohren, Hals und Füße waschen« lösen entsprechend schrilles Protestgeschrei aus ...

2. Haare waschen – ein klassisches Drama

Was im Babyalter noch prima geklappt hat, ist irgendwann aus rein technischen Gründen nicht mehr möglich: das Haarewaschen während des Badens. Das unvermeidliche Gezappel und Gespritze verwandelt das Badezimmer in ein

Überschwemmungsgebiet, und das Geschrei (Ihres und seines) ist für die Nerven eine unzumutbare Belastung. Katastrophenalarm! Früher oder später wird daher entweder zum selbstständigen und freiwilligen Haarewaschen unter der Dusche übergegangen oder zu der Variante kopfüber am Badewannenrand. Mit schützendem Handtuch vor den Augen, das aber nicht verhindern kann, dass der Zappelphilipp Wasser in die Ohren bekommt. Hinterher sind Sie dann so geschafft, dass Sie selbst eine Dusche nötig hätten. Zum Glück produzieren die kleinen Racker vor der Pubertät noch nicht so viel Talg und Schweiß, sodass diese Prozedur nicht täglich stattfinden muss.

3. Von den Knien abwärts duschen, reicht doch auch

Mit den Jahren wächst die Einsicht, dass die Schmutzpanade, die man sich beim Spielen und Toben im Dreck zugelegt hat, wieder ab muss. Spätestens vor dem Schlafengehen. Nicht weil man das als Zehnjähriger für nötig befindet, sondern weil man die Erfahrung gemacht hat, dass die nervigen Erwachsenen sonst keine Ruhe geben. Jungs sind da pragmatisch. Aber sie diskutieren auch gern. Zum Beispiel darüber, wie ausführlich die Säuberungsaktion sein muss. Nach einem Fußballspiel bei Regen auf Hartplatz beispielsweise müsste es doch genügen, das Stück Haut zwischen Hose und Stutzen zu waschen – also quasi die Knie. Am besten, Sie bereiten sich auf derartige Gespräche mit guten Argumenten vor, sonst sind Sie womöglich von der Jungslogik so verblüfft, dass Ihnen keine Antwort einfällt.

4. Mama, ich muss noch zum Drogeriemarkt

Und dann kommt der Moment, in dem Sie das Rauschen der Dusche hören, ohne dass Sie vorher mehrmals dazu aufgerufen hätten. Kaum zu fassen: Der Sohnemann duscht freiwillig. Von selbst. Und das ausführlich … Die Menge des Duschgels, das in Ihrem Haushalt verbraucht wird, verdoppelt sich schlagartig. Betreten Sie anschließend das Badezimmer, haben Sie das Gefühl, in eine Dampfsauna geraten zu sein, in der eine Dose Deospray explodiert ist.

Wundern Sie sich nicht, wenn Ihr Sohn Sie bei nächster Gelegenheit bittet, einen Umweg zum Drogeriemarkt zu machen. Er muss sich nämlich eindecken! Mit Männer-Duschgel (selbstverständlich kann er Ihres nicht länger verwenden), Deo »for men« und bald auch mit Rasierschaum, Klingen und Herrenparfüm.

Herzlichen Glückwunsch! Die Verwandlung hat endgültig begonnen. Sie werden Ihren Sohn in den nächsten Jahren riechen, noch bevor Sie ihn sehen oder hören.

5. Ungeduscht geht er nicht mal zum Mülleimer!

Der übermäßige Körpergeruch, der in der Pubertät entsteht, normalisiert sich mit der Zeit wieder, ebenso der übertriebene Verbrauch an Körperpflegeprodukten. Und irgendwann ist die Metamorphose abgeschlossen: Der kleine Dreckspatz hat mit Umweg über den Wasserplanscher, den Haarwäscheverweigerer, den Minimalhygieniker und den Maximalduftverströmer das Ziel erreicht und ist nun ein junger Mann, der Leib und Haare regelmäßig, vollständig, freiwillig und komplett reinigt. Mit einer angemessenen Menge an Duschgel und Shampoo.

Das morgendliche Duschritual ist eines Tages nicht mehr

optional, sondern Grundvoraussetzung für jegliche weitere Aktivität. Sollten Sie ihn also bitten, mal eben den Müll rauszubringen, den Hund Gassi zu führen oder Frühstücksbrötchen zu holen, wundern Sie sich nicht über die Standardantwort: »Muss erst noch duschen.«

Übrigens sogar vor dem Sport. Wenn Sie dann vorschlagen, das doch anschließend zu tun, wird er Sie womöglich anschauen, als hätten Sie vorgeschlagen, sich zur Hautpflege in Schlamm zu wälzen. Denn selbstverständlich duscht sich der junge Mann sowohl vor als auch nach dem Training. Ganz gleich, wie unnötig Sie das finden. Da hat er nun mal seine Prinzipien.

Wie viel Sauberkeit muss sein?

Jungs bis etwa elf Jahre sollten ein- bis zweimal pro Woche duschen bzw. baden und die Haare waschen – es sei denn, sie sind vom Herumtoben extrem verschwitzt, waren schwimmen oder haben sich beim Spielen so richtig dreckig gemacht. (Was womöglich täglich passiert.)

Zur Körperreinigung gehört natürlich auch die Penishygiene – ein Thema, bei dem wir Jungsmütter nicht auf eigene Erfahrungen zurückgreifen können. Es ist wichtig, zu wissen, dass die Vorhaut Ihres Sohnes in den ersten Lebensjahren noch keine spezielle Pflege braucht – mit lauwarmem Wasser abspülen ist völlig ausreichend. Sie sollte auf keinen

Fall mit Gewalt weiter zurückgeschoben werden, als es problemlos geht, denn das verursacht Verletzungen. Die Verklebung der Vorhaut löst sich bis zur Pubertät von allein, und danach lässt sie sich ganz leicht zurückschieben.

In diesem Alter können Jungs ihre Penishygiene selbst übernehmen – am besten beim Duschen, das dann ohnehin täglich stattfinden sollte, denn in der Pubertät werden die Haare fettiger, die Schweißdrüsen produzieren auf Hochtouren und die Duftdrüsen gesellen sich dazu.

Während dieser Lebensphase ist der Körpergeruch der Jugendlichen oft extrem … streng. Um nicht zu sagen: unerträglich. Aber wie so vieles reguliert sich auch das bald wieder auf ein Normalmaß. Bis dahin heißt es: flach atmen und Tee trinken!

29. »Wetten, ich kann lauter furzen?« – über die Erziehung zu echten Gentlemen

Mein Sohn behauptet immer, er sei deshalb so kerngesund, weil er sich selten wasche. Nun, das mag wohl sein, aber graue Knie, ein schokoverschmierter Mund und Stinkefüße gehören trotzdem nicht zum guten Ton, nicht wahr? Womit ich auch schon beim Thema wäre.

Viele von uns Frauen (und vielleicht sogar insbesondere Jungsmütter) haben eine Schwäche für Bücher und Verfilmungen von Jane Austen, Elizabeth Gaskell und Co. Klar, die BBC hat bei der Besetzung von Mr. Darcy und Mr. Thornton ins Schwarze getroffen. Aber es sind nicht nur Colin Firth und Richard Armitage, die unsere Herzen höherschlagen lassen. Bei der von ihnen perfekt dargebotenen erlesenen Wortwahl, ihrem gepflegten Äußeren, ihrer unumstößlichen Contenance und ihren formvollendeten Manieren geraten wir unweigerlich ins Schwärmen.

Ihr Verhalten bietet einen wunderbaren Kontrast zu dem, was uns im Alltag dauernd umgibt: schallendes Gelächter über extra laut rausgepresste Fürze, durch Rülpser intonierte Songtexte, touretteartig geschmetterte F-Wörter und bei Tisch erzählte Genitalwitze. Jungs unter sich (die Anwesenheit der Mutter wird gern großzügig übersehen) lieben schlechtes Benehmen, ja, halten es sogar für guten Humor. Petra sagte über ihre vier Söhne unlängst:

»So alt können die gar nicht werden, dass sie das alles nicht mehr lustig finden!«, und schielte dabei unauffällig in Richtung ihres Mannes.

Es scheint in vielen Familien ähnlich zuzugehen. Deshalb ist es mir ein Anliegen, dem Thema »Manieren« ein eigenes Kapitel zu widmen, auch wenn das merkwürdige Verhalten von Jungs schon hie und da in diesem Buch angeklungen ist. Doch zuallererst Hand aufs Herz: Wollen wir unsere Söhne zu lauter Mr. Darcys heranziehen?

Die Vorstellung kommt ganz verlockend daher, hält aber näherer Betrachtung nicht stand. Neben meiner Freundin Marie wohnt ein Junge, der von einer uralten Tante mit blauem Blut und verstaubten Ansichten großgezogen wird. Wenn er jemanden begrüßt, macht er einen Diener, erkundigt sich nach dem Befinden der Frau »Mamaaa« und steht dann stocksteif mit Händen an der Hosennaht da, während sein Gegenüber antwortet. Mit seiner antiquierten Art erheitert er zwar sein gesamtes Umfeld, doch als Vorbild für Gleichaltrige wird er wohl nie gelten.

Allzu schnell erkennt man, dass einige Verhaltensmuster, die bis vor ein oder zwei Generationen noch als das A und O der Wohlerzogenheit galten, in unserer modernen Welt nichts mehr taugen. Denn wenn exquisite Manieren nicht natürlich wirken und in die Umgebung passen, verwandeln sie sich unverzüglich in die reinste Lachnummer. Was bei Mr. Darcy und Mr. Thornton edel wirkt, würde in der Goethe-Gesamtschule eines Herrn Müller dazu führen, gemobbt zu werden. Man tut seinen Kindern also sicher nichts Gutes, sie in diese Richtung zu drillen.

Ich habe den zehnjährigen Sohn meiner Nachbarin gestern in Hinblick auf dieses Kapitel angesprochen:

»Wie siehst du das? Welches Benehmen muss ein junger Mann heutzutage beherrschen?«, erkundigte ich mich.

»Man sollte nicht furzen, die Ellbogen bei Tisch nicht aufstützen und immer brav aufessen. Außer du bist in China. Da darfst du nicht aufessen. Sonst tun sie dir noch mehr auf den Teller. Sie hören erst auf, wenn du etwas stehen lässt. Egal, ob du vorher geplatzt bist oder nicht. Ist meiner Oma passiert.«

»Okay. Und warum stützt du dann deine Ellbogen beim Essen auf? Und deine Mama hat mir erzählt, dass du auch gern mal extra laut furzt«, bohrte ich nach.

»Weil ich noch Junggeselle bin.«

In unserem Bekanntenkreis gibt es eine Familie, in der die Kinder bei jedem Zusammentreffen mit anderen Menschen deutlich vernehmbar darauf hingewiesen werden, dass sie die Hand geben und beim Grüßen ihrem Gegenüber in die Augen schauen sollen. Für alle Beteiligten ist das eher unangenehm: Der Nachwuchs reagiert peinlich berührt und streckt einem dann unter sichtbaren Qualen die verkrampften Finger entgegen. Ob sie dem zu Begrüßenden dabei auch noch wie gefordert in die Augen sehen, kann ich nicht sagen, weil ich mich immer so unwohl fühle, dass ich wegschauen muss. Treffe ich zufällig einen von ihnen auf der Straße, tue ich immer so, als würde ich sie nicht bemerken. Nur damit sie nicht gezwungen sind, das für sie offensichtlich so grauenvolle Ritual zu vollziehen. Ich finde aufgesetzte Höflichkeit richtig schlimm. Bevor sich jemand beim Händeschütteln vor Unbehagen windet, soll er es bitte bleiben lassen. Ein nettes, von Herzen kommendes »Hallo« tut es heutzutage wirklich auch.

Andere Bekannte von uns fallen hingegen als Nichtgrüßer auf. Sie betreten einen Raum und sind dann einfach da. Es ist mir schon öfter passiert, dass ich ihr Auftauchen gar nicht registriert und mich gefragt habe, wann sie eigentlich dazugestoßen sind. Ihre Kinder tun es ihnen – o Wunder – gleich. Wenn sie hereinschneien, fragen sie ohne Umschweife nach einem Stück Kuchen. Das finde ich genauso befremdlich wie das erzwungene überhöfliche Begrüßen. Wie so oft erscheint also der Mittelweg empfehlenswert.

Mit Söhnen mag die Erziehung zu gutem Benehmen oft noch einmal eine etwas härtere Nummer zu sein als mit Mädchen. Ich habe darüber nachgedacht, warum das so ist, und festgestellt, dass wiederum das gesellschaftliche Rollenbild schuld daran sein könnte. In Film und Fernsehen sind es oft die coolen Typen (danke, Amerika!), die beim Essen richtig reinmampfen, die Zähne wie ein Raubtier in den Hamburger hauen und dann auch noch mit vollem Mund sprechen. Wenn sie mal nicht mit der Nahrungsaufnahme beschäftigt sind, fluchen sie – und zwar nicht gerade mit »Blöder Mist!« oder Ähnlichem, sondern mit den extra harten Sprüchen, die ich hier gar nicht aufzuschreiben brauche, weil sie sowieso nie durchs Lektorat gingen.

Wie wollen wir also von unseren Jungs erwarten, dass sie sich von so einem Verhalten distanzieren? Dass man da aufgrund dieser Gegebenheiten gewisse Abstriche machen muss, habe ich als Jungsmutter schon sehr früh gelernt.

Als Max vier wurde, bläute ich ihm vor seiner Kinderparty ein, dass er sich für jedes Geschenk artig bedanken solle.

»Nicht einfach aufreißen, ja?«, bat ich ihn.

»Ist gut, Mama. Aber bei den Jungs sage ich ›Danke, Alter!‹, okay?«

Kurz darauf fand im Kindergarten Spielzeugtag statt. Die Kinder durften ihre Lieblingsteile von zu Hause mitbringen. Es war am Morgen, und wir befanden uns gerade in der Garderobe, als der kleine Martin einen Bagger neben meinem Sohn abstellte.

»Was ist denn das für ein Scheiß?«, fragte mein Sohn abfällig.

»So etwas sagt man doch nicht!«, wies ich ihn erschrocken zurecht.

»Ich meinte natürlich ›cooler Scheiß‹«, stellte er schnell klar.

Was die Tischmanieren angeht, habe ich den Kindern zu verstehen gegeben, dass es mir nicht so wichtig ist, wie sie zu Hause essen, solange sie sich auswärts zu benehmen wissen. Zu gut habe ich noch in Erinnerung, wie anstrengend es war, nach einem langen Schultag daheim nicht einmal den Ellbogen aufstützen zu dürfen. Gerade im Wachstum stimmt ja oft das Gewicht-Muskel-Verhältnis der Gliedmaßen nicht. Und da ist so eine Tischkante schon recht hilfreich.

Ich würde nun gern berichten, welch fantastische Erfolge wir mit dieser großzügigen Erziehungsvariante zu verbuchen haben. So ist es aber leider nur bedingt. Ja, unsere zwei wissen grundsätzlich, in einem schönen Restaurant die Etikette zu wahren. Und ja, es gibt trotzdem Probleme damit. Denn wann immer sie irgendwo beginnen, sich wie zu Hause zu fühlen, geht das Benehmen flöten. Indirekt proportional zu ihrer Entspannung verkrampfe ich mich, weil ich sie pausenlos zurechtweisen muss. »Bitte nicht so dasitzen, als würdest du gleich in den Teller fallen!« Oder: »Benutze die Serviette!« Oder, das Highlight: »In einem Lokal singt man nicht, es sei denn, es handelt sich um eine Karaokebar!« Und das, obwohl ich sowieso nur noch die allerschlimmsten Fauxpas kommentiere.

Nach und nach habe ich meine Ansprüche also heruntergeschraubt und versuche nun eher, meinen Jungs vorzuleben, wie man sich benimmt, als sie aggressiv zu echten Gentlemen machen zu wollen. Mit gutem Beispiel voran fährt man bekanntlich die besten Erfolge ein. Wie oft habe ich schon festgestellt, dass die Kinder mich und meinen Mann kopieren! Unsere typischen Bewegungen, spezielle Aussprüche – findet man alles bei den Söhnen wieder. Warum also nicht auch die Tischmanieren?

Ziehe ich Bilanz über mein eigenes innerhäusliches Verhalten, tritt jedoch so Erschreckendes zutage, dass ich schnell davon Abstand nehme, mich für ein gelungenes Exempel zu halten: Das Frühstück genieße ich auf dem Sofa lümmelnd, mit den Füßen auf dem Couchtisch. Ich spreche mit vollem Mund, denn sonst müsste ich bei meinem Esstempo viel zu lang auf Konversation verzichten. Bei Büfetts bin ich immer die Erste, die sich anstellt – das ist in unserer Familie schon zum Running Gag geworden (»Die Frau Breidenbach hätte gern ganz schnell etwas zu essen!«). Und es gibt eine Vielzahl an Gerichten, die ich auf unappetitliche Weise verzehre (Weintrauben mit harter Schale sauge ich aus, Doppeldeckerkekse teile ich am Äquator und lecke sie ab etc.).

Okay, ab sofort will ich mich wirklich mehr anstrengen, um als Jungsmutter ein perfektes Vorbild abzugeben. Aus meinen Söhnen sollen zwar keine Mr. Darcys werden, aber angenehme Männer, mit denen man sich gern umgibt. Denn Erikas Spross ist das beste Beispiel dafür, dass Benehmen auch heute noch gut ankommt: Sie wollte ihren Kindern gute Manieren beibringen, wurde in diesen Bemühungen aber von ihrem Partner gebremst. »So etwas braucht heutzutage kein Mensch mehr. Lass sie in Ruhe!«, meinte er. Den Nachwuchs freute die entspannte Lage zu Hause. Doch kaum hatte Erikas Sohn eine Freundin, erzählte er stolz, dass diese ihm einen Benimmkurs zum Geburtstag geschenkt habe und dass er es richtig gut finde, endlich darüber Bescheid zu wissen, welches Verhalten wo angebracht sei.

Wie so oft schließe ich mit der Erkenntnis: Wie man's macht, ist's falsch.

30. Bullshit-Bingo, Teil 1:
Was Söhne so zu sagen pflegen

Jungs sind wortkarg? Papperlapapp! Zuweilen können sie einen in Grund und Boden diskutieren. Oder mit trockenen Statements abfertigen. Oder mit ihren Sprüchen zum Lachen bringen. Und wer lacht, kann ganz schlecht streng bleiben ...

Wir haben die schönsten Sprüche hier für Sie zusammengetragen und ein Spiel daraus gemacht. Und das geht so:

Variante A: Spielen Sie im Kreise anderer Jungsmütter die klassische Bingovariante, also eine liest die Sprüche vor, Sie kreuzen diejenigen an, die Sie selbst schon zu hören bekommen haben, und sobald eine Reihe horizontal, vertikal oder diagonal komplett ist, brüllen Sie triumphierend »Bingo!«.

Variante B: Alternativ funktioniert das Ganze auch als Trinkspiel. Immer, wenn Ihr Sohn einen der folgenden Sprüche bringt, genehmigen Sie sich einen Eierlikör. Wobei – nein, lieber einen Espresso. Oder einen Beruhigungstee! Wir wollen Sie ja nicht völlig außer Gefecht setzen.

Chill dein Life, Mama!	Mach ich später.	Nein, ich brauch echt keine Jacke!	Nur noch kurz das Level zu Ende spielen.
Wann gibt's endlich mal wieder Schnitzel?	Komm mal runter von deinem Berg des Zorns.	Der Boden ist Lava.	Aufräumen wird total überbewertet.
Wo ist mein Trikot?	Es ist Fastenzeit. Ich verzichte auf Salat.	Sei mal 'ne Frau!	Ja, gleich!
Sei nicht so omahaft.	Krieg ich mal schnell dein Ladekabel?	Das ist ja lame!	Gib Gas, Mum!

31. »Das zieh ich nicht an, das ist blöd!« – über sichtbare Boxershorts, schräge Frisuren und männliche Schuhfetischisten

Apropos typische Jungssprüche: »Gehst du mal mit mir shoppen?« kriegen Sie wohl eher selten zu hören, oder? Söhne und Mode, das ist ein Thema für sich. Denn ohne auf Vorurteilen herumreiten zu wollen: Hier liegt einer der Hauptunterschiede zwischen Söhnen und Töchtern.

Von werdenden Mädchenmüttern habe ich schon häufig gehört, wie sehr sie sich darauf freuen, ihre kleine Prinzessin bald in hübsche Kleidchen stecken zu können. Zuweilen kommt mir das vor, als redeten sie von Anziehpuppen, nicht von Kindern.

Keine Ahnung, ob ich als Mutter einer Tochter womöglich auch in dieses Verhaltensmuster gerutscht wäre, doch da ich das Geschlecht meines Nachwuchses ja erst bei der Geburt erfahren wollte, kümmerte ich mich im Vorfeld lediglich um allgemeinere Aspekte des Kleidungsthemas …

Phase A: Ich bestimme – der Junge sieht eh in allem süß aus

Was ein Säugling anhat, sollte bequem sein, warm (aber nicht zu warm), außerdem hautfreundlich und maschinenwaschbar (wodurch die Erstlingskollektion einschlägiger Naturtextilienanbieter komplett entfiel – wer wäscht schon Babybodys von Hand?!). Wenn sie darüber hinaus hübsch aussehen, umso besser.

Früher zog man Neugeborenen Strampelanzüge an. Keine Ahnung, ob die heutzutage überhaupt noch angesagt sind, denn schon vor gut zwanzig Jahren sah man sie eher selten. Stattdessen trugen die kleinen Würmchen im Grunde Erwachsenenkleidung in Miniaturformat. Winzige Jeanshosen und klitzekleine Hemdchen. Was zugegebenermaßen ziemlich goldig aussieht, aber garantiert furchtbar unpraktisch ist. Ich entschied mich für die altmodische Variante und gönnte meinem Sohn die uneingeschränkte Bewegungsfreiheit, die eben nur Strampler bieten. Ich fand nicht, dass ein Kind in den ersten Jahren schon einen individuellen Modestil entwickeln muss – was angezogen wurde, bestimmte ich! Gleiches galt für die Auswahl der Lauflernschuhe und den Haarschnitt. Natürlich ließ ich die entzückenden Löckchen meines Knaben wachsen!

Damals ahnte ich ja noch nicht, dass die Zeit, in der ich in Sachen Styling allein entschied, schneller vorbei sein würde, als mir lieb war …

Phase B: Ich bestimme weiter – na ja, ich versuche es jedenfalls

Es begann im Kindergartenalter. Mein Sohn trug schon lange keine Strampelanzüge mehr, sondern meistens Latzhosen oder Cargohosen aus Sweatshirtstoff mit Gummizug, die es bei meinem Lieblingskinderklamottenversand in allen Grundfarben gab, ebenso wie die dazugehörigen T-Shirts oder Sweater. Bis in die Grundschule liebte er diese praktischen Outfits, und seine damalige Lehrerin nennt ihn wegen seiner Vorliebe für eine grasgrüne Cargohose noch heute »mein Fröschlein«.

Was er jedoch partout nicht leiden konnte, war, wenn ich ihm ein Oberteil im identischen Ton anziehen wollte.

»Das ist doof. Unten und oben dieselbe Farbe zieh ich nicht an«, sagte der Knirps, und da begriff ich, dass er nun so langsam anfing, seinen eigenen Geschmack zu entwickeln. Sehr spannend! Allerdings manchmal auch eine echt harte Nuss.

Etwa als es kurz vor Fasching darum ging, welches Kostüm er am Verkleidungstag tragen würde.

»Ich geh als Kind«, verkündete mein Sohn.

»Aber das bist du doch immer. Die anderen werden alle verkleidet in den Kindergarten kommen. Zum Beispiel als Pirat oder Zauberer oder Cowboy ...«

»Ich geh als Kind«, beharrte er.

»Okay, aber dann bist du als Einziger nicht kostümiert. Das wird dir bestimmt nicht gefallen. Vielleicht überlegst du es dir noch mal?«

»Na gut. Ich geh als Kind – oder als Baum.«

Alles klar. Baum, also. Was für eine abgefahrene Idee! Und was für eine Herausforderung. Es erforderte einiges an Fantasie und an Unterstützung meiner Oma, einer gelernten Schneiderin, dieses Kostüm zu zaubern. Übrigens aus einer braungrünen Breitcordhose, einem gelben Fleeceshirt und aus Filz ausgeschnittenen Blättern, die samt bunter Holzblüten darauf geheftet wurden. Falls also jemand mal ein Baumkostüm basteln möchte ...

Jonas, der kleine Baum, zeigte mir also schon als Dreijähriger, dass er einen eigenen Kopf hatte und sich keinesfalls einfach in Klamotten stecken lassen wollte, die er nicht gut fand. Super Sache, an sich. Aber auch ganz schön anstrengend. Doch diese Episode war für meine mütterlichen Nerven noch harmlos im Vergleich zum Schuhkauf.

Phase C: Ich bitte, bettele und schwitze – doch er hat bessere Nerven

Während ich Kleidung oft bestellte, kamen wir beim Thema Schuhwerk leider nicht um einen Besuch im Laden herum. Schließlich müssen Stiefel, Hausschuhe, Sandalen und Co. ja richtig passen, wenn man nicht in Kauf nehmen will, dass der Nachwuchs später mal mit deformierten Füßen durchs Leben humpelt.

Keine Ahnung, was Jonas am Schuhkauf so furchtbar fand – aber er war damit nicht der Einzige. Die Söhne meiner Freundinnen tickten ganz ähnlich. Lieber hätten sie Schuhe getragen, aus denen sie längst herausgewachsen waren, als für eine halbe Stunde ihr Spiel zu unterbrechen.

Rätselhaft. Ich erinnere mich noch sehr gut an meine eigene Kindheit und daran, dass ich es liebte, wenn ich etwas Neues bekam. Das war ein Highlight!

Für mich als Mutter, die ihren widerspenstigen Sohn regelrecht in den Laden hineinzerren musste, sah die Sache völlig anders aus. Da war der Schuhkauf eher eine Krise, die mich zweimal im Jahr an den Tiefpunkt meiner mütterlichen Geduld führte.

Im örtlichen Schuhgeschäft war man zum Glück auf schwierige Fälle eingestellt: Es gab eine Spielecke, in der sich der Knabe beschäftigen konnte, während ich unter fachkundiger Beratung eine Vorauswahl traf, und einen riesigen Plüschelefanten, der den üblichen Anprobehocker ersetzte. Dennoch war das Geschrei jedes Mal groß, wenn ich meinen Sohn dazu bringen wollte, darauf Platz zu nehmen. Und kaum dass wir ihm dann mit vereinten Kräften einen Schuh angezogen hatten, behauptete er sofort, der würde perfekt passen und ihm super gefallen, nur damit das Ganze möglichst schnell vorbei war.

Was für ein Krampf!

Das Einzige, was mir in diesen Situationen Trost spendete, war das Wissen, dass es anderen genauso erging – und dass diese Entwicklungsstufe irgendwann vorbei sein würde.

Phase D: Ich darf bezahlen – ansonsten nerve ich nur
Während wir in der Grundschulzeit noch einen großen Teil der Garderobe meines Sohnes mit weitervererbten Klamotten von Freunden abdeckten, war es damit spätestens in der Teenagerzeit vorbei. Erstens hatte Jonas inzwischen einen Schuss gemacht und war nicht mehr so viel kleiner als diejenigen, von denen er bisher die Sachen übernommen hatte, und zweitens fand er es mittlerweile peinlich, fremde Hosen, Hemden, Kapuzenpullis und T-Shirts aufzutragen.

Überhaupt war plötzlich alles peinlich – leider auch seine Lockenpracht, die er sich zu meinem größten Bedauern abschneiden ließ. (Zum Glück funktionierte dank der welligen Haarstruktur die dämliche Justin-Bieber-Gedächtnisfrisur nicht, die zu der Zeit fast jeder hatte!)

Vor allem aber war *ich* hochgradig peinlich. Ganz besonders, wenn ich beim Einkaufen mehr tat, als nur dazustehen, abzuwarten und am Ende zu bezahlen. Sätze wie »Schau mal, das ist ja eine schöne Jeans« oder »Würde dir dieses T-Shirt nicht gefallen?«, hatte ich mir zu verkneifen. Worauf ich jedoch – aller Meuterei zum Trotz – bestand, war, dass die Sachen anprobiert wurden. Schließlich hatte ich keine Lust, mein sauer verdientes Geld für etwas auszugeben, was hinterher nicht richtig passte und daher nie angezogen würde.

Mit dem Verhalten meines Sohnes bin ich übrigens noch gut weggekommen, wenn ich es mit meinem Umfeld vergleiche. Da gab es so einige Jungs, die vollkommen markenfixiert waren. Die fraßen ihren Eltern nicht nur die Haare vom Kopf und raubten ihnen den letzten Nerv, sondern verlangten auch den letzten Cent für Outfits mit den gerade angesagten Logos darauf. Die, nebenbei bemerkt, kein bisschen besser aussahen als die eher günstigen Sachen, die mein Sohn bevorzugte.

Aber er hatte immerhin einen eigenen Geschmack entwickelt und wusste außerdem instinktiv, zu welchen Anlässen man eher ein Hemd trägt (Familienfeste, Vorstellungsgespräche, Theaterbesuche) und zu welchen nicht gerade die beste Hose (Radfahren im Wald, auf Bäume klettern, Zäune streichen).

Manche Söhne meiner Freundinnen interessierten sich weder damals für Mode noch tun sie es heute. Am liebsten trügen sie immer dieselben Jeans und ihr Lieblingskarohemd, bis beides auseinanderfällt. Und das zu allen erdenklichen Gelegenheiten. Ich schätze mal, das ist die günstigste Variante, doch nicht unbedingt die, über die sich eine modebewusste Mutter am meisten freut …

Phase E: Er geht ohne mich shoppen – und ich atme auf

Spätestens mit fünfzehn oder sechzehn fanden wir beide es entspannter, beim Shoppen getrennte Wege zu gehen. Jonas teilte mir mit, was er brauchte, ich gab ihm einen meiner Meinung nach angemessenen Geldbetrag und schickte ihn allein los. Beziehungsweise in Begleitung von Freunden oder Freundinnen, die – im Gegensatz zu mir – mit Sicherheit »Cooles Teil, probier das doch mal an« sagen durften.

Wie auch immer – das, was er anschließend zu Hause präsentierte, gefiel mir jedes Mal. Nie war ich über seine Auswahl entsetzt, und es gab keine böse Überraschung, weil er das Geld für eine einzelne Designerjeans ausgegeben hätte statt für fünf Teile wie geplant.

Ich denke, es schadet nicht, seinem Nachwuchs in dieser Hinsicht zu vertrauen. Und man sollte rechtzeitig aufhören, Heranwachsende zu bevormunden. Wäre es nicht seltsam, wenn ein Jugendlicher denselben Geschmack hätte wie seine mehr als doppelt so alte Mutter?

Daran, dass man die Jeans etwas tiefer trägt, sodass die Boxershorts handbreit zu sehen sind, habe ich mich irgendwann gewöhnt. Es gefällt mir zwar nicht besonders, aber davon geht die Welt nicht unter. Hauptsache, ich selbst muss so nicht rumlaufen.

Mode ist immerhin auch ein Mittel, um die eigene Identität zum Ausdruck zu bringen. Indem man auswählt, was man anzieht, entscheidet man mit, wie andere einen wahrnehmen – und zeigt zugleich, wie man wahrgenommen werden möchte.

Gleiches gilt für die Frisur (oh, wie ich die Lockenpracht vermisse!) und die Schuhe, die Jonas inzwischen ohne Theater anprobiert und kauft. Er hat sogar ein spezielles Regal in seinem Zimmer, in dem seine Lieblingssneaker ausgestellt sind. Übrigens in den herrlichsten Farben – von Rot bis Türkis. Ganz mein Sohn!

Abgrenzung muss sein!

Es gehörte schon immer zum Erwachsenwerden, auch mal gegen die Eltern zu rebellieren, sich abzugrenzen, sie hin und wieder sogar zu schockieren. In früheren Generationen war das nicht nur viel notwendiger, sondern auch sehr viel einfacher als heute: Mit knallengen Hosen, kurzen Röcken und Sprüchen wie »Sex, Drugs and Rock'n'Roll« konnte man die spießigen Fünfzigerjahre-Erwachsenen leicht erschüttern. Heutzutage tragen selbst die weniger coolen Väter und Mütter Jeans und hören das, was ihre Großeltern noch als »Dschungelmusik« bezeichnet hatten. Wie soll man moderne Eltern da noch erschüttern? Nun ja, vielleicht ist es inzwischen gar nicht mehr so dringend erforderlich für Jugendliche. Die Kommunikation zwischen den Generationen ist harmonischer geworden, Eltern sind verständnisvoller und weniger autoritär, sie geben den Jugendlichen und jungen Erwachsenen mehr Freiräume und lassen die Abgrenzung somit zu, ohne dass es darüber zum Streit kommt. Aber wenn unsere Söhne uns schockieren wollten, wäre das auch kein Problem: Sie müssten einfach nur freiwillig Anzüge tragen und sich gegenseitig siezen.

32. »Bin ich da jetzt schon drin?« – über Jungsmütter in der Pubertät

Kennen Sie Shrek? Den computeranimierten Kinohelden? Er stinkt, isst widerwärtiges Zeug, wohnt in einem unwirtlichen Sumpf, wird gern laut und benutzt unflätige Ausdrücke. Den Film gesehen? Gut, dann wissen Sie, wie Sie sich in etwa meinen pubertierenden Sohn vorstellen müssen.

Neben Shrek gibt es da diesen kleinen gutmütigen Esel, der nicht müde wird, um Shrek herumzurennen, an das Gute in ihm zu glauben und seine Unarten zu ignorieren. Sie ahnen es schon: Das bin ich, die Jungsmutter.

Mein Sohn Max wird demnächst vierzehn, also befinde ich mich noch in Ausbildung zur perfekten Pubertierendenmutter, habe sicher noch nicht alle Höhen und Tiefen seiner Adoleszenz durchschritten und erwarte auch, dass es beim zweiten Kind wieder ein wenig anders ablaufen wird.

Dennoch will ich Ihnen eine Aufstellung der wichtigsten Punkte, die es über pubertierende Jungs zu wissen gibt, hier vorstellen – es ist eine Kompilation aus meinen eigenen Erfahrungen, denen zahlreicher anderer Jungsmütter und meiner Recherche. Vielleicht haben Sie die Metamorphosejahre Ihres Nachwuchses ja noch vor sich und sind dann besser vorbereitet. Oder Sie sind schon durch und können sich bei jedem Wort darüber freuen, das alles nicht noch einmal erleben zu müssen.

Stimme

»Hoffentlich kommt er bald in den Stimmbruch!«, haben mein Mann und ich des Öfteren gesagt oder gedacht, wenn Max früher extra aufreibend mit Quietschstimme gesprochen hat. Irgendwann zwischen dem ersten und dem dreizehnten Lebensjahr hat er damit angefangen, eine adäquat genervte Reaktion von uns erhalten und diese Unart deshalb als persönliches Gaudium nie wieder ganz abgelegt.

Als er dann tatsächlich in die Mutation kam, war das also Grund zu großer Freude: für uns, weil die tiefere Tonlage in den Gehörgängen so viel angenehmer klingt, und für ihn, weil er sich cool und erwachsen fühlen kann, wenn er uns mit bis zum Infraschall gesenkter Stimme eine für ein Ohr jenseits der Vierzig so gut wie nicht hörbare Antwort gibt.

Man gewöhnt sich nicht von heute auf morgen an die neue akustische Reife des eigenen Kindes. Ein paarmal ging ich irritiert nachschauen, welcher Mann da in unserem Wohnzimmer spricht, um dann festzustellen, dass mein Teenie dort telefonierte.

Körperbehaarung

Egal, ob man zu den Familien zählt, die mit Körperlichem sehr offen umgehen, oder ob man Badezimmertüren lieber geschlossen hält: Irgendwann kommt für jede Mutter der Zeitpunkt, an dem sie die Körperpflege ihres Sohnes vertrauensvoll in seine eigenen Hände legt. So ist es nur natürlich (und richtig!), dass sie die Entwicklung seiner Körperbehaarung nicht unmittelbar mitbekommt.

In diesem Zusammenhang hat sich bei meiner Freundin Kathrin Folgendes zugetragen: Als sie ihr vierzehnjähriges Kind nach einiger Zeit zufällig wieder nackt sah und seiner sich mittlerweile üppig gebildeter Schambehaarung gewahr wurde, formierte sich ein Gemisch aus Schreck und Ehrfurcht in ihr, das sich in einem Kreischen entlud. »Da sind ja Haaaaaare!«, rief sie und musste dann kichern.

Daraufhin wurde sie von ihrem Mann mit ernster Miene beiseitegenommen und gerügt. Er meinte, er mache sich Sorgen, ob es bei ihrem Sohn nicht bleibende Schäden auslöse, wenn die Mutter den ersten Zeichen seiner heranreifenden Männlichkeit so begegnet.

Ganz ehrlich, ich habe nicht die geringste Ahnung, wie man angemessen auf die Schambehaarung seines Nachwuchses reagiert. Offensichtlich erfüllt sie unsere Söhne mit ähnlichem Stolz wie die neue Tonlage der Stimme. Aber deshalb gleich eine Mottoparty schmeißen?

Pickel

Als Jugendliche empfand ich meine ersten Hautunreinheiten als Katastrophe. Was für eine Unverfrorenheit der Natur, aufblühende Geschöpfe mit abstoßenden Geschwülsten im Gesicht zu strafen!

Bei meinem Sohn beobachte ich andere Reaktionen: Ein Pickel? Jipiiii! Fettige Haare? Hey, wie klasse! Bockgestank? Kultverdächtiger Männerduft!

Egal welche (mütterlicherseits eher als negativ eingestufte) Veränderung die Pubertät mit sich bringt, sie wird gefeiert und mit Grandezza hingenommen, was mir einen gewissen Respekt abringt.

Ab und zu renne ich Max abends mit einem in Heilerde-Tinktur getränkten Wattebausch hinterher, um seine Pickelchen zu betupfen, was er dann würdevoll erträgt. Ich sehe ihm aber an, dass er es für unnötig hält.

Bart

Meine Erfahrungen als Jungsmutter bezüglich Gesichtsbehaarung des Nachwuchses beschränken sich bisher auf Oberlippenflaum. Anders als die übrige Behaarung vollzieht sich der Wandel im Gesicht ja sehr offensichtlich, und man ist als Eltern nicht von heute auf morgen vor vollendete Tatsachen gestellt. Der Nachwuchsschnauzer hat sich im Laufe von Monaten entwickelt, wirkt je nach Beleuchtung mal wie ein echter Bart, mal wie Dreck unter der Nase und wächst in einem Tempo, bei dem Muttern mitkommt. Bis dato ist er so weich, dass er Brutgefühle in mir auslöst: Es ist mir stets danach, fürsorglich mit dem Finger darüberzustreichen.

Die erste Rasur steht »uns« noch bevor. Mal schauen, wie es mir damit dann gehen wird. Wie ich höre, wurde bei manchen im Bekanntenkreis ein richtiges Familienevent daraus gemacht. Aber ist man da als Mutter im Männerhaushalt nicht automatisch außen vor? Gut, ich könnte mir bei der Rasurparty die Beine glatt machen, ob ich mich dadurch gänzlich integriert fühlen würde, wage ich allerdings zu bezweifeln.

Zimmer

Als ordnungsliebender Mensch habe ich so meine Probleme mit dem Shrek-Sumpf-Zimmer meines pubertierenden Sohnes. Weshalb man die getragene Kleidung nicht in den 5,3 Meter (ich habe extra nachgemessen) vom Raum entfernten Wäscheabwurfschacht befördern kann, ist mir ein Rätsel. Genauso, warum man feuchte Handtücher auf dem Parkettboden für eine gute Idee hält. Von Geschirr mit eingetrockneten Essensresten auf und leeren Chipstüten unter dem Sofa ganz zu schweigen. Das alles fällt für mich in die Kategorie: Musst du nicht verstehen. Und: Ist dir jetzt einfach mal egal.

Donnerstag ist immer mein Putztag, und ich habe als Familienregel installiert, dass ich die Kinderzimmer gern mitreinige, sofern sie aufgeräumt sind. Genial, wie oft ein bis zwei Zimmer weniger zu machen sind!

Zu dem Thema fällt mir übrigens auch noch ein, wie ich meinen jetzigen Mann zum ersten Mal besuchte. Er brauchte einen Tag Vorlaufzeit, um aufzuräumen und zu putzen. Seine Pubertät war zu dem Zeitpunkt schon viele Jahre durch. Es steht also zu befürchten, dass sich das unterirdische Facility-Management unseres Sohnes nicht auswächst.

Aufmüpfigkeit

Oft wird gesagt, Jungs seien in der Pubertät wesentlich umgänglicher als Mädchen. Ich kenne einige wenige Ausnahmen, ansonsten kann ich das, von den Erlebnissen des Bekanntenkreises her zu schließen, so in etwa bestätigen. Auch bei meinem eigenen Sohn hält sich die Aufmüpfigkeit (noch) in erträglichen Grenzen. Klar, er ist anders als früher, aber ich erkenne ihn dennoch in den Grundzügen seiner Persönlichkeit wieder. Trotzdem habe ich die Erfahrung gemacht, wie weh motzige Sprüche tun. Derselbe Mensch, für den du als Mama stets das Ein und Alles warst, steht dir mit provokant verschränkten Armen und herablassendem Lächeln im Gesicht gegenüber und gibt dir zu verstehen, dass es ihm egal ist, was du möchtest und denkst. Auch wenn du weißt, dass es die Hormone sind, die ihn so reden und handeln lassen, und dass die Loslösung voneinander wahnsinnig wichtig ist, verknotet sich dein Herz.

Geheimnisse

Und plötzlich ist die Kinderzimmertür zu und dir wird klar, dass du anklopfen solltest, bevor du sie aufmachst. Als (Jungs-)Mutter spürst du instinktiv, wann der Zeitpunkt dazu gekommen ist und es sich nicht mehr um eine zufällig geschlossene Tür handelt.

Natürlich bleibt man als Eltern in Bezug auf alle Dinge, die mit dem Nachwuchs zu tun haben, wahnsinnig neugierig. Schließlich kann es jederzeit passieren, dass sie Rat und Hilfe brauchen oder vor einer Dummheit bewahrt werden sollten. Die Pubertät der Kinder bedeutet für uns in erster Linie, dass wir Neugierde, Sorge und Distanz aushalten lernen müssen. Da entwickelt sich ein Mensch, der Privatsphäre und Geheimnisse braucht. Und Spielraum für Fehler, aus denen er ungestört Erkenntnisse ziehen kann.

Einatmen. Ausatmen. Zurücklehnen. Dem eigenen Dasein wieder so viel Bedeutung beimessen wie vor der Mutterschaft. Vertrauen, dass alles gut geht!

Alkohol

Ich habe in meiner Jugend wirklich viele Weinschorlen getrunken, und einen schönen Anteil meines Geldes der Tabakindustrie zukommen lassen.

Und was ist aus mir geworden? Eine Nichtraucherin ohne den Funken des Verlangens nach einer Zigarette, die es gerade so auf etwa vier Likörchen und fünf Cocktails pro Jahr bringt. Die Angst, dass mit jedem Vollrausch der Grundstein für ein Alkoholikerleben gelegt wird, kann ich also etwas zerstreuen. Trotzdem ist Alkohol natürlich ein riesiges Problem in unserer Gesellschaft, was es zu vermitteln und im Hinterkopf zu behalten gilt.

Der erste Rausch des Sohnes wird mit ziemlicher Sicherheit kommen. Grenzerfahrungen gehören nun einmal zur Pubertät wie alle anderen bisher aufgeführten Punkte. Als Jungsmutter sollte man gelassen bleiben und sich lediglich darum kümmern, dass für eine vertrauenerweckende Mitfahrgelegenheit gesorgt ist. Und verdeutlichen, wie uncool und gefährlich Komasaufen ist.

Vermutlich empfiehlt es sich, aus Alkohol keine allzu große Sache zu machen. Mein Sohn durfte schon mit elf mal einen Schluck Himbeerlikör probieren, um die Angelegenheit zu entmystifizieren. Daraufhin lag er eine halbe Stunde kichernd auf dem Sofa.

Pubertät

Jungs kommen im Durchschnitt mit zwölf in die Pubertät, etwa zwei Jahre später als Mädchen. Die hormonellen Veränderungen setzen aber schon weit früher, mit ungefähr acht bis neun ein. In der Entwicklung zum geschlechtsreifen Mann spielt das Hormon Testosteron eine zentrale Rolle. Die Prozesse in Körper und Hirn sind mit rund einundzwanzig Jahren abgeschlossen.

Auch wenn das Eintrittsalter in die Pubertät von Junge zu Junge variiert, bleibt doch die Reihenfolge der Veränderungen konstant und läuft immer wie folgt ab:

1. Vergrößerung der Hoden (mit etwa zwölf Jahren)

2. Entwicklung der Schambehaarung
3. Peniswachstum
4. Spermienproduktion
5. Wachstumsphase (für ungefähr zwei Jahre beschleunigt sich das Wachstum auf zehn bis zwölf Zentimeter im Jahr, gleichzeitig erhöht sich der Muskelanteil des Körpers, die Schultern und die Brust werden breiter, und der Energiebedarf fährt während dieses Zeitraums drastisch in die Höhe)
6. Bartwuchs (zuerst auf der Oberlippe, ein Vollbart wächst oft erst nach Abschluss der Pubertät)
7. Stimmbruch (im Durchschnitt mit dreizehneinhalb Jahren) und Ausbildung des Adamsapfels

Natürlich strengen solch gravierende körperliche Veränderungen an, wodurch sich ein erhöhtes Schlafbedürfnis erklärt. In der Pubertät wird das Schlafhormon Melatonin jedoch rund zwei Stunden später ausgeschüttet als bei Kindern oder Erwachsenen, sodass die Teenies später müde werden. Da es für die Schule oder Berufsausbildung aber dennoch heißt, zeitig aufzustehen, bekommen Jugendliche durch die Bank zu wenig Schlaf. Umso wichtiger ist es, ihnen am Wochenende ausreichend Ruhepausen zu gönnen.

Neben dem Körper machen in der Pubertät auch Seele und Geist eine Veränderung durch. Das äußert sich in Stimmungsschwankungen, Unsicherheit, Protesthaltung und sogar Aggressivität. Irrationales Verhalten ist in dieser Zeit keine Seltenheit.

Im Inneren laufen in der Pubertät folgende Veränderungen ab:

1. Die Persönlichkeit strukturiert sich, die eigene Identität muss gefunden werden
2. Ablösung vom Elternhaus, wachsendes Autonomiestreben
3. Erfahrungen in außerfamiliären Strukturen

33. Bullshit-Bingo, Teil 2:
Was wir Mütter so zu sagen pflegen

Wir Frauen von heute sind ja modern. Wir erpressen unsere Söhne nicht, wir erzählen ihnen keine Ammenmärchen, wir drohen ihnen keine Schläge an und bestrafen sie wenn, dann fair und angemessen. Dennoch gibt es Sprüche, die sicher bei allen Jungs zu Augenrollen, Stöhnen und Kommentaren wie »typisch Mutter!« führen. Da müssen sie wohl durch!

Wetten, Sie gewinnen auch in dieser Bingorunde …

Wie war's in der Schule?	Computer aus!	Müssen diese Raumschiffe alle auf dem Boden stehen?	Dein Pulli hängt zum Lüften draußen.
Wer den PC beherrscht, kann auch die Waschmaschine bedienen.	Ist dir nicht kalt? Zieh lieber was über.	Probier das Gemüse doch wenigstens mal!	Hast du wieder im Stehen gepinkelt?
Mach doch lieber zuerst die Hausaufgaben.	Ich wünsch dir Kinder, die genauso sind wie du!	Habt ihr die Deutscharbeit schon zurück?	Pass auf dich auf!
Zeit für eine Grundreinigung!	Kein Handy während der Mahlzeit!	Vergiss den Helm nicht.	Warum hast du so miese Laune?

34. »Ich bin doch kein Baby mehr« – über die schrittweise Abnabelung und wie gut sie beiden Seiten tut

Alles hat zwei Seiten. Auch die Sache mit den Entwicklungsschritten und der Pubertät. Denn aus Sicht von uns Jungsmüttern bedeutet jeder Entwicklungsschritt zugleich ein Stück weit Abnabelung. Und die ist bekanntlich nicht ganz schmerzfrei.

Am meisten trifft das natürlich auf den allerersten Schritt zu: die Geburt. Das ist eine Grenzerfahrung, definitiv!

Als mich meine Eltern am nächsten Tag besuchten, sagten sie: »Jetzt liegt dein Bauch in zwei verschiedenen Betten.« Ein treffender Ausspruch, denn tatsächlich: Noch wenige Stunden vorher hatte ich meinen Sohn als Teil meines Körpers empfunden, und nun war er ein eigenes Individuum. Jedenfalls physisch. Emotional begriff ich das nicht so schnell, das dauerte etwas. Als Jonas ungefähr zwei oder drei Wochen alt war, wagte ich zum ersten Mal einen Ausflug in die Stadt – ohne Baby. Ich hatte einige Dinge zu erledigen und freute mich schon sehr auf ein paar Stunden nur für mich. Vielleicht würde ich noch ein bisschen bummeln oder irgendwo gemütlich einen Kaffee trinken, hatte ich mir vorgenommen.

Es wurde nichts daraus. Nicht, weil von meinem Mann ein hysterischer Notruf eingegangen wäre – im Gegenteil, daheim funktionierte auch ohne mich alles ganz wunderbar. Aber ich schaffte es einfach nicht, diese Zeit zu genießen. Mir kam es vor, als würde ich von einem unsichtbaren Gummiband nach Hause gezogen. In einem Affentempo hakte ich die Punkte ab, die auf meiner Liste standen, und fuhr dann umgehend wieder heim – völlig verschwitzt und erschlagen. Die Nabelschnur in meinem Kopf war eben noch nicht ganz durchgeschnitten …

Mit der Zeit wurde mir klar, dass es anderen Müttern ähnlich ging, ja, dass sich das mit den Jahren sogar noch verstärkt, sodass wir zum Beispiel bei Meilensteinen wie dem letzten Kindergartentag oder der Grundschulabschlussfeier Rotz und Wasser heulen.

Okay, ein bisschen mütterliche Rührseligkeit ist bei derartigen Gelegenheiten wohl normal. »Wenn Kinder groß werden, geht eine Lebensphase zu Ende, ganz egal, wie man die eigene Rolle als Mutter definiert. Man wird mit der eigenen Sterblichkeit und der Vergänglichkeit als solcher konfrontiert. Das kann einen traurig machen«, meint meine Kollegin Julia dazu. Gleichzeitig empfinde ich diese Meilensteine aber immer wieder auch als Grund zur Freude: Wer will schon auf ewig einen hilflosen Säugling betüdeln, der unsere ganze Zeit und Aufmerksamkeit fordert? Deshalb konzentriere ich mich lieber auf die schönen, erleichternden und geradezu befreienden Aspekte dieses Abnabelungsprozesses. Denn auch die gibt es, wie eine kleine Umfrage unter Jungsmüttern ergab …

»Ich freue mich immer, dass es weitergeht – sowohl für mich als auch für die Kinder«, sagt zum Beispiel Brigitte. Der Gedanke, dass sie eines Tages flügge werden und ihre eigene Wohnung beziehen, erfüllt sie nicht mit Wehmut, sondern mit Zufriedenheit. Weil sie sich in die jungen Er-

wachsenen, die ihre Kinder einmal sein werden, »hinein-
freuen« kann.

Zur Nachahmung empfohlen …

**Hier die Liste der Dinge, die das Loslassen
erleichtern:**

Nicht mehr raten, sondern richtig reden
Babys sehen süß aus, ja – aber die Konversation mit ihnen
gestaltet sich zuweilen als extrem schwierig. Vor allem,
wenn sie ihre kleinen Gesichtchen zu Trollgrimassen ver-
zerren und herumbrüllen. »Was habe ich mich gefreut, als
sie sprechen lernten! Endlich nicht mehr raten zu müssen,
was jetzt wieder verkehrt ist, sondern einfach fragen«, sagt
Zwillingsmutter Christine.

**Auf den Arm nehmen? Nur noch im
übertragenen Sinn!**
Gleiches gilt für das Laufenlernen. Ich erinnere mich noch
an unseren ersten Ausflug mit dem nagelneuen Dreirad. Alles funktionierte bestens, bis mein Sohn beschloss, lieber
getragen zu werden. Es war gar nicht so leicht, ein heu-
lendes Kleinkind nach Hause zu schleppen und dabei ein
Dreirad zu schieben, das sich – ohne seine Patschhändchen
am Lenker – nicht mehr steuern ließ. Heute könnte ich ihn
anrufen, wenn ich fußlahm wäre, und er käme angefahren,
um mich abzuholen. Ich müsste höchstens ertragen, dass er
mich damit bis in alle Ewigkeit aufziehen würde.

Herrlich, wenn das Kind ohne Betreuung ausscheiden kann

»Was ich nie vermisst habe, waren die schlaflosen Nächte und das Windelwechseln«, sagt Doppeljungsmutter Daniela. Die Ausscheidungen selbst zu kontrollieren, ist definitiv ein unterschätzter Meilenstein der Entwicklung. Keine Fragerei mehr (»Musst du wirklich nicht?«), keine Panikaktionen (»Wieso hast du das nicht früher gesagt? Die nächste Raststätte kommt erst in zwanzig Kilometern!«) und keine störenden Zwischenrufe während wichtiger Kundentelefonate (»Putz mich ab!«). Ich persönlich kenne keine Mutter, die sich danach zurücksehnt!

Ich geh nicht mehr mit meiner Laterne

Eigentlich waren sie ja immer ganz nett, die Sankt-Martins-Umzüge. Solange sich das Pferd in sicherer Entfernung befand, sang ich auch gerne mal »Laterne, Laterne, Sonne, Mond und Sterne« mit. Nervig wurden diese Veranstaltungen aber spätestens dann, wenn einem das Kind die Laterne in die Hand drückte, weil es lieber mit den anderen ums Feuer tanzen wollte. Da stand man frierend herum und hatte mindestens drei Arme zu wenig, um alles zu halten – Lampion, Glühwein, Kinderglühwein, Geldbeutel, Taschentücher und einen klebrigen Zuckerbrezelrest ... Ich war ganz und gar nicht enttäuscht, als Jonas irgendwann keine Lust mehr auf den Umzug hatte. Einen kalten Herbstabend verbringe ich eh am liebsten zu Hause mit einem guten Buch.

Endlich wieder im eigenen Biorhythmus leben

... und vor allem: schlafen! Denn kleine Kinder fragen nicht, ob man Lerche oder Eule ist, sie haben einen total irren Schlaf-Wach-Rhythmus, und dem muss man sich beugen. Kaum hat man sich halbwegs dran gewöhnt, ändern die Zwerge ihr Schlafverhalten wieder, und das ganze Spiel geht von vorne los. Wie unnatürlich das im Grunde ist, merke ich erst jetzt, da mein Sohn erwachsen ist und völlig selbstständig in aller Frühe aufsteht, während ich noch ein bisschen liegen bleiben darf. Mit den Jahren bin ich nämlich zur Eule mutiert und schreibe oft bis spät in der Nacht. Wie gut, dass morgens keine Schulbrote mehr zu belegen sind! Und die Mütter, die nicht freiberuflich arbeiten, können diesen Effekt wenigstens am Wochenende genießen …

Das Themenspektrum erweitern: schließlich sind wir nicht nur Eltern

Ob auf dem Spielplatz, in der Krabbelgruppe oder im Elternbeirat der Schule: Über ihren Nachwuchs lernt man oft Mütter und Väter kennen. Was gut ist, denn daraus entstehen ja häufig auch wunderbare Freundschaften, die weiterbestehen, obwohl die Kinder sich irgendwann auseinanderentwickeln. Bis dahin hat man eine gemeinsame Ebene gefunden, die nichts mehr mit dem Nachwuchs zu tun hat. Worauf Gundula dagegen gerne verzichtet: »Gespräche über Windeln, Waldorfpädagogik, Impfen, den richtigen Matschanzug und andere Mütter-Themen, die mich eher mäßig interessieren.« Das unterschreibe ich sofort! Findet man neue Themen – von Sport über Kultur bis zu Politik – oder gemeinsame Hobbys, bekommen diese Freundschaften eine neue Basis, die viel tragfähiger ist als die Tatsache, zufällig Kinder im gleichen Alter zu haben.

Ade, Läusekamm!

»Ich habe noch in keinem Unternehmen, in dem ich tätig war, an der Eingangstür gelesen ›Wir haben Läuse‹«, stellt Michaela fest. In Kindergärten und Schulen aber sehr wohl!

Wir hatten in dieser Hinsicht wohl ein Riesenglück und blieben verschont. Dabei hatte Jonas als Grundschüler ziemlich lange Locken, was eigentlich ein Paradies für Läuse hätte sein müssen. Deshalb hat mich dieses Warnschild jedes Mal in leichte Panik versetzt. Denn auch wenn einem im Kindergarten versichert wird, es gäbe Haare, »die Läuse nicht mögen«, ist das noch lange keine Garantie, dass es auch so bleibt. Und auf einen Läuse-Elternabend wie in der Parallelklasse, in der sich hysterische Mütter gegenseitig vorwarfen, die Quelle der aktuellen Plage zu sein, verzichtete ich gerne!

Eltern, deren Kinder es erwischt, werden zwangsläufig zu Experten in Sachen Läusemittel und Läusekamm, und sie verbringen Stunden über Stunden mit der langwierigen Prozedur des Entlausens. Den Trip zur Nachtapotheke nicht zu vergessen … Irgendwann aber ist das Thema plötzlich vom Tisch. Spätestens in der Oberstufe. Vermutlich belohnt uns die Natur damit dafür, dass wir die Pubertät unseres Nachwuchses überstanden haben.

Selbst mal krank statt Kinderkrankenschwester sein

Mit fiebernden Kleinkindern zum Arzt zu fahren (gern am Wochenende oder an Feiertagen), gehört zur Elternschaft einfach dazu. Wofür dagegen keine Zeit bleibt, ist, selbst krank zu werden. Mütter müssen funktionieren, auch mit Magen-Darm-Grippe oder Fieber. Was pure Folter sein kann!

»Als die Kinder klein waren und ich Migräne hatte, wünschte ich mir seltsamerweise nicht, gesund und fit zu sein, sondern in Ruhe krank sein zu dürfen«, sagt Friederike, und ich verstehe sie so gut! Schon praktisch, wenn der eigene Nachwuchs so weit ist, einem ein Süppchen zu kochen, einen Tee ans Bett zu bringen und in die Apotheke zu fahren, um Medikamente zu holen.

Es lebe die Spontaneität!

Einfach so verreisen? Sich last minute zu einer Tagung anmelden? Mal eben übers Wochenende eine Freundin besuchen? Mit kleineren Kindern ist so etwas unmöglich. Jede noch so kleine mütterliche Abwesenheit erfordert eine Menge Organisation. Wer holt wen wann wo ab? Wer spielt Babysitter? Wann wird wo was gegessen? Wie kommt das Kind pünktlich zu Klavierstunde, Schwimmtraining oder Zahnspangenkontrolle?

Mit großen Söhnen wird auch dieser Teil des Lebens einfacher. »Ich genieße es, mich rein mental wieder als vollständige Herrin über meine Zeiteinteilung zu fühlen«, sagt Susanne. Julia mag es, »mehr Zeit und mehr Platz im Kopf zu haben«, und auch Daniela findet »die zurückgewonnene Freiheit toll: ›Meine Zeit gehört wieder mir!‹«

Die Schule ist aus!

Wie Daniela war auch ich ziemlich engagiert in der Schule – lange Jahre als Klassen-, Kurs- oder Schulelternsprecherin. Und genau wie sie empfand ich große Erleichterung, als dieses Kapitel vorbei war.

Gundula atmet ebenfalls auf: »Keine Elternabende, keine Advents- und Weihnachtsfeiern mehr, die fast nur mit

Glühwein zu ertragen sind, und Ferien kriege ich nun nur noch dadurch mit, dass es in der Grundschule gegenüber so leise ist.«

Und Michaela ergänzt: »Wenn ich heute Kuchen backe, dann weil ich es will, und nicht, weil ›bitte aus jeder Klasse zwei Kuchen‹ für das Schulfest geliefert werden müssen.«

Ach ja, und auf einmal sind sogar günstige Reisen außerhalb der Hauptsaison möglich! Jedenfalls solange man nicht selbst als Lehrkraft arbeitet.

Wer vermisst schon Mahlzeit-Dramen?

Essen ist Lebensfreude und Genuss pur! Es sei denn, man hat einen mäkeligen Esser am Tisch, der nur nach stundenlangen Grundsatzdiskussionen überhaupt dazu bereit ist, ein Blatt Salat oder ein Gäbelchen Gemüse zu probieren. Ursi hat dem Thema Nahrungsaufnahme ja ein ganzes Kapitel gewidmet. Aber ganz gleich, wie dramatisch es während der Mahlzeiten bei Ihnen zurzeit vielleicht noch zugeht: Ich kann Ihnen versprechen, es wird besser. Irgendwann mag der junge Mann nicht nur Kräuter und Kresse, sondern bereitet sogar selbst schmackhafte Gerichte zu. Auch Julia kennt das: »Ich finde es schön, manchmal bekocht zu werden und Dinge wie Einkaufen bei Bedarf delegieren zu können.«

Bad Moms statt *Hase Felix*

Ich erinnere mich noch an den letzten Film, den ich als Hochschwangere im Kino gesehen habe: Es war *Club der Teufelinnen*, eine herrliche Komödie mit Goldie Hawn, Bette Midler und Diane Keaton.

Von da an ging's bergab. Erst einmal kam – mit Säugling – ein Kinobesuch gar nicht mehr infrage, später dann durfte ich *SpongeBob Schwammkopf* und Konsorten über mich ergehen lassen. Tja, und die *Herr-der-Ringe*-Phase machte es auch nicht viel erträglicher.

Seit Jonas lieber mit Freunden bzw. mit der Freundin als mit mir ins Kino geht, bleibt mir dergleichen zum Glück erspart. Und hin und wieder finden wir sogar einen gemeinsamen Nenner, wie in meinem Kapitel »Noch drölfzig Mal schlafen, bis der neue *Star-Wars*-Film startet« beschrieben – *Fack ju Göhte* oder *Arrival* zum Beispiel haben wir zusammen geschaut. »Es ist schön, von meinem Sohn Film- und Fernsehtipps zu kriegen«, bestätigt auch Julia.

Schluss mit den endlosen Diskussionen

Kaum sind die Kleinkindtrotzphasen vorbei, kommt auch schon die Pubertät mit ihren Dauerdiskussionen um immer dieselben Themen: Computerspielzeiten, Ausgeherlaubnis und natürlich das berühmte Zimmeraufräumen.

Eigentlich könnte man sich all diese Gespräche gleich sparen, denn sie führen ohnehin kaum weiter. Und irgendwann hören sie von selbst auf. Zur allgemeinen Erleichterung!

Shoppen? Nur noch mit Erwachsenen!

Kleidung oder Schuhe mit kleinen Jungs einkaufen zu gehen, ist pure Folter – Sie erinnern sich an die Horrorszenarien, die ich im Kapitel »Das zieh ich nicht an, das ist blöd!« beschrieben habe. Später wird es auch nicht unbedingt einfacher! Susanne erinnert sich an »schreckliche Klamotteneinkaufstouren mit Teenagern, die glauben, genau zu wissen, was sie für einen individuellen Look brauchen, um

dann letztlich mit dem ewig gleichen Mainstream-Sch…
aus dem Laden zu spazieren«.

Mit dem Erwachsenwerden wird übrigens nicht nur
der Wunsch, ohne die Begleitung Erziehungsberechtigter
shoppen zu gehen, immer größer, sondern auch der Geschmack immer besser.

Der mütterliche Taxidienst stellt seinen Betrieb ein

Autofahrten sind ideal für Gespräche über schwierige Themen – der Nachwuchs hat keine Fluchtmöglichkeit. Er hat
nur die Wahl zwischen reden und schweigen.

Dennoch geht es mir ähnlich wie Daniela: »Hurra, ich
muss nicht mehr Chauffeurin spielen. Okay, das hat sowieso nachgelassen, je älter die Jungs wurden, aber ich komme
wunderbar ohne diesen Nebenjob klar.«

Praktisch ist übrigens auch, wenn der erwachsene Sohn
diesen Part übernehmen kann. Der nächste Weihnachtsmarkt mit seinen verlockenden Glühweinständen kommt
bestimmt …

Gemütliche Wochenenden ohne Sportwettkämpfe

Natürlich war es immer nett, den Jungs beim Fußball zuzujubeln. Aber was hab ich mir am Spielfeldrand zuweilen
die Füße abgefroren! Was bei den Allerkleinsten mit zweimal zwanzig Minuten noch harmlos ist, kostet bei den Großen – inklusive weiter Anreise, Aufwärmtraining und an-
schließendem Duschen der jungen Herren – locker einen
halben Tag.

Michaela geht es ganz ähnlich: »Was ich definitiv nicht
vermisse, sind Handballturniere, bei denen man zu nacht-
schlafender Zeit in irgendeine muffige Turnhalle eines Kaffs

am AdW fährt, wo es noch keinen Kaffee gibt, wenn man ankommt, und vielleicht nicht mal Sitzgelegenheiten ...«

Ich weiß übrigens mit meinen Samstagnachmittagen auch ohne Jugendfußball etwas anzufangen. Das ist geschenkte Zeit, um Freunde zu besuchen, bummeln zu gehen, selbst Sport zu treiben, zu lesen, ins Kino zu gehen oder zu schreiben. Auch dieses Kapitel ist an einem Samstagnachmittag entstanden.

Füße hoch – wir müssen kein Vorbild mehr sein!

Wasser predigen, aber Wein trinken – das funktioniert in Erziehungsangelegenheiten überhaupt nicht. Was man an Werten vermitteln will, muss man vorleben. Angefangen vom unverzichtbaren Fahrradhelm (wer braucht schon eine gestylte Frisur?) bis hin zum Handy- und Fernsehverbot während der Mahlzeiten. Was manchmal ein bisschen blöd ist, wenn man eine wichtige WhatsApp erwartet.

Sind die Kinder aber auf Klassenfahrt oder gar ausgezogen, können auch wir Eltern uns einfach mal gehen lassen. Wenn die wüssten ...

Nicht mehr erziehen, sondern auf Augenhöhe sein

»Ich finde an den erwachsenen Kindern so schön, dass man viel entspannter zusammen sein kann. Sie sind selbstständig, man muss nicht mehr erziehen«, berichtet Claudia. »Ich erlebe es so, dass sie ihren eigenen Weg gehen, aber ich dennoch immer noch sehr tolle Zeiten mit ihnen erleben kann. Und eigentlich ist das jetzt doch viel besser als zu der Zeit, als ich noch für sie verantwortlich war.« Dass sie bei Kälte natürlich trotzdem Schals und Mützen empfiehlt, versteht sich von selbst.

Fazit: Mein Sohn ist kein Baby mehr – und das ist gut so. Es war schön, ein Kleinkind zu haben. Einen Vorschüler. Einen Heranwachsenden ... Jede Phase ist wunderbar. Aber es ist auch wunderbar, zu sehen: Er ist ein junger Mann geworden, auf den ich stolz sein kann und von dem ich weiß, dass er einmal gut durchs Leben kommt – auch ohne mütterliche Unterstützung.

Mutterliebe produziert Muttersöhnchen?

Nicht unbedingt!
Mütter sind im Normalfall die erste weibliche Bezugsperson, die ein Junge im Leben hat. Das Verhältnis zwischen Müttern und Söhnen ist häufig sehr eng, und das ist ein positives Zeichen: So fanden Forscher der amerikanischen Wayne State University beispielsweise heraus, dass Jungs mit guter Bindung zur Mutter später seltener straffällig werden – ein Ergebnis, das auch andere Wissenschaftler bestätigen. Zudem wirkt sich eine gute Mutter-Sohn-Bindung positiv auf künftige Freundschaften sowie auf das Beziehungsverhalten aus. Der Bezug zur Mutter beeinflusst also das gesamte Leben!

Mutter sein, ohne zu bemuttern
Doch Vorsicht: Man kann es auch übertreiben mit der engen Bindung. Wie zum Beispiel die Frau, die ich eines Samstagmorgens im Fitnessstudio traf:

»Ich hab mich davongeschlichen, daheim schlafen noch alle«, verkündete sie. »Für den Fall, dass mein Sohn wach wird und frühstücken will, habe ich schon ein paar Scheiben Brot geschnitten. Nicht dass er sich verletzt.«

»Wie alt ist denn der Kleine?«, erwiderte ich höflich.

»Siebzehn«, sagte sie. Und fügte, als sie mein entgeistertes Gesicht sah, rasch hinzu: »Aber sehr, sehr ungeschickt.«

Müsste ich raten, was zuerst da war – die Ungeschicklichkeit des Sohnes oder das Helikopter-Verhalten der Mutter –, dann würde ich wohl auf Letzteres tippen.

Meiner Meinung nach sollte ein Siebzehnjähriger unfallfrei Brot schneiden können oder es zumindest versuchen. Denn wie soll er es lernen, wenn er dermaßen überbehütet wird?

Vor allem aber frage ich mich: Warum tut sie das? Warum hindern Mütter ihre kleinen Prinzen daran, selbstständig und erwachsen zu werden? Fürchten sie, ohne diese Abhängigkeit würden sie den Kontakt zu ihnen verlieren?

Die Kunst des Liebens

Typische Helikopter-Jungsmütter begründen ihr Verhalten natürlich ganz anders. »Ich lass ihn einfach noch ein bisschen Kind sein, das Leben ist hart genug«, zum Beispiel, oder: »Und was sie in der Schule gerade für einen Stress haben! Da werde ich ihn doch wohl verwöhnen dürfen ...«

Sie vergessen dabei, dass Ablösung eine wichtige Voraussetzung für das Erwachsenwerden ihrer Söhne ist. Wie sollen sie eine Persönlichkeit entwickeln, eigene Entscheidungen treffen und ein selbstbestimmtes Leben führen, wenn sie bis ins Erwachsenenalter wie ein Kleinkind behandelt werden? »Die Mutter muss nicht nur die Loslösung des Kindes dulden, sie muss sie sogar wünschen und fördern«, schreibt der deutsch-amerikanische Psychologe, Psychoanalytiker und Philosoph Erich Fromm in seinem Buch *Die Kunst des Liebens*.

»Hotel Mama« hat für Söhne länger geöffnet
Natürlich gibt es auch Mütter, die ihre Töchter zu sehr bemuttern, doch das ist seltener der Fall. Von Mädchen erwartet man meist mehr Hilfe im Haushalt. Schließlich müssen sie sich rechtzeitig an Doppelbelastung und Multitasking gewöhnen ... Dem Sohn dagegen trägt man gerne die Wäsche hinterher. Sogar, dass er mal den Tisch abräumt, ist unzumutbar: »Ach, aber er ist doch so müde vom Training.«

Wer so tickt, darf sich nicht wundern, dass der junge Mann erst dann das Nest verlässt, wenn er eine Frau gefunden hat, die klaglos die Dienste seiner Mutter übernimmt – und es auch noch erträgt, ständig mit dieser verglichen zu werden. Von we-

gen: »Muttis Kartoffelsalat schmeckt aber besser.«
Für meinen Geschmack klingt dieser Lebensent-
wurf allerdings ein bisschen zu sehr nach den Fünf-
zigerjahren, nicht nach dem 21. Jahrhundert!

35. »Ich habe einen Penis und das ist gut so« – über Sexualerziehung und ihre Tücken

So gut und begrüßenswert eine enge, von Offenheit und Vertrauen geprägte Mutter-Sohn-Bindung ist – vermutlich kennen wir dennoch alle einen Bereich unserer Jungsmutterschaft, in dem wir das Fremde, Andersartige zwischen uns und unserem Sohn sehr spüren: bei der Sexualerziehung. Das Thema birgt sowieso schon eine Menge Potenzial für Unsicherheiten – egal welches Geschlecht der Nachwuchs hat: Wann ist der ideale Zeitpunkt für ein Aufklärungsgespräch? Finde ich die richtigen Worte? Überfordere ich mein Kind? Rüste ich es ausreichend, um mit den Problemen, die manchmal mit Sexualität einhergehen, umzugehen?

Hat man einen Sohn, tun sich noch eine Vielzahl zusätzlicher Fragen auf. Wir können in diesem Fall nicht auf den Erfahrungsschatz des selbst Erlebten zurückgreifen und überlegen, ob der Vater des Kindes oder eine andere männliche Bezugsperson nicht eventuell der idealere Ansprechpartner wäre.

Eine repräsentative Studie der Bundeszentrale für gesundheitliche Aufklärung in Köln aus dem Jahr 2006 über Jugendsexualität zeigt aber, dass Jungs durchaus ihre Mutter als wichtige Person für die Sexualaufklärung ansehen: 42 Prozent nannten in diesem Zusammenhang zuerst die

Mutter, 38 Prozent Lehrer und Lehrerinnen und 33 Prozent den Vater.

Da wir Jungsmütter hier also sehr gefordert sind, habe ich für dieses Kapitel möglichst viele Fakten und ExpertInnenmeinungen zusammengetragen, die ich wiedergeben will, und lasse ausnahmsweise Anekdoten ein wenig in den Hintergrund treten. Ich halte es für hilfreich, festzuhalten, was derzeit State of the Art in Sachen Sexualerziehung ist. Etliches gilt dabei natürlich für beide Geschlechter, manches ist aber tatsächlich jungsspezifisch.

Wann ist das richtige Alter für ein erstes Aufklärungsgespräch?

Mit drei bis vier Jahren entdecken Kinder von sich aus die Unterschiede zwischen den Geschlechtern. Sie beginnen, sich für die Merkmale des andersgeschlechtlichen Elternteils zu interessieren. Schon zu diesem Zeitpunkt empfehlen Experten, mit der Aufklärung anzufangen. Dabei kann eine Strategie der kleinen Schritte angewendet werden. Eltern sollten mit ihrem Nachwuchs zu diesem Thema über die Jahre im Gespräch bleiben. Viele Kinder kommen von sich aus mit Fragen, die es dann jeweils altersgerecht zu beantworten gilt. Manche Kinder tun das jedoch nicht und müssen die Informationen trotzdem auf jeden Fall bekommen. Dabei gilt es aber, nicht zu aufdringlich zu sein, damit das Thema Sexualität nicht mit unangenehmen Emotionen in Verbindung gebracht wird.

Fühlt man sich bei der Auskunft zu einer Frage unwohl, empfiehlt es sich, genau das zu verbalisieren, bevor man sich bemüht, dennoch eine Antwort zu geben. »So etwas fragt man nicht!«, ist ein No-Go. Auch bei diesem Thema sollen unsere Sprösslinge ja unbedingt das Gefühl haben, immer zu uns kommen zu können. Vertrauen ist essenziell.

Besagte Studie brachte zutage, dass Jungs im Vergleich zu ihren Altersgenossinnen insgesamt unaufgeklärter sind, was sich zum Teil natürlich auch dadurch erklären lässt, dass sie Mädchen in der Entwicklung im Durchschnitt ein wenig hinterherhinken. Ein Großteil der Kinder und Jugendlichen gab bei den Befragungen jedoch an, sich noch mehr Informationen zum Thema Sexualität zu wünschen.

Welche Sprache empfiehlt sich, wenn man mit seinen Kindern über Körperliches redet?

Meine Generation wuchs damit auf, dass man über gewisse Themen nicht sprach, dass man manche Wörter nicht sagte und dass es in Sachen Sexualität ganz schlechter Stil war, die Dinge beim Namen zu nennen. Ein Penis war noch ein »Zipfel«, eine Vagina »da unten« und ein Homosexueller »ein Warmer«.

Eine klare Sprache kann aber dabei helfen, zu vermitteln, wie natürlich und gesund Sexualität ist. Sie gehört von Geburt an zu unserem Leben wie Essen oder Schlafen. Keiner käme auf die Idee, für einen Teller Nudeln oder ein Kopfkissen eine heimlichtuerische Metapher zu ersinnen. Kaum geht es jedoch um Sexualität, fehlen so vielen von uns die Worte. Muss ein Kind da nicht den Eindruck bekommen, irgendetwas an der Angelegenheit sei nicht ganz koscher?

Zusätzlich wird in der Aufklärung vor allem die problematische Seite thematisiert: ungewollte Schwangerschaften, Krankheitsübertragung, Gewalt und Übergriffigkeiten. Im Grunde sind dies ja auch die Hauptpunkte, mit denen unsere Kinder in Sachen Sex seitens der Medien konfrontiert werden. Umso wichtiger ist es da, dass wir als Eltern in den Gesprächen nicht vergessen, das Positive und Schöne hervorzuheben.

Müttern fallen Unterhaltungen gerade mit ihren Söhnen auch deshalb oft ein wenig schwer, weil sie die Art und Weise, wie Jungs ab einem gewissen Alter über Sexuelles kommunizieren, gewöhnungsbedürftig finden. Was tun gegen politisch inkorrekte, abwertende Begriffe? Ganz normal und gelassen in der eigenen Sprache antworten, raten Experten.

Was werden unsere Kinder in der Schule in Sexualerziehung lernen?

Mittlerweile ist die Sexualerziehung im Unterricht nicht mehr mit dem vergleichbar, was wir selbst vor einigen Jahrzehnten erlebt haben. Damals ging es fast ausschließlich darum, Jugendliche biologisch aufzuklären und ihnen Wege der Schwangerschaftsverhütung nahezulegen. War man in den 80er und 90er Jahren im entsprechenden Alter, hat man in der Schule bestimmt genauso ausführlich über AIDS und HIV gesprochen. Aber das war's dann meistens auch schon. Mittlerweile hat sich das zum Glück total gewandelt. Heute wird Sexualkundeunterricht nicht mehr unbedingt durch Lehrkräfte erteilt, sondern außerschulische, speziell ausgebildete Teams besuchen die Klassen und halten sexualpädagogische Workshops ab. So ist es den Kindern besser möglich, offen zu sprechen. Anonym kann alles gefragt werden.

Eine Sexualpädagogin berichtete mir, dass Jugendliche je nach Geschlecht ganz unterschiedliche Antworten suchen. Neben Biologischem und Emotionalem möchten Mädchen oft wissen, was sie tun müssen, damit es für den Partner passt. Wie befriedigt man oral? Wie häufig wollen Jungs Sex? Worauf stehen sie?

Die Gedanken der männlichen Teenies kreisen um ganz anderes. Neugier erstens und Leistungsdenken zweitens spielen für sie eine große Rolle. Was kann ich tun, damit ich länger durchhalte? Wächst mein Penis noch? Wo finde ich im Internet Frauen zum Sammeln von Erfahrungen? Mit wie vielen Mädchen sollte ich geschlafen haben, um ein echter Mann zu sein?

Womit hat mein Sohn zu kämpfen?

Der oben erwähnte Leistungsdruck kann für pubertierende Jungs belastend sein. Die Gesellschaft gibt ihnen sehr widersprüchliche Signale. Auf der einen Seite sollen sie die durchtrainierten Superhelden sein, stark und allzeit bereit, auf der anderen sensibel genug, um niemals etwas zu tun, was ihrem weiblichen Gegenüber nicht gefällt. Auf der einen Seite gibt es *Fifty Shades of Grey* und auf der anderen #MeToo. Selbst viele gestandene Erwachsene haben Probleme damit, hier den springenden Punkt zu verstehen. Der Druck, keine Fehler zu machen, ist enorm.

Männliche Sexualität wird in den Medien oft im Zusammenhang mit Gewalt thematisiert – eine Tatsache, die Jungs von vornherein die Flügel stutzt und ihren lustgesteuerten, ganz natürlichen Wünschen den vermeintlichen Stempel des Verbotenen aufdrückt, bevor sie überhaupt auch nur ansatzweise reflektiert werden können.

Hilfreich ist es daher sicher, immer wieder zu betonen, dass Sexualität, wenn sie in beiderseitigem Einverständnis stattfindet, nichts Schlechtes ist. Dass die Gedanken stets frei sind. Und dass jeder unter allen Umständen ausschließlich sich selbst gehört.

Worauf muss ich achten, wenn mein Sohn die erste Freundin mit nach Hause bringt?

Irgendwann wird es so weit sein, und Ihr Junior wird sich zum ersten Mal verlieben oder sich aus purer Neugierde mit einem Mädchen zusammentun. Fünfzig Prozent der Sechzehn- bis Siebzehnjährigen beider Geschlechter hatten bereits Sex. Dieses stets gleiche Ergebnis liefern Studien seit mehr als drei Jahrzehnten. Dass Jugendliche bei der Entjungferung immer jünger wären, stimmt also nicht. 2011 schrieb *FOCUS Online*, dass nur sieben Prozent der vierzehnjährigen Jungs ihr erstes Mal schon hinter sich haben.

Für uns Eltern bedeutet das, dass wir uns, wenn wir für ausreichend Aufklärung gesorgt haben, erst einmal entspannt zurücklehnen dürfen. Unsere Söhne leben offensichtlich heute nicht in einer Umgebung, die sie dazu treibt, nach einem großartig anderen sexuellen Entwicklungszeitplan zu funktionieren als ihre Väter damals. Wenn sie wissen, wie sie eine Frau respektvoll behandeln, eine Schwangerschaft verhüten, sich vor Krankheiten schützen können und Spaß an ihrem Körper haben, ist alles gut.

Ob eine Mutter ihrem Sohn gestattet, die ersten sexuellen Erfahrungen im geschützten Umfeld seines eigenen Zimmers zu erleben, oder ob ihr bei diesem Gedanken unwohl zumute ist, muss jede für sich selbst entscheiden. Dem Kind zu Hause sein Leben und seine Entwicklung in allen Belangen zu ermöglichen, hat sicher etwas für sich – zwingend nötig ist das aber natürlich nicht.

Befürchtungen lösen bestimmt Mythen rund um den sogenannten »Kuppelparagrafen« aus. Nach wie vor stellt § 180 StGB die »Förderung sexueller Handlungen Minderjähriger« unter Strafe. Das bedeutet, dass allein die Schaffung einer Möglichkeit zu Sex mit Beteiligung von Minderjährigen schon verboten ist. Lässt ein Lehrer auf einem Schulausflug ein fünfzehnjähriges Pärchen zusammen in einem Zimmer übernachten, kann er deswegen also Probleme bekommen. Für Eltern gilt in dieser Angelegenheit jedoch das Erziehungsprivileg. Mutter und Vater einer Fünfzehnjährigen machen sich nicht strafbar, wenn sie ihre Tochter bei ihrem siebzehnjährigen Freund schlafen lassen. Problematisch wird es nur, falls umgekehrt die Eltern des älteren Jungen sich zum Beispiel über die Bitte der Erziehungsberechtigten des jüngeren Mädchens um getrennte Zimmer hinwegsetzen, weil sie das übertrieben finden.

Hier noch einmal die Daten zum Schutzalter zusammengefasst (aus diversen Paragrafen des Deutschen Strafgesetzbuches – man beachte, dass die Gesetzeslage in Österreich und der Schweiz etwas abweichen kann):

Kinder unter vierzehn Jahren: Alle sexuellen Handlungen verboten, genauso das Vornehmen von sexuellen Handlungen vor ihnen und das Zeigen von Pornos. (Darauf sollte man sein Kind hinweisen! Ist es zum Beispiel vierzehn Jahre alt und zeigt einem dreizehnjährigen Schulkollegen auf dem Handy pornografisches Material, macht es sich damit theoretisch strafbar. Aufpassen sollten Minderjährige ebenso, wenn sie leichtsinnigerweise Nacktbilder von sich verschicken: Das Herumzeigen oder auch nur Vorhandensein solcher Fotos auf dem Handy ist grundsätzlich eine Straftat (sogenanntes »Sexting«), auch wenn die einschlägigen Normen in solchen Fällen häufig nicht angewendet werden.

Jugendliche mit vierzehn oder fünfzehn Jahren: Sexuelle Kontakte sind erlaubt, vorausgesetzt der ältere Sexualpartner ist höchstens einundzwanzig (einzige Ausnahme: es besteht ein Erziehungs-, Ausbildungs- oder Betreuungsverhältnis – dann sind sie verboten).

Zwischen Hetero- und Homosexualität wird nicht mehr unterschieden. Es gelten dieselben Bestimmungen.

Wie verhalte ich mich, wenn mein Sohn mir eröffnet, dass er schwul ist?

Dass man mit dem Coming-out seines Kindes eventuell nicht rechnet, kann vorkommen. In so einer Situation Überraschung ehrlich zu zeigen, ist sicher authentischer, als sich gekünstelt irgendeine wohlwollende Reaktion abzuringen. Experten raten, bei momentaner Überforderung sein Kind ruhig einmal um ein, zwei Tage zum Nachdenken und Verdauen zu bitten. Ein anschließendes Angebot zum offenen, wertschätzenden Gespräch muss aber unbedingt folgen. Gerade weil Ihr Sohn aufgrund seiner sexuellen Ausrichtung in seinem Leben eventuell mit mehr Widerstand zu kämpfen haben wird, sollten die Eltern sein Fels in der Brandung und immer für ihn da sein.

Wie verhalte ich mich am besten in Bezug auf Pornografie im Internet?

Das Internet an sich verunsichert uns Eltern. Warum? Weil wir nicht damit aufgewachsen sind. Egal, ob es ums Hochladen von Filmen auf YouTube, die Benutzung von Social

Media oder eben auch das (zufällige oder bewusste) Aufspüren von sexuellen Inhalten geht – wir können nicht auf Erfahrungen aus unserer eigenen Jugend zurückgreifen. Also stehen wir ratlos da und wissen nicht recht, wie wir uns verhalten sollen.

Seien wir realistisch: Unsere Söhne werden früher oder später pornografische Inhalte im Internet sehen. Punkt. Sexualpädagogen haben mir gegenüber betont, wie wichtig es ist, das nicht zu verbieten oder ein Riesenthema daraus zu machen. (Natürlich ist jetzt von Teenagern und nicht von Kindern die Rede – jüngere sollte man selbstverständlich nicht mit dem Internet allein lassen!)

Erinnern wir uns, wie gierig wir uns auf die Aufklärungsseiten in der *Bravo* gestürzt haben. Mit derselben Neugierde forscht unser Nachwuchs, nur dass ihm heute uneingeschränkter Zugriff auf jegliche Information möglich ist. Vermutlich hätten wir auch Erwachsenenseiten besucht, wenn das Internet in unserer Jugend schon erfunden gewesen wäre.

Die Vorstellung, wie sich das eigene Kind pornografisches Material anschaut, ist befremdlich, aber man darf im Regelfall auf die Scham- und Ekelgrenze seines Kindes vertrauen. Es wird feststellen, was es mag und was nicht, und für sich die richtigen Entscheidungen treffen. Signalisieren Sie, dass Sie auch bei diesem Thema für etwaige Fragen zur Verfügung stehen und Ihren Sohn nicht dafür verurteilen, sich mal Bilder oder ein Filmchen angesehen zu haben. Aber gönnen Sie ihm die nötige Privatsphäre! Zu forcierte Nachfragen sind natürlich auch nicht der optimale Weg.

Zum Schluss noch ein kurzes Wort zur Handy-Kommunikation: Leider ist es für manche Jugendliche zur Normalität geworden, die eigene Sicherheit nicht über alles zu stellen. Da werden Nacktbilder von sich selbst verschickt, bereitwillig persönliche Daten herausgegeben und munter alles Mögliche verbreitet, was einem irgendwann bestimmt leidtun wird. Machen Sie Ihrem Kind klar: Das Netz vergisst nie etwas, und Löschen von Material, das den Computer oder das Handy einmal verlassen hat, funktioniert nur sehr bedingt.

36. Was Sie nie zu Ihrem Sohn sagen sollten und warum nicht

»Du darfst nicht weinen!« oder »Ein Indianer kennt keinen Schmerz!« oder »Zeig deine Gefühle nicht!«

Warum wir Derartiges zu unseren Söhnen nicht sagen sollten, liegt auf der Hand. Vermutlich sind wir alle modern genug, um zu verstehen, wie schlecht die Rechnung »Junge minus gezeigte Emotionen = echter Kerl« aufgeht.

Und dennoch hat Yvonne vor nicht allzu langer Zeit zu ihrem Zehnjähren gesagt, als er ausgedehnt und in extrem nervigem Tonfall über seine Matheaufgaben jammerte: »Trag es wie ein Mann!« Sie meinte das ironisch, erntete jedoch ein empörtes »Warum sollte ein Mann wegen Mathe weniger heulen als eine Frau?«.

Erwischt!

»Was bist du nur für ein Mädchen!«

Dieser Spruch geht in dieselbe Richtung wie die eben erwähnten Zitate, ist aber meines Erachtens noch wesentlich schlimmer. Denn es ist eine Rundumbeleidigung: Nicht nur der adressierte junge Mann wird durch diese Aussage herabgesetzt, sondern gleichzeitig auch das weibliche Geschlecht an sich. Also, Mütter, Stimmbänder weg von diesem Satz!

»Du darfst nicht nachgeben!«

Ähm, warum genau nicht? Hat es nicht immer geheißen: »Der Klügere gibt nach?« Gerade weil Jungs in unserer Gesellschaft eher männliche Ellbogentechnik vorgelebt bekommen, ist es wichtig, ihnen den Wert einer guten Kompromisslösung beizubringen. Auf andere in Konfliktsituationen einen Schritt zuzugehen, ohne sich zu verbiegen, hat etwas mit Respekt und Würde zu tun.

»Mama, machen wir einen Kompromiss«, schlug Ediths Dreikäsehoch einmal vor. »Du räumst mein Zimmer auf, und dafür darf ich fernsehen.«

Netter Versuch.

»Lass die Finger von deinem Penis!«

Warum es ausgesprochen ungesund ist, es nicht zu wagen, sich selbst zu berühren, muss in diesem aufgeklärten Jahrhundert vermutlich niemandem mehr erklärt werden. Schuldgefühle haben weder bei Autoerotik noch in einer gleichberechtigten sexuellen Partnerschaft etwas zu suchen. Dies unseren Kindern zu vermitteln, sollte das Hauptziel elterlicher Aufklärungsgespräche sein. Ab einem gewissen Alter lohnt es sich lediglich, den Jungs nahezulegen, dass ihr bestes Stück Privatsache ist. Und dass die Öffentlichkeit ihren Pimmel weder sehen noch dauernd an ihn erinnert werden will.

»Jungs dürfen keine Mädchensachen tragen!«
oder »... nicht mit Puppen spielen!«

Jegliche Aussage, die unsere Kinder in einen inneren Konflikt stürzt, sollten wir uns verkneifen. Etwas worauf man Lust hat und was niemandem schadet, nicht tun zu dürfen, erzeugt bloß unerfüllte Sehnsüchte. Irgendwann können diese dann psychische Symptome verursachen. Offenheit ist doch vielmehr die Eigenschaft, die wir uns für unsere Söhne wünschen.

»Das kannst du nicht!« oder »Das wirst du nicht schaffen!«

Männer reagieren extrem empfindlich darauf, wenn ihre Kompetenz oder Körperkraft infrage gestellt wird. Zu scheitern scheint sie nicht annähernd so zu demütigen wie unser mangelnder Glaube an sie. Es ist schwer, dem eigenen Kind dabei zuzusehen, wie es eine vorhersehbare Bruchlandung hinlegt. Dennoch ist es für eine Jungsmutter ratsam, sich mit negativen Prognosen zurückzuhalten (natürlich nur, sofern die körperliche und psychische Unversehrtheit nicht gefährdet ist) und stattdessen auszustrahlen, dass wir von den Fähigkeiten unserer Söhne unumstößlich überzeugt sind.

»Zieh eine warme Jacke an!«, »Setz eine Mütze auf!« oder »Binde dir einen Schal um!«

Mütter sind schon etwas Komisches. Auf der einen Seite signalisieren sie oft genug (unbewusst?), dass sie auf keinen Fall einen Warmduscher zum Sohn möchten. Auf der anderen Seite werden sie nicht müde, ihren Kindern zusätzliche Kleidungsstücke aufzudrängen, um sie vor den rauen Verhältnissen da draußen zu schützen. Darauf reagiert der Nachwuchs ab einem gewissen Alter extrem genervt. Wenn man sich eine Diskussion ersparen will, sollte man also Kompetenzinfragestellungen dieser Art unterlassen und auf die Lernfähigkeit (frieren = unangenehm, Schnupfennase = eher uncool) des Nachwuchses hoffen.

37. »Ich hab gleich ein Vorstellungs-gespräch, kann ich mal das Bügeleisen haben?« – über Söhne, aus denen plötzlich Männer werden

Ich ergänze die Liste der Dinge, die man nie zu einem Sohn sagen sollte, um »Der Haushalt ist Frauensache«. Absolut nicht zeitgemäß! Zum Selbstständigsein gehört natürlich dazu, dass man kochen, putzen und waschen kann – und das auch, ohne zu murren, tut. Im Elternhaus oder in den eigenen vier Wänden.

Früher musste man, um wirklich wie ein Erwachsener behandelt zu werden, das Nest verlassen. Wer noch daheim lebte, blieb Kind und hatte zu gehorchen.

Wer kennt nicht den berühmten Satz, der mit »Solange du deine Füße unter meinen Tisch stellst, …« anfängt? Mein Sohn hat sehr gelacht, als ich ihm davon erzählte, und meinte dann: »Wenn ihr jemals so was sagt, wünsch ich mir diesen Tisch zu Weihnachten.«

Sehr pragmatisch. Und sehr typisch für die Generation Z, also die ab etwa dem Jahr 2000 Geborenen. Was daran liegt, dass sie keine Angst vor uns Eltern haben. Vor hundert Jahren hätte man für so eine »freche« Antwort wohl mindestens die Ohren lang gezogen bekommen. Erziehung funktionierte damals über Furcht vor Schlägen und Strafen, und man verwechselte Disziplin mit Respekt.

Heute ist ein liebevoller Umgang das Maß aller Dinge,

und wenn man nicht aufpasst, vergisst man, dabei Grenzen zu setzen. Meist passiert das Eltern, die lieber »die besten Freunde« ihres Nachwuchses sein wollen und dabei übersehen, dass beste Freunde eine völlig andere Funktion haben. Und dass aus Kindern, die keine Grenzen kennenlernen, nur allzu leicht kleine Tyrannen werden.

Aber ich schweife ab. Denn worüber ich eigentlich schreiben will, sind erwachsene Söhne, die weiterhin fröhlich und furchtlos ihre Beine unter elterliche Tische stellen. Aus Gewohnheit, Bequemlichkeit oder finanziellen Gründen bleiben junge Leute während Berufsausbildung oder Studium immer häufiger zu Hause wohnen, und teilweise auch darüber hinaus. In den Siebzigerjahren lebten laut dem Statistischen Bundesamt nur etwa ein Fünftel der unter Fünfundzwanzigjährigen noch bei ihren Eltern, im Jahr 2016 war es schon fast die Hälfte, Tendenz steigend.

Willkommen in der Eltern-Kind-WG!
Wir müssen sie nicht mehr erziehen, denn dieser Zug ist Ü18 definitiv abgefahren. Wie also kann man das Zusammenleben gestalten? Es gibt da die unterschiedlichsten Varianten. Meine ist vermutlich die unspektakulärste: Wir behandeln uns einfach gegenseitig wie Erwachsene, die einander nicht egal sind. Will er ausgehen oder woanders übernachten, informiert Jonas uns – genauso wie wir es im umgekehrten Fall tun. Manchmal kochen wir zusammen, manchmal er für uns oder mein Mann für alle, manchmal wird gar nicht gekocht. Beim Einkaufen denken wir daran, seine Lieblingssalami zu besorgen, und wenn er im Supermarkt ist, bringt er Maiswaffeln für mich mit. Um die Reinigung seines Reichs kümmere ich mich schon lange nicht

mehr – wer Autofahren kann, der kann auch Staubsauger und Waschmaschine bedienen. Klappt hervorragend. Und ich weiß von Freundinnen und Kolleginnen, dass wir da kein Einzelfall sind. »Wir haben keine Probleme, bis jetzt ist es einfach nur schön, dass mein Sohn noch hier wohnt. Die unausgesprochene Regel bei uns ist gegenseitiger Respekt und Liebe. Alles andere ergibt sich von selbst«, sagt zum Beispiel Geli.

Aber wenn ich mich so umhöre, stoße ich auch auf Geschichten, die so gar nicht nach reibungslosem Miteinander klingen. Denn natürlich gibt es auch Kandidaten, die nur dann darauf pochen, erwachsen zu sein, solange es um ihre Freiheit geht – nicht aber beim Saubermachen, der Wäsche oder dem Einkaufen. Können Sie sich nicht vorstellen? Dann passen Sie mal auf:

Hilfe, hier wohnt ein Spätpubertist!
Sie tun nichts. Sie wollen bedient werden. Sie beteiligen sich nicht an den Haushaltskosten. Sie erwarten im berühmten »Hotel Mama« einen erstklassigen Rund-um-die-Uhr-Service. Und warum? Weil sie es können. Und bekommen. Und nichts anderes kennen.

Mal ehrlich: Wenn der erwachsene Herr Sohn vom Training kommt, seine Tasche mit verschwitzter Wäsche einfach in den Flur wirft und erwartet, dass Sie flink, beflissen und unauffällig Heinzelmännchen spielen (sprich: dass die Tasche am nächsten Morgen mit sauberer Sportwäsche frisch gepackt bereitsteht), dann könnte das eventuell daher kommen, dass er es jahrelang genauso erlebt hat. Und weil es noch immer in vielen Familien normal ist, dass Jungs sich am Haushalt minimal bis gar nicht beteiligen.

Und nachdem er nie den Tisch decken oder abräumen musste, dürfen Sie sich nicht wundern, wenn er mit zwanzig nicht von selbst damit anfängt, seinen schmutzigen Teller in die Spülmaschine zu stellen.

Aber das lässt sich ja ändern! Zum Beispiel mit Regeln für Ihre Erwachsenen-WG.

Best of Mütterwissen: Regeln zum gelungenen Zusammenleben mit (fast) erwachsenen Söhnen

Vergessen Sie hin und wieder, dass er Ihr Kind ist! Sie wollen, dass er sich erwachsen benimmt? Dann behandeln Sie ihn genau so. Also weder verhätscheln noch sich permanent einmischen. Das gilt übrigens auch, wenn er immer zu spät ins Bett geht und ständig verschläft. Dann ist das eben so. In der Schule, an der Uni oder auf der Arbeit bekommt er vielleicht Ärger – und muss das selbst ausbaden. Dieses Erlebnis wird vermutlich mehr bewirken als Ihr Genörgel. Und wenn er, obwohl er weit nach Mitternacht schlafen geht, morgens mühelos und gut gelaunt aufsteht? Dann ist doch alles gut. Bleiben Sie locker! Würde er allein wohnen, bekämen Sie das Ganze ohnehin nicht mit ...

Sie brauchen Privatsphäre – Ihr Sohn ebenfalls. Wenn es irgendwie machbar ist, wären getrennte

Badezimmer ideal. Falls nicht, empfehlen sich feste Nutzungszeiten! Denn einfach nur abschließen genügt nicht: Ein gemütliches Entspannungsbad ist viel genussreicher, wenn niemand zur Eile drängt, weil er ganz schnell mal duschen will …

Der liebe Haushalt … Falls der junge Mann nicht von sich aus Aufgaben übernimmt, sollten Sie ihn dazu auffordern. Freundlich – und konkret. Nicht allgemein um mehr Mithilfe bitten, sondern klare Ansagen machen. Oder gemeinsam einen Plan erstellen, in dem festgelegt wird, wer wofür zuständig ist. Am besten langfristig – damit das Gespräch sich nicht permanent wiederholt. Auf Dauer wird das nämlich lästig, und zwar für alle Beteiligten.

Nicht in die Mitleidsfalle tappen! Logisch, der junge Mann hat viel um die Ohren – mit Abi, Studium oder Berufsschule, seinem Sport, der Band, den Freunden und Hobbys … Aber: Was ist mit Ihnen? Haben Sie nicht etwa einen Job, das eine oder andere Ehrenamt, einen großen Haushalt, eventuell weitere Kinder, alte Eltern, Haustiere? Sie wären glücklich, wenn Sie mehr Zeit für Sport und Freunde hätten!
Wissen Sie was? Nehmen Sie sich einfach die Zeit für schöne Dinge – und jammern Sie Ihrem Sohn keinesfalls vor, was Sie alles für ihn aufgeben mussten. Darum hat er Sie nämlich nie gebeten, und die

Mitleidsfalle kommt auch in umgekehrter Richtung nicht gut an!

Er muss nicht begeistert sein! Das Zusammenleben als Erwachsene ist kein Kindergeburtstag. Sie müssen also keineswegs dafür sorgen, dass alle immer Spaß haben. Den haben Sie beim Wäscheaufhängen oder Rasenmähen schließlich auch nicht. Ertragen Sie es, wenn Ihr Sohn seine Aufgaben ohne sichtbare Ekstase erfüllt. Hauptsache, er erledigt sie überhaupt, idealerweise ohne zu murren. Mit einer zu niedrigen Frustrationstoleranz wird er es ohnehin schwer haben im Leben.

Einfache Küchen-Regel: Wer an gemeinsamen Mahlzeiten teilnimmt, beteiligt sich auch an den Aufräumarbeiten danach oder kauft auf Anordnung etwas ein. Wer allein isst, lässt erst recht hinterher nichts in der Küche herumstehen!

Noch einfacher: miteinander reden! Wie erwachsene Menschen das nun mal tun. Bescheid sagen, wenn man das Haus verlässt inklusive einer groben Prognose, wann man vermutlich zurück ist. Das hat nichts mit Kontrolle zu tun, sondern mit Respekt.

Sein Zimmer ist seine Sache – und dazu gehört auch der Dreckwäscheberg! Putzen oder nicht putzen, Bettwäsche wechseln oder lassen, das entscheidet der Bewohner selbst. Ein Mindestsauberkeitsstandard sollte die Regel sein, aber solange keine Mäuse angelockt werden oder sich Schimmel ausbreitet, bestimmt Ihr Sohn, wann es Zeit zum Aufräumen ist. Auch wenn Sie seine Zimmersituation als schlimmes Tohuwabohu bezeichnen würden – akzeptieren Sie, dass es für ihn eine angenehme Chill-Atmosphäre ist.

Was, wenn sie einfach nicht flügge werden?

Ganz gleich, wie gut das Zusammenleben funktioniert: Früher oder später müssen junge Leute lernen, allein zu leben, denn das ist ein wichtiger Entwicklungsschritt. Wie sonst sollen sie jemals selbstständig werden?

Doch nicht jeder junge Mensch sehnt sich danach. Es gibt auch Fälle, die gar nicht wegen des Full Service oder aus Kostengründen zu Hause wohnen bleiben, sondern weil es ihnen einfach besser gefällt, noch ein bisschen länger Kind zu sein. Sie wollen gar nicht so richtig erwachsen werden, denn das ist ja anstrengend: Dann muss man sich nämlich selbst den Wecker stellen und kann sich nicht auf einen persönlichen Notfall-Weckservice verlassen, sonst kommt man eventuell zu spät zur Arbeit und kriegt Ärger. Man muss auch selbst für Ordnung und Sauberkeit sorgen – oder eben in Chaos und Schmutz hausen. Und man hat nur dann etwas im Kühlschrank, wenn man daran gedacht hat, es zu kaufen und hineinzustellen.

Allein zu leben, ist daher etwas völlig anderes, als im elterlichen Haushalt fleißig mitzuhelfen. Denn »helfen« suggeriert ja, dass dafür eigentlich andere zuständig sind …

Manche junge Erwachsene muss man fast dazu zwingen, endlich Verantwortung für sich selbst zu übernehmen, und das funktioniert zuweilen nur, indem man sie sanft aus dem Nest schubst, ihnen das Leben in den eigenen vier Wänden schmackhaft macht und bei der Wohnungssuche hilft.

Ich habe einmal von einem Paar gehört, das sein großes Haus, nachdem endlich sämtliche Kinder ausgezogen waren, eiligst verkauft hat und in ein deutlich kleineres Domizil gezogen ist. Nach dem Motto: »Hier ist nur für uns genug Platz, hier sind wir vor ihnen sicher, denn hier passen sie nicht rein.« Dumm nur, dass die Kinder trotzdem nacheinander zurückkamen und am Ende doch irgendwie alle reinpassten … Nur war es jetzt halt viel beengter als in dem großen Haus. Das war wohl nix.

Mehr lesen?

Die Nesthocker von Marianne Siegenthaler und Jürgen Feigel ist ein Ratgeber über erwachsene Kinder, die einfach keine Lust haben, das Hotel Mama zu verlassen. Er informiert auch über die aktuelle Rechtslage und bietet Tipps.

Einblicke in die Schwierigkeiten des Zusammenlebens mit einem Achtzehnjährigen gibt der italie-

nische Journalist Michele Serra in *Die Liegenden* —
den Titel hat er gewählt, weil er seinen Sohn, der
ihm oftmals vorkommt wie ein Alien, meist lie-
gend antrifft ...

Im *Forum: Zusammenleben mit erwachsenen Kindern*
der Zeitschrift *Eltern* kann man sich zu all diesen
Fragen austauschen, zum Beispiel über Regeln, Probleme oder die Aufgabenverteilung im Haushalt.

38. Was eine Jungsmutter einmal getan haben sollte, bevor er auszieht

Mariettas Sohn ist letzte Woche ausgezogen, weil er zum Studieren in eine andere Stadt geht. Als er seine Koffer zum Auto schleppte, stand sie in der Tür und heulte. »Falls ich mich beim Computer nicht auskenne, darf ich aber anrufen, oder? Wir haben jetzt ganz versäumt, dass du mir das alles beibringst«, rief sie ihm traurig hinterher.

Auch wenn noch einige Zeit bleibt, bis mich meine Jungs verlassen (und ihr Know-how mitnehmen), hat mir die Szene doch zu denken gegeben: Der Tag, an dem sich unser tagtäglich gemeinsam beschrittener Weg trennt, wird unweigerlich kommen.

Wie oft habe ich mir in den letzten Jahren in Gedanken ausgemalt, was ich alles tun werde, wenn sie dereinst ihr eigenes Leben beginnen … Nicht mehr jeden Tag kochen. Auch mal spontan die Tasche packen und zu einer Freundin fahren. Mich zum Schreiben in ein Häuschen am Meer einquartieren … lauter wunderbare Träume.

Aber wäre es nicht viel wichtiger, darüber nachzudenken, was noch passieren sollte, bevor Max und Ben in die weite Welt hinausziehen? Was will ich vorher mit ihnen erleben? Was ihnen beibringen?

Hier meine diesbezügliche Liste:

Bei einer Nerf-Schlacht mitmachen

Diese Plastikhandfeuerwaffen mit Schaumstoffmunition, mit denen Jungs geräuscharm und schmerzfrei ihre Lust am Herumballern ausleben können, sind vermutlich jeder Mutter von Söhnen hinlänglich bekannt. Es gibt im Handel auch eine dazu passende Kollektion in Lila, genannt »Rebelle«. Jetzt weiß ich endlich, für wen diese Waffen gedacht sind: Für Mamas, die versuchen, wirklich alle Interessen ihrer Söhne zu teilen. Mein diesbezüglicher Ehrgeiz hat sich bisher eher in Grenzen gehalten. Doch die Vorstellung, dass auch das Nachladegeräusch und das rhythmische »Flupp«, mit dem die »Pfeile« aus den Mündungen schießen, irgendwann zum letzten Mal in unserem Haus verklungen sein werden, stimmt mich nachdenklich. Werde ich es später bereuen, nicht so wie mein Mann, bis an die Zähne bewaffnet, mit den Jungs durch den Garten getobt zu sein und damit an einer Aktivität teilgenommen zu haben, die ihnen so viel Spaß macht? (Die Nerfs stehen hier als Platzhalter für alle Interessen, die ich nicht teile: Mentos-Experimente, Feuerwerke, Matsch-Manöver, Minecraft usw.) Keine Ahnung. Vielleicht sind Versäumnisse dieser Art ja verschmerzbar. Aber das Risiko, die Chance verpasst zu haben, ist mir einfach zu groß.

Ihnen Fähigkeiten im Haushalt beibringen

Die Klasse meiner Schwester gestaltete damals zum Abitur eine lustige Zeitung, in der alle AbsolventInnen vorgestellt wurden. Das ist ewig her (um 1990), und ich erinnere mich nur noch an ein Detail: Bei einem Mädchen stand, dass es sich auf der Suche nach dem idealen Partner befinde, was sich schwierig gestalte, weil sie sehr anspruchsvoll sei. Sie lege äußersten Wert darauf, dass ihr potenzieller Freund die im Haushalt nötigen Tätigkeiten gut beherrsche. Wer Interesse habe, könne zur Bewerbung ein Stück Stoff mit eigenhändig angenähtem Knopf einschicken. Ich fand die Idee zum Schenkelklopfen komisch.

Und dennoch habe ich zehn Jahre später einen Mann geheiratet, der nähen, ein Bett beziehen, Kinder wickeln und eine tadellose Lasagne kochen kann. Ich werde niemals aufhören, meiner Schwiegermutter dafür zu danken, was sie damals vollbracht hat, als er noch hauptberuflich ihr Sohn war. Und nehme mir fest vor, dasselbe für meine künftigen Schwiegertöchter zu tun (im Augenblick sieht es so aus, als würden es Töchter, aber ich bleibe für alles offen). Noch ist Zeit, aus meinen Jungs in Haus und Hof universell einsetzbare Männer zu machen.

So richtig peinlich sein

Zum Elternsein gehört auch, zu beobachten, wie der Nachwuchs sich sein eigenes Weltbild zusammenzimmert. In dieser Phase sind wir Eltern Vorbild und abschreckendes Beispiel zugleich. Oft ist es ja so, dass die Kids in der Pubertät einen erstaunlich weitläufigen Umweg über unser komplettes Gegenteil nehmen, um dann als Erwachsene doch so zu werden wie wir. Ich habe viel darüber nachgedacht, ob und wie ich meinen Söhnen bei dieser Entwicklung helfen kann, damit sie zu dem Zeitpunkt, an dem sie von zu Hause weggehen, schon aus dem Gröbsten raus sind. Schwierig, nicht?

Vielleicht werde ich in der Lage sein, den Prozess ein wenig zu beschleunigen, wenn ich bestmöglicher Reibebaum bin? Und wie kann ich das? Indem ich einfach ganz intensiv ich selbst bleibe und mich nur bloß nicht aus Rücksicht auf die pubertierenden Kinder zu viel zurücknehme. Immer, wenn ich den Jungs total peinlich bin, weiß ich: Jetzt ist es genau richtig!

Sich mit den Herzdamen (den Herzbuben?) der Söhne anfreunden

Partnerschaften des Nachwuchses sind für mich noch eher unbekanntes Terrain. Heike hat mir da mit ihrem um einige Jahre älteren Sohn eindeutig etwas voraus und ist, ohne sich darum beworben zu haben, zu meinem diesbezüglichen Vorbild geworden. Wie sie sich auf die erste feste Freundin eingelassen und sie mit offenen Armen in ihrem Haus empfangen hat, finde ich richtig klasse. Es besteht ja durchaus die Gefahr, dass wir Mamas da mit Eifersucht reagieren, aber die sollten wir so weit wie möglich zurückdrängen. Mir fällt da immer die Mutter meines eigenen ersten Freundes ein, die sich zu uns gelegt hat, »um mich ein wenig kennenzulernen« (Sorry für das in Gang gesetzte Kopfkino, aber ich muss es einfach so formulieren, um nachvollziehbar zu machen, wie unpassend ich das rückblickend finde. Sie schickte sich tatsächlich an, mit mir zu plaudern, während ich Arm in Arm mit ihrem Sohn im Bett lag.) Sie wollte von mir wissen, was ich gern lese und esse, wohin meine Eltern letzten Sommer im Urlaub gefahren waren und ob ich schon einmal in Amerika gewesen sei. Ich fand sie unglaublich nett, wohingegen mein unterknutschter Freund ununterbrochen kommentierte, dass das alles ja kein Schwein interessiere.

Also in ihr (belegtes) Bett werde ich mich wohl nicht drängen, aber um eine freundschaftliche Beziehung zu den

Auserwählten meiner Söhne will ich mich definitiv bemühen. Wer weiß, vielleicht komme ich auf diese Art doch noch zu einer Tochter?

Sie zu idealen Partnern erziehen

Das Thema Eifersucht auf die erste Liebe des Sohnes bringt mich auch gleich zum nächsten Punkt auf dieser Checkliste: Ich denke, ein guter Sohn ist nicht automatisch ein idealer, beziehungsfähiger Partner. Der Junge meiner Bekannten Doro zum Beispiel ist der Inbegriff eines Vorzeigekindes. Er hilft im Haushalt, ruft an, wenn er zu spät kommt, lobt Mutters Essen und vergisst nie ihren Geburtstag. Was war sie immer stolz, wie gut er ihr gelungen ist!

Und wie verhält er sich nun als Erwachsener in Beziehungen? Er fährt stets mehrgleisig, macht per SMS Schluss und beschwert sich, dass es nicht so schmeckt wie bei Mama.

Meine Theorie dazu? Es reicht nicht, Männern beizubringen, wie sie sich verhalten sollen. Frau muss ihnen immer auch sagen, warum! Denn das scheint sich ihnen nicht automatisch zu erschließen. Das erweiterte Wissen um Kausalitäten erhöht die Wahrscheinlichkeit, dass sie sich in neuen Situationen zurechtfinden. Darauf ist bei Jungen noch stärker zu achten als bei Mädchen.

Ihnen beibringen, im Sitzen zu pinkeln

Ich will meinen Söhnen zeigen, dass die coolste Variante, etwas anzugehen, nicht immer die zielführendste ist. Einhändig Autofahren, mit Sonnenbrille in düsteren Räumen rumgehen oder in betrunkenem Zustand einen Tätowierer aufsuchen – ach, da gäbe es eine Menge aufzuzählen.

Vor allem am Herzen liegt mir hier das unter Männern als besonders selbstbestimmt und lässig geltende Pinkeln im Stehen. Ich kann mir vorstellen, dass es sich extrem männlich anfühlt, sein bestes Stück in der Hand zu halten und sich in einer frei gewählten Richtung Erleichterung zu verschaffen. Wenn man aber die Toilette samt Fliesen putzen muss, lernt man einiges über Kosten-Nutzen-Rechnungen.

Zu zweit verreisen

Bevor meine Jungs irgendwann ausziehen, liegt noch viel vor mir. Die gute Bindung zu ihnen bis dahin aufrechtzuerhalten und vielleicht sogar weiter auszubauen, ist mir wichtig. Deshalb plane ich, mit jedem der beiden auch mal allein zu verreisen, um richtig intensiv Zeit mit ihnen zu verbringen. Und da werde ich dann auf alle anderen Punkte dieser Liste verzichten, nicht an ihnen herumerziehen, sondern die Stunden einfach nur genießen. Denn egal, wie sich ihr Lebensweg gestalten wird – die gemeinsame Ära kann mir niemand mehr nehmen.

39. Die Top-Aussagen eines Psychiaters über Mütter und ihre Söhne

Dass es tatsächlich einen Unterschied macht, ob wir Mutter eines Sohnes oder einer Tochter sind, haben wir in diesem Buch wohl hinlänglich bewiesen. Daher hielten wir es auch für eine gute Idee, uns mit einem Psychiater auf einen Kaffee zusammenzusetzen und zu hören, was er zu unserem Thema beizusteuern hat. Hier eine Zusammenfassung des langen, sehr aufschlussreichen Gesprächs:

Die Unterscheidung zwischen »Verantwortung« und »Schuld«

Das schlechte Gewissen ist für Mütter allgemein ein großes Thema. Wenn mit dem Nachwuchs etwas nicht wie gewünscht läuft und sich Probleme auftun, neigen sie dazu, die Schuld bei sich zu suchen: »Mein Sohn eckt sicher deshalb in der Schule an, weil ich ihm immer zu viel habe durchgehen lassen« oder »Mein Sohn ist beziehungsunfähig – daran bin bestimmt ich schuld, weil ich damals zu früh wieder arbeiten gegangen bin« oder »Mein Sohn ist zu dick, weil ich es nicht verstanden habe, ihm ein vernünftiges Essverhalten beizubringen.«

Man könnte die Liste unendlich fortsetzen. Um diese allumfassende Last von den Müttern zu nehmen, ist es wichtig, so der Psychiater, ihnen bewusst zu machen, dass es einen großen Unterschied zwischen »Verantwortung« und

»Schuld« gibt: Klar, als Eltern ist man für sein Kind bis zur Volljährigkeit verantwortlich. Das bedeutet aber nicht gleichzeitig, dass man an allem, was schiefgeht, die Schuld trägt. Viel zu viele Einflüsse wirken auf unsere Söhne, als dass sich immer so einfach bestimmen ließe, was der wahre Auslöser eines Problems war. Bestes Beispiel sind Geschwisterkinder, die unter sehr ähnlichen Bedingungen aufwachsen und sich doch oft so unterschiedlich entwickeln.

Vom Psychiater zugespitzt formuliert: Schuld lädt man auf sich, indem man Straftaten begeht, und Verantwortung übernimmt man, indem man sich um seine Kinder kümmert. Und dabei ist es – wie in den meisten anderen Lebensbereichen auch – unumgänglich, Fehler zu machen.

Konflikte mit den Vätern, die auf die Söhne übertragen werden

»Er erinnert mich so an seinen Vater, wenn er das tut!«, denken sicher alle Jungsmütter mal über ihre Söhne und verdrehen genervt die Augen. Besonders oft geschieht das, wenn sie vom Erzeuger ihres Kindes getrennt sind oder wenig harmonisch mit ihm zusammenleben. Großes Konfliktpotenzial haben solche Übertragungen immer dann, wenn sie unbewusst passieren: Ablehnende Gefühle, die eigentlich nicht den Sohn, sondern seinen Vater betreffen, werden durch die vorhandene Ähnlichkeit projiziert und bilden einen Störfaktor in der Mutter-Kind-Beziehung, so unser Fachmann. Diesen ohne professionelle Hilfe zu analysieren und zu beheben, ist oft schwer, weil das Problem ja gar nicht zwischen Mutter und Kind entstanden ist.

Bei aller Übereinstimmung in Optik und Verhalten ist

stets wichtig, sich klarzumachen, dass es sich beim Sohn um eine eigenständige Persönlichkeit handelt.

Der Sohn als der ideale Partner

Auch das umgekehrte Phänomen als das eben beschriebene kann zu Problemen führen, meint der Psychiater: Das Kind ist zum jungen Mann herangewachsen und sieht womöglich so aus wie sein Vater zu dem Zeitpunkt, als sich die Eltern ineinander verliebt haben. Die mütterliche Idealisierung und emotionale Umklammerung kann dann zur regelrechten Last werden.

Der Sohn als fremdes Wesen

Bringt eine Mutter eine Tochter zur Welt, fühlt sie sich sicher, denn sie kennt die Entwicklung und das Leben als Frau. Sie geht davon aus, dass sie in dieser Mutterschaft mit wenig Unvorhergesehenem konfrontiert werden wird. Handelt es sich beim Nachwuchs allerdings um einen Sohn, so erfahren wir in dem Gespräch mit dem Fachmann, macht ihr das Unbekannte (teils unbewusst) Angst. Die Fremdheit bleibt zwischen Müttern und ihren Söhnen immer ein Thema: Sei es nun im Babyalter bei der Körperpflege, in der Pubertät bei der Aufklärung oder im Erwachsenenalter zum Beispiel bei der Hilfe in Beziehungsproblemen. Bei einem Sohn wird vorausgesetzt, dass alles ein wenig anders abläuft, als man es selbst erlebt hat. Das schafft eine Spur Distanz, die aber durchaus nicht nur schlecht ist. Viele Mütter gehen davon aus, dass sich ihre Tochter genauso wie sie entwickeln müsste. Das kann die Sichtweise ziemlich einengen und wiederum zu Konflikten führen. Einem Sohn lässt die Mutter automatisch mehr Spielraum.

Die Unterscheidung zwischen »Aggression« und »Gewalt«

Für Mütter sind die Aggressionen ihrer Söhne, welche vor allem ab der Pubertät vermehrt auftreten, befremdlich. Sie fühlen sich in ihrem Bedürfnis nach Harmonie gestört und versuchen daher, ihr Kind dazu zu bewegen, diese Ausbrüche zu unterdrücken. Wichtig ist jedoch, so erklärt uns der Psychiater, genau zwischen »Aggression« und »Gewalt« zu unterscheiden. Gewalt ist natürlich in jedem Fall abzulehnen. Aggressionen gehören aber zum männlichen Geschlecht: Wie schon an einer anderen Stelle in diesem Buch beschrieben, wirkt das Sexualhormon Testosteron eindeutig aggressionsfördernd.

Aggressionen sind aber nicht nur biologisch begründet, sie entstehen eher multikausal: auch Kultur, Gesellschaft und Erziehung spielen eine Rolle. Und natürlich sind auch Frauen fähig, ihre negativen Gefühle auf diese Art auszudrücken.

Zurück zu den jungen Männern: Haben sie noch nicht gelernt, ihre Emotionen zu kanalisieren, äußern diese sich gern, indem sie schreien, Türen schlagen, gegen Sachen treten und so weiter. Das ist völlig normal und nicht weiter bedenklich, beruhigt uns unser Gesprächspartner. Im Gegenteil: Unterdrückte Aggressionen können sich im Extremfall nach innen richten und der Psyche schaden.

Das Männerbild der Mutter

Mütter neigen manchmal dazu, das von ihnen selbst bevorzugte Männerbild auf ihre Söhne zu übertragen und sie dahin gehend zu erziehen. Finden sie insgeheim Machos begehrenswert, ist es naheliegend, dass sie ein derartiges Verhalten auch bei ihrem Nachwuchs unbewusst positiv verstärken. Oft wundern sich die Frauen dann, so der Psychiater, wie aus ihren Sprösslingen dies oder jenes werden konnte, ohne die Zusammenhänge zu ihren geheimen Wünschen zu begreifen. Ist der Vater des Kindes zum Beispiel nur mittelmäßig erfolgreich, was die Mutter stört, wird sie bei ihrem Sohn schulische und später berufliche Leistungen besonders hervorheben. Manchmal geht das so weit, dass das positiv bewertete Verhalten des Sohnes instrumentalisiert wird, um den Vater zu demütigen. Wie so oft laufen diese Muster hauptsächlich unbewusst ab, was es wiederum schwierig macht, Konflikte zu erkennen und zu beheben.

Die ausgeschlossene Mutter

Jungsmütter haben es manchmal im Männerhaushalt ein wenig schwer. Wir arbeiten das an etlichen Stellen in diesem Buch heraus: Sie kämpfen für gutes Benehmen wie Don Quichotte gegen die Windmühlen, sie sehen sich mit einem Humor konfrontiert, der ihrem eigenen nicht entspricht, und müssen sich in vielen Belangen einfach anpassen. Dass die (Ehe-)Partner ihnen oft keine große Hilfe sind, ist dabei ärgerlich, aber im Grunde auch verständlich. Neben einer Mutter-Kind-Beziehung bleiben Väter lange Zeit ein wenig außen vor (Schwangerschaft, Stillen usw.). Sich dann mit den Söhnen zu solidarisieren, um auch mal mit ihnen eine Einheit zu bilden, ist nur allzu verlockend. Für die Jungs ist auf der anderen Seite eine Abgrenzung zur Mutter und damit verbunden die Loslösung wichtig.

Erziehungsgebot Nr. 1: Authentizität

Ganz egal, nach welchen Maßstäben man sein Kind erzieht, solange man dabei authentisch bleibt, hat man schon vieles richtig gemacht. Ist man zum Beispiel eher konservativ, steht jedoch dazu, wird der Nachwuchs das irgendwann einordnen können. Er wird in der Lage sein, sich bewusst gegen oder für die Lebensweise der Eltern zu entscheiden. Schwierig wird es, wenn man in der Kindererziehung das eine denkt, aber das andere tut. Damit erschwert man dem Kind den Weg hin zum eigenen Weltbild, verunsichert es und wird als Eltern unglaubwürdig. Besonders wichtig ist dieses Gebot, wenn es um Gefühle geht: Versucht man, Emotionen langfristig vor seinen Kindern zu verbergen oder sogar gegenteilige Empfindungen vorzuspielen, birgt das meist ein riesiges Potenzial für Konflikte.

40. »Und plötzlich hat er graue Haare« – über Mütter von erwachsenen Söhnen

Wir haben sie geboren und uns um sie gekümmert, sie bei den ersten Schritten an der Hand gehalten, sie durch die Kindergarten- und Schulzeit begleitet, waren mit ihnen einkaufen und standen am Rand des Sportplatzes, um ihnen zuzujubeln. Sie waren unser Lebensinhalt.

Und plötzlich sind sie erwachsen.

In Film und Fernsehen findet man immer wieder dieselben Klischees: Wenn Söhne heiraten, leiden ihre Mütter unter Eifersucht und finden sich nur schwer mit dem Verlust ihres Jungen an die Ehefrau ab. Denn nach der Hochzeit gibt in familiären Dingen eher jene den Ton an und steht naturgemäß ihren eigenen Eltern näher. Das bedeutet, dass die Jungsmutter ihr erwachsenes Kind viel zu selten sieht, was natürlich auch für die Enkel gilt – so die stereotype Darstellung.

Dieses Rollenbild empfand ich persönlich lange Zeit als gegeben, weil ich es von meinen beiden Großmüttern kannte: Zu meiner Oma mütterlicherseits hatte ich wesentlich mehr Kontakt, obwohl sie im Gegensatz zur anderen nicht am gleichen Ort wohnte. Bei meiner besten Freundin war das damals genauso. Und selbst meine Lieblingsfilme in Kindertagen, die *Sissi*-Trilogie, erzählte exakt dieselbe Situation: Franz Joseph und seine Elisabeth lebten mit der Kaiser-Mutter Sophie in einem Schloss und dennoch fühlten sich alle, inklusive Publikum, nur mit Sissis herzlicher Mama Ludovika wirklich verbunden.

Für mich stand also fest: Vätermütter gehören zwar irgendwie zur Familie, halten sich aber bestimmt nicht am Nabel des Geschehens auf. Mit dieser wenig erbaulichen Vorstellung gebar ich dann selbst zwei Söhne. Noch sind Max und Ben zu Hause, also habe ich mich im Bekanntenkreis umgehört. Wie geht es Müttern von erwachsenen Söhnen heutzutage? Worauf muss ich mich einstellen?

Bei meinen Recherchegesprächen begegnete mir die Geschichte von Margo und Karl:

Margo bekam ihren einzigen Sohn in den frühen Sechzigerjahren im Alter von vierzig und zog ihn als Alleinerziehende auf. Wie es in solchen Konstellationen häufig der Fall ist, entwickelten die beiden eine enge Bindung zueinander. Ihr »Kalli« blieb auch in den Achtzigern und Neunzigern im Hotel Mama. Nach der Jahrtausendwende überschrieb sie ihm die Wohnung, weil es sich nicht so sehr nach Muttersöhnchen anhörte, wenn sie bei ihm, statt er bei ihr lebte. Er bestand zusätzlich stets auf die Bezeichnung »WG« für dieses Zusammenleben.

Unlängst wurde Margo (mit sechsundneunzig) ein Pflegefall, und Karl organisierte eine Vierundzwanzigstundenhilfe. Für die rumänische Pflegekraft räumte er sogar sein Zimmer. Nach sechsundfünfzig Jahren WG zog er aus. Margo kommentierte das trocken mit: »Es ist einfach Zeit geworden, dass er sich etwas Eigenes sucht!«

Kurz darauf hörte ich zufällig von Konstanze. Sie konnte Angelika, die langjährige Freundin ihres Sohnes Toni, nicht ausstehen. Nicht dass es sich um eine außergewöhnlich unsympathische Partnerin gehandelt hätte. Nein, Konstanze kam einfach nicht klar damit, dass Toni und sein Schatz viel mehr Vertrautheit ausstrahlten, als sie selbst mit seinem Vater je erfahren hatte. Das zu sehen, tat ihr so weh, dass sie begann, die Beziehung der jungen Leute zu torpedieren. Sie ließ kein gutes Haar an Angelika, schikanierte sie wo nur möglich und redete Toni ein, mit dieser Frau bestimmt nicht glücklich zu werden. Dabei ging sie nicht einmal besonders subtil vor. Dennoch hatte sie irgendwann Erfolg: Toni und Angelika trennten sich. Toni blieb daraufhin allein, denn er war gerade vollauf damit beschäftigt, sich beruflich selbstständig zu machen, und hatte keine Zeit für Dates.

Eines Tages, etwa achtzehn Monate später, traf Konstanze Angelika auf der Straße. Die junge Frau schob einen Kinderwagen vor sich her. Ganz darauf bedacht, eine freundliche Fassade zu wahren, sagte Konstanze Guten Tag und bewunderte den Nachwuchs. Als sie meinte, wie goldig das Kleine doch sei, erwiderte Angelika höflich, aber bestimmt: »Wenn du mich nicht aus eurem Leben geekelt hättest, wäre das jetzt dein Enkelkind.«

Und auch von der zweiundachtzigjährigen Johanna kann ich berichten: Als ihr das Wohnen allein zu beschwerlich wurde, organisierte ihr Sohn Peter einen Platz im Altersheim. Da ihre Rente nicht dafür ausreichte, half er ihr finanziell, was ihr stets sehr unangenehm war. Eigentlich hätte sie ihm gern einen schönen Batzen Geld hinterlassen, aber daraus wurde so wohl nichts.

Ab und zu kommt Peter am Wochenende vorbei, um Johanna zu besuchen. Seine Frau oder die halbwüchsigen Enkelkinder hat er nicht dabei – sie sind einfach zu beschäftigt. Peter und Johanna wissen dann nie recht, worüber sie sprechen sollen. Wenn sie sich nach allen in der Verwandtschaft und nach seiner Arbeit erkundigt hat, tritt oft Schweigen ein. Sie essen zusammen Kuchen, und jeder hängt seinen Gedanken nach.

Ab und zu fragt Johanna sich, ob sie als Mutter etwas anders hätte machen sollen. Peter war immer ihr Ein und Alles. Sie hat für ihn damals sogar ihre Karriere als Radiosprecherin geopfert und stets alles für ihn getan. Wann sich zwischen ihnen diese freundliche Distanziertheit eingestellt hat, kann sie sich nicht erinnern – es ist zu lange her.

Schaudern Sie schon, liebe Jungsmütter? Jagt Ihnen der Gedanke, dass Ihre familiäre Zukunft wie in diesen Schilderungen sein könnte, eine Gänsehaut über den Körper?

Keine Angst, alles ist gut! Ich habe Sie nur ein wenig manipulieren wollen. Denn Tatsache ist: Diese drei Geschichten sind die einzigen Negativbeispiele, die mir erzählt worden sind, als ich unzählige Mütter mit erwachsenen Söhnen befragte. Die allgemeine Realität spiegeln sie keinesfalls wider.

Im Gegenteil: Da war von Liebe, Freundschaft und Offenheit die Rede. Von echter Fürsorge und Unterstützung ohne den bitteren Beigeschmack einer Abhängigkeit. Ich hörte von Söhnen, die anrufen und von sich aus gemeinsame Zeit planen. Die Partnerinnen werden gemocht und integriert, Enkelkinder zusammen mit den anderen Großeltern betreut. Es wird generationenübergreifend gefeiert und in Urlaub gefahren. Pflegebedürftige Jungsmütter werden genauso liebevoll behandelt wie ihre Kolleginnen mit Töchtern.

Judith erzählte mir, dass ihr achtunddreißigjähriger Sohn und sie einmal die Woche zusammen frühstücken gehen. Sie besprechen dann alles wie zwei gute Freunde, bevor sie beide ins jeweilige Büro eilen.

Luisa wurde von ihrem mittlerweile ergrauten Jungen jeden Tag im Krankenhaus besucht, als sie eine Chemo brauchte. Sie betont, dass es keine pflichtschuldigen Stippvisiten waren, sondern echte Liebesbeweise mit Sich-an-den-Händen-Halten und Gesprächen über Gefühle.

Und Cornelia geht mit ihrem Sohn und den Enkeln shoppen. Seine Frau ist Ärztin mit langen, anstrengenden Schichten und hat für so etwas keine Zeit. Außerdem gilt Cornelias Modegeschmack als legendär.

Ich könnte ewig weitererzählen, denn ich habe unendlich viele schöne Geschichten über Jungsmütter im neuen Jahrtausend gesammelt.

Im Laufe meiner Recherchen bin ich ebenfalls darauf gestoßen, wie man es als Mutter anstellt, dass die Beziehung zum Sohn auch später noch brillant ist. Das Geheimrezept ist dabei eine Plattitüde, wie sie schlimmer nicht sein könnte: »Wie man sich bettet, so liegt man.« Die Quintessenz der Erzählungen und Tipps, die ich gehört habe, lassen sich auf diese einfache Regel herunterbrechen. Jungsmütter haben es im Großen und Ganzen – so wie Mütter generell – selbst in der Hand, wie sie von ihrem erwachsenen Nachwuchs behandelt werden.

Folgende Gesetzmäßigkeiten gelten selbstverständlich fast immer auch für Töchter, aber da dieses Buch für Jungsmütter gedacht ist, erlauben Sie mir, das alles etwas einseitig zu formulieren:

1. Klammern Mütter zu sehr an ihren Söhnen, laufen sie Gefahr, entweder ein Muttersöhnchen heranzuziehen, oder das Gegenteil zu bewirken: Kinder, die sich aggressiv freistrampeln mussten, gehen oft auf Distanz.

2. Geben Mütter ihren Söhnen das Gefühl, ihr einziger Lebensinhalt zu sein, kann das belastend empfunden werden. Gesünder ist es, zu signalisieren, dass man – bei aller Liebe – ein eigenes Leben hat.

3. Genauso förderlich für eine gute Beziehung und enge Bindung ist, als Mutter schon früh zu akzeptieren, dass der Sohn ein Anrecht auf sein eigenes Leben mit seinen eigenen Entscheidungen hat.

4. Je mehr man seinem Sohn im Erwachsenenalter auf Augenhöhe begegnet, desto akzeptierter wird er sich als Person fühlen. Das fördert wiederum die Offenheit.

5. Große Erwartungshaltungen bauen Druck auf. Ein Sohn sollte kein Partnerersatz oder eine junge, bessere Version des eigenen Vaters sein müssen.

Sie sehen, liebe Jungsmütter, wir kommen wie so oft zu dem Schluss, dass wir nicht Mütter von Söhnen sind, sondern Eltern von Individuen. Wie sich die Dinge entwickeln und die Beziehung zu unseren Kindern läuft, ist nicht festzementiert. Wir sind immer in der Lage, sie zu modellieren.

Ein Wandel in der Eltern-Kind-Beziehung

Die *Frankfurter Allgemeine Zeitung* berichtete Anfang 2017 von diversen Umfragen und Studien, die zum aktuellen Modell Familie erstellt wurden. Dabei kamen einige interessante Fakten zutage:

Mehr als die Hälfte der jungen Erwachsenen telefoniert mindestens einmal pro Woche mit den Eltern. Wobei das Geschlecht keine Rolle spielt.

Seit 1980 hat sich die Zahl der Achtzehn- bis Fünfundzwanzigjährigen, die noch zu Hause wohnen, verdoppelt. Auch die Akzeptanz gegenüber den Eltern steigt: 1985 gaben fünfzig Prozent an, ihre Kinder nach dem Vorbild der eigenen Eltern erziehen zu wollen. 2010 sagten das bereits dreiundsiebzig Prozent der Befragten.

Generell sprechen Soziologen und Psychologen in den westlichen Ländern in den letzten Jahrzehnten von einem tief greifenden Wandel in der Eltern-Kind-Beziehung. Sie wurde emotionaler und gleichzeitig weniger autoritär. Im Zuge dessen bildeten sich auch viel freundschaftlichere Bindungen.

Unter anderem sind wahrscheinlich die steigenden Abhängigkeiten dafür verantwortlich, dass junge Leute gern länger im Schoß der Familie bleiben. Die Berufswelt funktioniert aktuell so, dass die Anfangsjahre nach der Ausbildung oft von Praktika oder schlecht bezahlten Jobs gekennzeichnet sind.

So bleiben die Eltern oft länger finanziell für ihre Kinder verantwortlich, was natürlich auch zu einem engeren Kontakt führt.

Amerikanische Soziologen haben den Begriff der »Boomerang Kids« geprägt: Der Nachwuchs kommt heute nach gescheiterten Beziehungen oder im Zuge von beruflichen Veränderungen gern nach Hause zurück und lässt sich von den Eltern durch die schwere Zeit helfen.

41. Zehn Gründe, warum es das Schönste auf der Welt ist, eine Jungsmutter zu sein

Es stimmt – Söhne bedeuten für jede Mutter die ultimative Herausforderung, denn in unserer Erfahrungswelt sind sie unbekannte Wesen: Wie Jungs ticken, können wir nur ahnen, schließlich waren wir selbst einst kleine Mädchen.

Und tatsächlich ist, wie Wissenschaftler bestätigen, ein gewisser Unterschied im Verhalten nicht nur anerzogen, sondern auch angeboren. Daran ändert selbst die genderneutralste Sozialisierung nicht viel.

Und doch ist es für uns das Schönste auf der Welt, eine Jungsmutter zu sein. Aus guten Gründen, die wir in diesem Buch ausführlich beschrieben haben – und an dieser Stelle noch einmal abschließend auf den Punkt bringen wollen:

1. Jungs bringen Leben in die Bude!
Ist der Nachwuchs daheim? Und falls ja, dann wo? Diese Frage müssen sich Jungsmütter eher selten stellen. Denn wenn Söhne im Haus sind, kann man das schlicht und ergreifend hören. Sei es das lauthals kommentierte Dribbling im Garten, das Türengeknalle, die dröhnende Eminem-Hausaufgaben-Begleitmusik, die unüberhörbaren Kommentare der Mitspieler beim Multiplayer-Online-Gaming aus krächzenden Lautsprechern oder das ohrenbetäubende Schlagzeugspielen.

Nur beim Legobauen könnte zwischendurch mal Stille herrschen. Oder wenn der junge Mann schläft. Aber wenn sie schlafen, sind sie uns ja eh am liebsten …

Nutzen Sie die Ruhephasen zwischendurch, um sich zu erholen und Energie zu tanken für all den Wirbel, der unweigerlich darauf folgt. Genießen Sie ihn – das Leben mit Jungs ist bunt und schön.

2. Jungs lehren uns Gelassenheit!

Überfürsorglichkeit hat angesichts des Tatendrangs und der Wildheit unserer Söhne ohnehin keine Chance. Selbst wenn wir uns insgeheim wünschen, wir könnten unsere lieben Kleinen vor jeglichen Gefahren beschützen, die das Leben so mit sich bringt: Da könnte man auch gleich versuchen, einen Sack Flöhe zu hüten … Sinnvoller ist ein großzügiger Vorrat an Verbandmaterial und eine wasserdichte Haftpflichtversicherung.

Denken wir also einfach, dass alles gut geht. Ommmm!

3. Jungs zwingen uns, alle Fünfe gerade sein zu lassen!

Wozu pedantisch für Sauberkeit und Ordnung sorgen? Warum sich über schmutzige Kleidung aufregen? Dazu ist sie doch da …

Jungsmütter können an den T-Shirts ihrer Söhne zweifelsfrei erkennen, ob es zu Mittag Spaghetti Bolognese oder Spinat mit Spiegelei gegeben hat. Und an den Hosen ist abzulesen, wie matschig es draußen war. Bleiben Sie ganz entspannt, denn wozu wurde schließlich die Waschmaschine erfunden? Und je schmutziger Ihr Sohn nach Hause kommt, desto eher können Sie davon ausgehen, dass er so richtig viel Spaß hatte!

4. Jungs machen das Leben wunderbar einfach!

Wer behauptet, nur Mädchen seien launisch, hat keine Ahnung, wie Jungs in der Pubertät zuweilen drauf sein können. Frust, Selbstzweifel, Stimmungsschwankungen, Aggressivität – das trifft sie genauso. Doch alle Trübsal ist schnell vergessen, wenn Sie einfach mal geräuschvoll eine Flatulenz entweichen lassen. Oder Reizworte aus dem Fäkal- oder Genitalbereich in den Raum werfen. Penis. Zum Beispiel. Oder einen Rülpswettbewerb anzetteln. Ach, es ist so wunderbar simpel, den traurigen Sohnemann aufzuheitern. Vielleicht sollten wir uns davon etwas abgucken, statt uns in Probleme reinzusteigern?

5. Jungs können so richtig genießen!

Okay, bei kleinen Kindern hat man oft das Problem, dass sie wählerisch sind. Das eine mag kein Birnenmus, das nächste keinen Spinat, das dritte keinen Kartoffelbrei.

Werden sie älter, reduziert sich die »Mag ich nicht«-Liste meist auf ein akzeptables Minimum. Was aber längst nicht heißt, dass gegessen wird, was auf den Tisch kommt, vor allem bei Mädchen. Denn da gibt es ja noch die bösen Kalorien, die unbedingt gemieden werden müssen …

Jungsmütter haben es da oft leichter. Junge Männer neigen nämlich eher zu Heißhungerattacken als zu Diäten. Essen ist keine Religion. Es ist keine Sünde. Es werden keine Kalorien gezählt, keine Kohlenhydrate gemieden, keine Fettränder abgeschnitten. Hauptsache, es schmeckt und macht satt.

Und das Schöne: Wer richtig Hunger hat, isst nicht nur, was immer man ihm vorsetzt, sondern lernt auch freiwillig selbst zu kochen. Guten Appetit!

6. Jungs können ihr Äußeres komplett vergessen!

Ungerecht ist es schon: Die Auswahl der Läden für Mädchenmode ist um ein Vielfaches größer als die für Jungsklamotten. Sogar bei Ketten, die beide Geschlechter bedienen, nimmt die Ecke mit den Jeans, Shirts, Hemden und Boxershorts nur einen Bruchteil der Ausstellungsfläche ein, die für Blüschen, Röcke, Kleider und winzige Bustiers reserviert ist.

Doch ist das tatsächlich ein Nachteil? Nicht unbedingt. Wo die Auswahl geringer ist, da fällt die Entscheidung leichter. Entscheidend ist, dass die Klamotten robust genug sind, um all das mitzumachen, was man vorhat – vom Auf-Bäume-Klettern bis zu Matschschlachten. Zumal es Jungs bis zu einem gewissen Alter oft egal ist, was sie anhaben: Sie wollen damit niemanden beeindrucken, nicht schick sein und keine Problemzonen kaschieren. In diesen Kategorien denken sie gar nicht. Sie wollen nur Spaß haben. Die Glücklichen!

7. Jungs sind effizient!

Jungs strengen sich nicht unnötig an, nur um jemanden zu beeindrucken, sondern sparen ihre Energie für das, was wichtig ist. Genauer gesagt: was *ihnen* wichtig ist. Zum Beispiel für einfallsreiche Ausreden …

Nun ja, darüber könnte man sich aufregen. Man könnte es aber auch für clever halten. Denn wahrscheinlich wäre nie das Rad erfunden worden, wäre nicht jemand zu faul zum Laufen gewesen. Mit anderen Worten: Es gäbe kein Auto. Für Jungs von heute ein absolutes Unding!

8. Jungs vergrößern unser Themenspektrum!

Apropos Auto: Mit diesem Stichwort verwickelt man auch den maulfaulsten jungen Mann in ein lebhaftes Gespräch.

Über die Schule will er nicht reden. Über das, was ihm durch den Kopf geht, schon gar nicht. Aber kommt eine aufgemotzte Honda vorbeigebraust, fangen seine Augen an zu leuchten. Und wenn es ein Golf GTI ist, beginnt er sofort, über Turbolader und Abgasanlagen zu referieren.

Sie werden nicht die Hälfte verstehen. Aber Sie werden mit ihm ins Gespräch kommen und vielleicht mehr von ihm erfahren, als Sie erwartet haben!

Wenn unsere Söhne uns nicht wichtig wären, würden wir garantiert nicht versuchen, zu verstehen, was an Autoteilen, YouTubern, Multiplayer Games und Rapmusik so toll ist. Sie erweitern unseren Horizont!

9. Jungs können sich selbst entschleunigen!

Es gibt unzählige tolle Bücher, Filme und Serien. Aber muss man sie wirklich alle sehen? Oder genügt es nicht, einfach immer wieder dieselben anzuschauen?

Jungs sind Minimalisten, was Unterhaltung angeht. Wenn sie nicht gerade zu den Lesefreudigen gehören, beschränken sie sich bei Büchern gerne auf *Gregs Tagebuch* und *Harry Potter*. Bei Serien sind *The Big Bang Theory* und *Family Guy* alles, was das Herz begehrt. Und bei Filmen gehören *Star Wars, Hangover, Kindsköpfe, Transformers* und alles mit Adam Sandler zum Nonplusultra. Immer und immer wieder. Das hat schon fast was Meditatives!

Im Grunde kann es sehr günstig sein, Jungs zu unterhalten. Und wir können von ihnen lernen: Wozu immer dem neuesten Trend, dem angesagtesten Urlaubsort, dem schicksten Restaurant hinterherjagen? Man kann ja auch einfach mal das genießen, was man ganz sicher mag.

10. Jungs fordern uns zu Großem heraus!

Wir Jungsmütter sind weltoffene Frauen und wollen unsere Söhne zu Männern heranziehen, auf die wir stolz sein können. Dass unsere Partner das eine oder andere Manko aufweisen, lässt sich ja voll und ganz unseren Schwiegermüttern zuschreiben. Schließlich gehören diese einer Generation an, die bei Weitem noch nicht so aufgeschlossen, gendergeübt und empathisch war. Aber jetzt sind wir am Steuer und werden die umgänglichste Männergeneration aller Zeiten züchten!

Wenn wir es schaffen, unsere Söhne zu freundlichen, hilfsbereiten, emanzipierten, großzügigen, gewaltlosen, ehrlichen, gefühlvollen Jungs zu machen, können sich die Frauen von morgen freuen. Nutzen wir die Chance, eine neue Generation Mann auf den Weg zu bringen! Denn eins steht fest: Unsere Söhne sind die coolen Männer von morgen.

Vom Riesenglück, eine Jungsmutter zu sein – eine Liebeserklärung

Wir Jungsmütter werden oft bemitleidet. Wir hätten es ja so schwer mit unseren Rabauken, heißt es. Sie seien wild, machten ständig etwas kaputt oder dreckig, täten sich (oder anderen) weh, hätten Schulprobleme, benähmen sich wie Neandertaler und seien furchtbar schwierig …

Alles Unsinn!

Denn Jungs sind wunderbar liebevoll, herrlich direkt, unglaublich lustig und einfach nur fantastisch. Wer wird sich da schon von schlechten Noten, müffelnden Socken, verwegenen Streichen, Laserschwertern und schrägen Hobbys abschrecken lassen? Mit Liebe, Gelassenheit und Humor erträgt frau sogar Formel-1-Rennen, Gangsta-Rap-Hits und *Star-Wars*-Filme!

Wir Jungsmütter haben ein Riesenglück mit unseren Söhnen. Danke, Jungs, dass es euch gibt! Ihr seid das Beste, was uns je passiert ist. Unser Leben wäre so viel langweiliger ohne euch ...

Weiterführende Infos

Bègue, Laurent et al.: »Some like it hot: Testosterone predicts laboratory eating behavior of spicy food«, in: Physiology & Behavior, Vol. 139, Februar 2015, S. 375–377

Birkenbihl, Vera F.: *Männer und Frauen*, DVD

Bundesministerium für Ernährung und Landwirtschaft: Nationale Verzehrstudie II, 2005–2007

Bundeszentrale für gesundheitliche Aufklärung: Jugendsexualität. Repräsentative Wiederholungsbefragung von 14- bis 17-Jährigen und ihren Eltern, Köln 2006

Deutsches Strafgesetzbuch §174, 176, 182 und 184

Feuerbach, Leonie: »Generationenbeziehungen. Ein bisschen erwachsen«, in: *Frankfurter Allgemeine Zeitung*, URL: https://www.faz.net/aktuell/gesellschaft/menschen/ueber-gute-beziehungen-zwischen-eltern-und-erwachsenen-kindern-14705264.html, 25. 1. 2017

Fromm, Erich: *Die Kunst des Liebens*, (1956), 60. Auflage, Ullstein Taschenbuchverlag 2003

Helbig, Marcel: *Sind Mädchen besser? Der Wandel geschlechtsspezifischen Bildungserfolgs in Deutschland*, Campus 2012

Juul, Jesper: *Pubertät – wenn Erziehen nicht mehr geht: Gelassen durch stürmische Zeiten*, Kösel-Verlag 2010

Kahlert, Heike/Weinbach, Christine: *Zeitgenössische Gesellschaftstheorien und Genderforschung*, Springer VS 2015

Kautzky-Willer, Alexandra/Tschachler, Elisabeth: *Gesundheit: Eine Frage des Geschlechts: Die weibliche und die männliche Seite der Medizin*, Orac Verlag 2012

Medienpädagogischer Forschungsverbund Südwest: JIM-Studie 2016, Jugend, Information, (Multi-)Media. Basisuntersuchung zum Medienumgang 12- bis 19-Jähriger in Deutschland, Stuttgart 2016

Moir, Anne/Jessel, David: *Brain Sex. The Real Difference Between Men and Women*, Delta Media Verlag 1992

Piaget, Jean/Inhelder, Bärbel: *Die Psychologie des Kindes*, Deutscher Taschenbuch Verlag 1993

Rottwilm, Christoph: »Heimliche Gewinner. Sieben Gründe, warum faule Menschen erfolgreicher sind«, in: *Manager Magazin*, 5. 2. 2015

Schäuble, Ira: »Hotel Mama: Junge Deutsche bleiben immer länger in ihrem Kinderzimmer wohnen«, in: *stern*, 2. 5. 2016

Schmidt, Veronika: »Stärker als Männer? Die Grenzen des weiblichen Körpers«, in: *Die Presse*, 4. 8. 2012

Serra, Michele: *Die Liegenden*, Diogenes Verlag 2016

Siegenthaler, Marianne/Feigel, Jürgen: *Die Nesthocker. Spielregeln für das Zusammenleben mit erwachsenen Söhnen und Töchtern*, Knapp Verlag 2015

Statistisches Bundesamt: Statistisches Jahrbuch 2015

Steiner, Birgit Gegier: *Artgerechte Haltung – Es ist Zeit für eine jungengerechte Erziehung*, Gütersloher Verlagshaus 2015

Trentacosta, Christopher J. et al.: »Antecedents and Outcomes of Joint Trajectories of Mother-Son Conflict and Warmth during Middle Childhood and Adolescence«, in: *Child Development*, September 2011, S. 1676–1690

Wimmer, Johannes: *Meine Hormone – Bin ich ferngesteuert? Den mächtigen Botenstoffen auf der Spur*, Gräfe und Unzer Verlag 2018

www.iconkids.com

Danksagung

An erster Stelle wollen wir unseren Söhnen Jonas, Leo und Nils (im Buch tragen Leo und Nils andere Namen, damit sie sich immer rausreden können, dass sie das alles ja gar nicht waren ☺) sowie unseren Männern Halaim und Achim danken. Wie großartig von ihnen, kein Problem damit zu haben, als Vorlage (hie und da auch als Stellvertreter für Jungs/Männer im Allgemeinen) herzuhalten. Wir plaudern ja ganz schön viel aus dem Nähkästchen, was sie heldenhaft ertragen und uns darüber hinaus bei diesem Projekt auch noch tatkräftig unterstützen. Wir hoffen, dass aus jeder Zeile unsere große Liebe zu euch spricht. Was wären wir nur ohne euch? ♡

Ein Riesendank an unsere Agentin Anja Koeseling und unsere Lektorinnen Laura Lichtenwalter, die das Manuskript betreut hat, sowie Monika Kempf, die dieser Buchidee bei Penguin ein Zuhause gegeben hat. Ebenso danken wir Verlagsleiterin Eva Schubert für ihr Vertrauen und ihre Begeisterungsfähigkeit.

Nicht zu vergessen das Team in der Presseabteilung, die Schriftsetzer, Korrekturleser, Covergestalter, Vertriebler, natürlich auch die Drucker und überhaupt alle, die aus unserem Manuskript dieses Buch gemacht haben.

Danke an Anne Nordmann für ihr Lektorat und dafür, dass sie uns geholfen hat, am Manuskript zu feilen.

Danke an Steffi Emrich für ihre Freundschaft, ihre Motivation und ihr Adlerauge beim Testlesen. Nicht zu fassen, was sie wieder für Tippfehler gefunden hat!

Und auch ohne Friederike Lillie und Stefan Sinz, die frühe Versionen des Manuskripts gelesen und uns mit ihren Kommentaren weitergeholfen haben, wäre es nicht gegangen.

Unser herzlicher Dank geht genauso an all die Freundinnen und Bekannten, die uns als Jungsmütter (für das Buch haben wir viele Namen geändert, um die Privatsphäre bestmöglich zu schützen) bereitwillig Auskunft gaben. Stellvertretend für alle wollen wir nennen: Sylvie Kempf, Petra Schmatz, Julia Mayerhofer, Alexandra Stingl, Ingrid Neugebauer, Angelika Schwarzhuber, Hilda Radinger, Erika Grimm, Helga und Annegret Neumärker sowie unsere Kolleginnen bei DELIA und Texttreff.

Herzlichen Dank auch an unsere beratenden Fachleute, Jessica Feldmann, Eva Völler und die Rechtsabteilung von Random House.

Danke an Frank Bauer für unsere großartigen Autorinnenfotos.

Gabi Floßmann und Klaus Lintschinger danken wir fürs Asyl während unserer Schreibklausur. Dass unser Manuskript so gut gediehen ist, ist eurem vorzüglichen Gespür für gemütliches Wohnen zuzuschreiben.

Und schließlich danken wir von Herzen Ihnen, die Sie dieses Buch gekauft haben. Wir hoffen, dass Sie beim Lesen viel Spaß haben. Für Sie haben wir *Wetten, ich kann lauter furzen?* geschrieben!

Lesen Sie weiter >>

LESEPROBE

Willkommen im Mittelalter

Lucinde und Heike sind um die fünfzig. Früher dachten sie, das wäre das Alter, in dem man endlich angekommen ist. Seriös. Souverän. Würdevoll! Jetzt wissen sie es besser: Das Märchen vom In-Würde-Altern haben sie durchschaut. Also beschließen sie, nur noch das zu tun, worauf sie Lust haben – aus der langweiligen Oper abhauen etwa oder auf gängige Schönheitsideale pfeifen und trotzdem Botox ausprobieren. Auf die Gefahr hin, dass ihre Kinder sie irgendwie peinlich finden. Und dass sie womöglich auch mit achtzig noch längst nicht angekommen sein werden …

Plötzlich fünfzig: Die, die nicht aus der Torte springt, oder wie alles begann

Eine Zahl ist eine Zahl, schon klar. Nehmen wir zum Beispiel die Fünf. Total harmlos. Auf einer Skala von null bis zehn ist sie die Mitte. Man kann mit ihr durchaus schon rechnen (zur Not hat man ja auch ausreichend Finger dafür), und man darf sie sogar gerade sein lassen, wenn man möchte. Prima Zahl also. Und die Null erst – völlig unkritisch, der Inbegriff der Bedeutungslosigkeit quasi. Wo also, fragen Sie, ist dann das Problem mit den beiden Ziffern?

Tja. Einzeln mögen sie wenig bedrohlich wirken, aber in Kombination … O weia! Die Rechnung ist ganz simpel: Fünf plus null gleich Katastrophe! Zumindest was mich selbst angeht.

Fünfzig ist für mich das wortgewordene Geräusch, das Kreide macht, wenn man sie zu heftig über die Tafel zieht. Fünfzig tut weh! In meinen Ohren, in meinem Kopf UND in meinem Spiegel. Nein, ich möchte das nicht! Trotzdem ist es bei mir in zwei Jahren so weit. Und ganz unter uns: Ich befürchte, ich arbeite mich langsam, aber beständig auf die Wechseljahre zu. Verdammt. Dabei bin ich dazu noch gar nicht bereit! Nur: Wer fragt schon danach, was ich will? Mein Spiegel nicht, meine Waage nicht, meine Wahrnehmung nicht, niemand. Sagen Sie es nur: Ich bin die Allerärmste! Ja, ja. Heike ist da schon einen Schritt weiter. Sie hat die Schallmauer der fünfzig durchbrochen, wie man so schön sagt, und behauptet nun, dass es gar nicht schlimm sei. Pfff. Ganz im Gegenteil, sagt sie, das Leben sei entspannt, gut sortiert und eigentlich überhaupt nicht anders als vorher. Nur schöner. Man selbst sei quasi eine bessere, ausgeglichenere, zufriedenere und mindestens genauso attraktive Version seiner selbst. Heike 5.0 sozusagen. Fünfzig, sagt Heike, sei das neue Schwarz. Alles cool.

Ich glaube das nicht. Für mich klingt fünfzig nicht nach Glückseligkeit, sondern nach einer Diagnose. Nach Wärmekissen und Hausschuhen. Nach Stock und Kreuzworträtseln. Nach Rücken, grauen Haaren und seniler Bettflucht. Nach stetigem Bergab. Nein, ich kann das nicht. Ich will das nicht! Und überhaupt: Das ist doch nix, worauf man sich freut!

Aber es kommt näher. Und näher. Und immer näher.

Dundindundindundin ... Hören Sie auch die Titelmelodie vom »Weißen Hai«? Gut so. Auf die Achtziger ist halt Verlass. Außerdem war ich da noch jung, deshalb kann ich sie gut leiden.

Dieses Jahr erwischt es erst einmal meinen Mann. Ich habe beschlossen, ihm eine Überraschungsparty zu schmeißen. Mit Torte und Rede und allem Drum und Dran. Problem: Die Freunde und die Torte krieg ich organisiert, aber was um alles in der Welt soll ich *sagen*? Ich kann doch da nicht stehen und ihn bemitleiden? Heraushüpfen aus der Torte wäre natürlich eine erfrischende Alternative, dann könnte man sicher auf die Rede verzichten, aber ich befürchte, die Rede ist trotz allem die bessere Variante. Wer mich einmal springen gesehen hat, weiß: Elegant ist anders. Nein, ich bin auf keinen Fall die, die aus der Torte hüpft.

Ich stehe diesem runden Geburtstag, wie wir nun alle wissen, sehr kritisch gegenüber. Ja, ich weiß, dass das albern ist und man das Älterwerden nicht verhindern kann, aber deshalb muss man es ja noch lange nicht mögen, oder? Moment: Wer sagt denn, dass man es nicht aufhalten kann? Millionen Hollywoodstars investieren einen Großteil ihrer Gage in den Erhalt des äußerlichen Optimalzustandes. Manche mit mehr, manche mit weniger Erfolg. Ich habe zwar nicht die gleichen finanziellen Mittel, aber in meinem bescheidenen Rahmen kann ich es doch wenigstens versuchen, oder?

Es gibt ja nur zwei Möglichkeiten: Entweder ich kann es stoppen – oder ich kann lernen, es zu mögen. Heike sagt, wenn alle wüssten, wie toll sich Fünfzigwerden anfühlt, könnte es kaum einer erwarten, bis es bei ihm oder ihr selbst so weit ist. Wirklich, das behauptet sie. Ich glaube kein Wort. Sie sagt sogar, dass sie mir das beweisen kann, indem sie mir die großen neuen Freiheiten zeigt, die das halbe Jahrhundert bringt, dass sie tolle Persönlichkeiten ausgegraben hat und Dinge mit ihrem Mann vorhat, die …

Ich will es ja gern glauben. Aber bis dahin werde ich alles ausprobieren, um dem Verfall Einhalt zu gebieten, meinen Körper in Schuss zu halten, die Schwerkraft auszuhebeln, mein Sexleben anzukurbeln und meine Optik zu optimieren. Und Sie dürfen dabei sein. Juhu! Äh, selbst in meinen Ohren hört sich das eher nach einem Ingenieursstudium an als nach dem Weg zur großen Zufriedenheit. Sei's drum. Ich werde herausfinden, was alles möglich ist. Und ich freue mich darauf. Ob etwas Verwertbares für die Rede dabei ist, werden wir sehen. Zur Not bleibt mir schließlich immer noch der beherzte Sprung aus der Torte.

Heike wollte übrigens unbedingt wetten, dass sie Recht hat. Um eine Flasche Champagner an *meinem* fünfzigsten Geburtstag. Ha! Also, wenn das stimmt, was sie da beteuert, dann spendiere ich gerne eine Flasche. Und wenn nicht, habe ich wenigstens was Anständiges zu trinken.

Als mir klar wurde, dass ich nicht mehr die Jüngste bin

Na so was. Die Lucinde aber auch. Wirkt immer so fröhlich und souverän. Dabei hat sie Panik vor der Null. Wer hätte das gedacht? Aber das mit der Rede kriegen wir schon hin. Und beruhigen werde ich sie auch irgendwie. Zumal ich sie ja verstehe. Ich bin ja selbst nicht mehr die Jüngste. Genau genommen ist Lucinde von uns beiden die deutlich Jüngere. Aber ich komme damit klar.

Allerdings kommt vor dem Frieden-mit-dem-Alter-Schließen das Akzeptieren der Tatsachen …

Niemand wird eines Tages mit dem Gedanken wach: *Jetzt bin ich alt*. Mich jedenfalls überkam diese Erkenntnis nicht einmal an meinem Fünfzigsten. Sondern eher schleichend. Wenn man darauf achtet, gibt es allerdings untrügliche Anzeichen, die diesen Prozess signalisieren. Manchmal gelingt es, sie zu ignorieren. Ich bin sogar ziemlich gut darin. Die ersten sechs kenne ich daher nur vom Hörensagen. Das siebte war es schließlich, das mir die Augen öffnete …

1. Das unbestechliche Spiegelbild

Je schöner man in der Jugend war und je genauer man den eigenen Verfall im Spiegel beäugt, desto schlimmer muss einem das Älterwerden wohl erscheinen. Ganze Industriezweige leben von diesem Phänomen. Zum Glück bin ich nicht besonders eitel. Außerdem hatte ich als junge Frau eine ganz fürchterliche Akne, sodass mir die ersten Fältchen vergleichsweise bezaubernd erscheinen. Und wenn ich mir im Spiegel einmal gar nicht gefalle, sehe ich mir stattdessen meine Autorinnenfotos an. Professionell gestylt, ausgeleuchtet und bildbearbeitet sehe ich keinen Tag älter als 49 aus. Allerhöchstens!

2. Die sprichwörtlichen Kinder

»An den Kindern merkt man, dass man alt wird«, so lautet eine oft gehörte Volksweisheit. Irgendwie scheine ich nicht weise genug zu sein, um zu kapieren, was damit gemeint ist. Ich jedenfalls kam mir, als ich einen kleinen Schreihals mit Dreimonatskoliken hatte und nicht genug Schlaf bekam, uralt vor. Mit einem zwanzigjährigen Sohn dagegen sieht das Leben doch gleich ganz anders aus. Vor allem, wenn wir miteinander chatten, lustige Links hin- und herschicken oder via Sprachnachricht kommunizieren. Irgendwie cool.

3. Das ewige Hamsterrad

Es soll ja Leute in meinem Alter geben, die jetzt schon die Jahre bis zur Rente zählen. Grundgütiger! Wer glaubt denn noch an Rente? Ich mag mir gar nicht vorstellen, eines Tages zum Nichtstun verdonnert zu sein. Nun ja, das wird auch nicht passieren, denn wer sollte mich verdonnern? Als Freiberuflerin müsste ich das schon selbst tun. Und solange mir das Schreiben noch so viel Spaß macht, werde ich damit weitermachen. Ich wäre nicht die erste Greisin, die noch Bücher veröffentlicht ...

4. Die dahinfliegende Zeit

Schon wieder Ostern, Sommer, Halloween, Geburtstag, Weihnachten, das Jahr vorbei? Allenthalben wird geklagt, wie schnell die Zeit doch rast und dass das mit den Jahren immer schlimmer wird. Hm. Irgendwas ist wohl mit meinem Zeitempfinden nicht in Ordnung (oder es funktioniert einfach nicht altersgerecht), denn mir geht es gar nicht so. Liegt vielleicht an den vielen Dingen, die zwischen diesen Fixpunkten wichtig sind: Abgabetermine. Deadlines. Messen. Lesungen. Buchveröffentlichungen. Leserunden ... Himmel, schon so viel abgehakt – und erst Ende Januar?

5. Das schwächelnde Oberstübchen

Okay. Es kommt vor, dass mir mal ein Name nicht einfällt (Carreras, Pavarotti ... und wie hieß noch gleich der dritte der großen Tenöre?) – aber das ging mir auch schon mit zwanzig so. Und wie damals muss ich auch heute einfach nur in Gedanken das Alphabet durchgehen, schon fällt es mir ein (A, B, C ... Domingo, genau!). Meistens jedenfalls. Und wenn nicht? Auch egal, wozu gibt's Tante Google? Nobody is perfect.

6. Die müden Knochen

Wer als Teenager Leistungssport betreibt, in den Zwanzigern Aerobic turnt, in den Dreißigern Marathon läuft und in den Vierzigern mit dem Rennrad die Straßen unsicher macht, hat spätestens mit fünfzig kaputte Knie. Kann mir nicht passieren – ich habe, sportlich gesehen, meinen Körper das erste halbe Jahrhundert meines Lebens geschont und fange erst jetzt an, mich fit zu halten. Warum

Ausdauer und Beweglichkeit trainieren, wenn man sowieso noch ausdauernd und beweglich ist? Das wäre ja geradezu Verschwendung …

7. Die jungen Menschen!

Ich selbst kam mir also kein bisschen alt vor. Bis ich merkte, wie blutjung die anderen sind! Die Lehrer an der Schule meines Sohnes – fast alle jünger als ich.

Der Arzt, der mich operiert hat – noch grün hinter den Ohren. Die Fußballer bei der WM – halbe Kinder.

Die Frauen im Park mit den Kinderwagen – selbst fast noch Babys! Dann hörte ich, dass die Fußballer, die mir so knabenhaft vorgekommen waren, ihr Karriereende verkünden – aus Altersgründen. Und mir wurde klar, dass die Frauen mit den Kinderwagen keineswegs minderjährige Frühgebärende waren, sondern gestandene Mütter um die dreißig. Da ging es mir dann auf. Tja. Wenn junge Leute einer anderen Generation angehören, bin ich wohl alt. Oder jedenfalls älter. Aber letztendlich haben dreißig, vierzig, fünfzig und hundert eines gemeinsam: Es sind alles nur Zahlen.

Doch taugt diese Erkenntnis für Lucindes Rede? Kann sein. Ich werde meine Gedanken einfach mal notieren und ihr mailen. Vielleicht kann sie was damit anfangen. Oder wenigstens ihre Panik vor der großen Fünf vor der Null bewältigen. Ich glaube nämlich, viel mehr als die Rede, die sie halten soll, beschäftigt sie ihr eigener bevorstehender Fünfzigster. Vielleicht sollte ich sie damit ein bisschen aufziehen. Mit Humor geht schließlich alles leichter, auch das Älterwerden!